粮食主产区农村经济研究中心文库
粮食主产区农村经济研究中心、中国工程院咨询研究项目课题
（项目编号：2019—JL—1—3）资助

吉林省生猪保险制度创新研究

张守莉　著

中国农业出版社
北　京

图书在版编目（CIP）数据

吉林省生猪保险制度创新研究／张守莉著. —北京：
中国农业出版社，2021.5
　　ISBN 978-7-109-28076-2

　　Ⅰ.①吉…　Ⅱ.①张…　Ⅲ.①养猪业－农业保险－保
险制度－研究－吉林　Ⅳ.①F842.734

中国版本图书馆 CIP 数据核字（2021）第 054052 号

吉林省生猪保险制度创新研究
JILINSHENG SHENGZHU BAOXIAN ZHIDU CHUANGXIN YANJIU

中国农业出版社出版
地址：北京市朝阳区麦子店街 18 号楼
邮编：100125
责任编辑：刘明昌
版式设计：王　晨　　责任校对：刘丽香
印刷：北京中兴印刷有限公司
版次：2021 年 5 月第 1 版
印次：2021 年 5 月北京第 1 次印刷
发行：新华书店北京发行所
开本：720mm×960mm　1/16
印张：12
字数：230 千字
定价：50.00 元

序 PREFACE ///////////

　　我是 2014 年与作者初识，届时我收到了作者的自我推荐邮件，意欲申请我作为其访学期间的合作导师。从其邮件的文字中感觉到这是一位谦逊好学的年轻老师，于是同意了其申请。2014 年 9 月初作者到中国人民大学报到。初见时，作者眼中闪现着求知若渴的神情，谈吐间不矜不伐，彬彬有礼……尤记得，当时作者请求以学生身份加入我的科研团队，请求与学生一样学习、调研。作者在中国人民大学访学的一年，与我的团队一起到天津、北京以及山东等多地调研，同时与我的团队一起参加各种学术交流活动，尤其是 2014 年"十一"黄金周期间，作者放弃了与家人团聚的假期休息时间，与我的研究生在天津各个农产品批发市场及餐饮业进行调研。调研期间，作者全权负责整个团队的食宿安排。在这个过程中，作者彰显了其组织沟通能力。调研团队的食宿安排既符合年轻人的风格，又在科研经费合理预算之内。作者在我的团队中充当了我和研究生的桥梁和纽带，成了研究生们的知心大姐，她带领调研团队穿梭于各地的农产品批发市场和各个餐馆饭店，与经营者进行深度访谈，对消费者进行问卷调查。访学期间，作者还经常利用周末时间穿梭于清华大学、北京大学、北京师范大学等高校聆听厉以宁、林毅夫、李稻葵等学术大家的讲座，并且与我及我的团队成员分享交流收获与体会。无论是调研还是学术交流活动，作者的谦逊、严谨、好学、朴实的品质影响着我团队中的其他成员，同时也让我感动。

　　生猪产业是畜牧业的支柱产业之一，猪肉制品也是居民菜篮子的重要组成要素之一，有关生猪产业问题的研究是个重要的研究领域，国内外众多学者涉足于此，成果浩繁。作者多年来一直从事吉林省生猪产业的相关研究，成果丰硕。生猪保险是生猪养殖风险防范的重要保障，对于完善生猪养殖体系，促进生猪产业可持续发展意义重大。尤其是 2018 年非洲猪瘟疫情发生以来，许多生猪养殖户丧失信心，退出生猪市场，生猪产品供给不足现象凸显，生猪价格持续高涨，给居民的肉食消费带来了极大影响。

为改善生猪产业发展的窘境,急需提升生猪养殖户的信心,保障生猪产业的高质量发展,而生猪保险制度的优化创新对于形成生猪产业高质量发展的长效机制具有重要意义。基于此,本书作者立足于吉林省,对生猪保险问题展开研究,具有重要的现实意义。

本书以公共产品理论、风险管理理论、国家干预理论等理论为基础,综合采用参与式试验、大样本调查、案例分析和实证计量等多种研究方法,结合吉林省实际,运用大量的实地调研数据分析了吉林省能繁母猪保险、育肥猪保险的发展情况,实证分析了生猪养殖户参与能繁母猪保险的行为及影响因素、生猪养殖户对育肥猪保险实施的满意度及影响因素以及生猪养殖户对生猪价格指数保险的需求意愿及影响因素,同时分析了吉林省能繁母猪保险和育肥猪保险存在的问题,探讨了吉林省实施生猪价格指数保险的必要性、可行性、难点及制约因素。依据上述研究,借鉴国内外生猪保险实施的经验,设计了吉林省生猪保险框架,并对吉林省创新生猪保险制度提出了相应建议。

本书研究结果表明:当前吉林省生猪保险工作开展得不容乐观,相关保费收入与承保量呈下降的趋势,同时宣传与投保途径存在较大的问题;生猪保险条款要求苛刻,不能满足养殖户的需求;养殖户的参保意愿远远大于实际的参保率,养殖户对育肥猪保险的满意度很低,但对生猪价格指数保险有较高的认知度,且对生猪价格指数保险的需求意愿较强。基于此,作者提出吉林省要立足于地方实际,规避生猪保险实施过程中的制约因素及难点,创新生猪保险制度。本书的研究结论对生猪保险及畜牧业保险的实施具有一定的借鉴和参考作用,本书的研究方法也可以为同类研究提供一定的借鉴和参考。

期待作者的大作出版,是为序。

中国人民大学 王志刚

2020 年 10 月

前言 FOREWORD /////////////////////

农业保险是针对农业风险进行保障的，它对减少各种风险灾害损失和提高农业的风险保障能力具有重要的意义。2007 年在面临生猪产业价格和疫病双重风险的严峻形势下，国务院、农业部、保监会先后下发文件，提出加强能繁母猪保险和防疫工作的要求，以能繁母猪为主要内容的政策性生猪保险开始实施。2008 年，育肥猪保险也被纳入政策性生猪保险范畴，开始在部分地区试点。2010 年，政策性能繁母猪保险在全国范围内普遍开展。目前，中国的政策性生猪保险主要包括能繁母猪保险和育肥猪保险，无论是能繁母猪保险还是育肥猪保险，均属于规避养殖风险的险种。生猪饲养过程中不仅面临着生产风险，还常常面临着市场风险。规避生产风险的生猪养殖保险已经在全国实施，但是规避市场风险的生猪价格指数保险，并未纳入政策性生猪保险范畴，且仅在全国部分省市实施。作为有效分散生猪疫病和自然灾害损失的途径，能繁母猪保险和育肥猪保险在一定程度上弥补了政府病猪扑杀补贴政策的不足。如同农业保险的其他险种一样，能繁母猪保险和育肥猪保险是对生猪死亡风险进行有效管理的手段之一，是减少养殖户损失，稳定猪肉市场价格的措施之一，也是世贸组织允许各国支持农业的"绿箱"政策之一。

吉林省是全国首批政策性农业保险（主要是种植业）试点省份，2005年吉林省政府开始提供种植业保险的保费补贴。随着农业保险业的不断发展，畜牧业保险也进入了人们的视野。2007 年中央财政开始对能繁母猪保险进行补贴，吉林省随即也开展了能繁母猪保险试点工作，而后又开展了育肥猪保险工作。作为农业保险的重要内容，能繁母猪和育肥猪保险在分散养殖户饲养风险、稳定养殖户收入、提高养殖户养殖积极性、保障猪肉供给方面起着重要的作用。但自从能繁母猪和育肥猪保险实施以来，养殖户的参保率呈波动性下滑，道德风险凸显，到 2019 年年底，吉林省有安华、人保、安盟、太平洋和国寿财五家保险公司开展了生猪保险业务，其中安华农业保险公司的市场份额达到全省的 66.05%。据安华农业保险公司统计数据显示，吉林省能繁母猪保险从 2014 年承保的 3 401 件逐年下滑至 2019 年的 1 868 件，育肥猪保险从 2014 年承保的 1 381 件逐年下滑至 2019 年的 1 073 件，生猪养殖保险数量的逐年下滑令人深思。

自从 2018 年 8 月非洲猪瘟疫情在中国确诊以来，生猪养殖户遭受了前所未有的损失，许多养殖户退出生猪养殖业，生猪产品供给不足问题严重，生猪价格持续高涨，给居民的肉食消费带来了极大影响，也令生猪产业发展进入了窘境。2019 年 12 月 4 日，农业农村部发布的《加快生猪生产恢复发展三年行动方案》及 2020 年中央 1 号文件提出的"加快恢复生猪生产"等政策措施，有利于促使生猪产业发展走出窘境。但是，疫病带来的养殖风险及价格波动导致的市场风险，致使养殖户恢复生猪生产的信心不足。提高生猪养殖户的生产积极性及其抗风险能力就需要完善的风险管理工具来为生猪产业的健康发展保驾护航，即创新优化生猪保险制度。

鉴于此，本书拟对吉林省的生猪保险问题展开研究，通过分析吉林省生猪保险的实施现状，评价吉林省生猪保险的实施效果，找出吉林省生猪保险实施过程中存在的问题，并挖掘问题产生的原因。借鉴国内外生猪保险实施的经验，设计吉林省生猪保险框架，对吉林省实施生猪保险提出建议，以期为政策性生猪保险的实施提供借鉴和参考。

本书包括八章，具体研究内容如下：

第一章　绪论。主要阐述研究的背景、目的、意义、目标、思路、方法及对国内外主要文献进行综述。

第二章　概念界定与理论基础。主要阐述相关的概念及理论。

第三章　吉林省能繁母猪保险发展研究。以实地调研数据为基础，运用比较分析、统计分析和系统分析等多种分析方法，分析吉林省能繁母猪保险发展现状、发掘发展过程中存在的问题，并实证分析生猪养殖户参与能繁母猪保险的行为及影响因素，从而提出促进吉林省能繁母猪保险制度发展的对策和建议。

第四章　吉林省育肥猪保险发展研究。以实地调研数据为基础，运用比较分析、描述性统计分析等多种分析方法，分析吉林省育肥猪保险发展现状、发掘其发展过程中存在的问题，并实证分析生猪养殖户对育肥猪保险实施的满意度及其影响因素，从而提出促进吉林省育肥猪保险制度发展的对策和建议。

第五章　吉林省生猪价格指数保险实施的难点及对策研究。通过对国内已经实施生猪价格指数保险的部分地区进行抽样调查，综合评价现行生猪价格指数保险制度的实施效果；对吉林省生猪养殖户进行问卷调查，了解养殖户对生猪价格指数保险的需求意愿，并实证分析影响生猪价格指数保险需求意愿的主要因素，据此分析生猪价格指数保险实施的必要性；通过对安华农业保险公司的相关人员进行访谈，分析生猪价格指数保险实施的可行性；结合调查结果，分析生猪价格指数保险实施的难点及原因。

第六章　国内外生猪保险制度实施经验对吉林省生猪保险制度创新的启示。梳理国内外生猪保险制度经验，为吉林省生猪保险制度的创新提供借鉴及启示。

第七章　吉林省生猪保险框架设计。立足吉林省地方实际及生猪产业特征，对能繁母猪保险、育肥猪保险和生猪价格指数保险的保险标的、保险责任、保险金额、保险的投保流程和依据、理赔流程及原则等内容进行探讨与分析。

第八章　研究的主要结论、政策启示及未来的研究方向。通过研究，得出了吉林省能繁母猪保险、育肥猪保险及生猪价格指数保险三个层面的结论及吉林省生猪保险制度创新方面的结论。基于研究结论，提出了有关吉林省生猪保险制度创新的政策启示，并确定了生猪保险未来研究方向。

本书的研究目标在于考察当前吉林省生猪保险制度实施的现状与困境，并结合国内外生猪保险制度的实施经验，立足地方实际，对吉林省生猪保险制度进行创新，以期为吉林省生猪保险的健康稳定发展提供借鉴与参考。

张守莉

2020 年 10 月

目 录 CONTENTS ////////////

1 │ 绪　　论

1.1　选题背景

　　生猪产业是中国畜牧业的支柱产业，近年来随着畜牧业结构调整，中国生猪出栏量呈现出了先升后降趋势。据《中国统计年鉴 2019》及国家统计局网站统计数量显示，2014 年全国生猪出栏量为 74 951.5 万头，为近年来最大值；2017 年全国生猪出栏量为 70 202.1 万头，较 2016 年微增 0.18%；2018 年全国生猪出栏量为 69 382.4 万头，比 2017 年下降 1.17%；2019 年全国生猪出栏量为 54 419 万头，比 2018 年下降 21.6%。从肉类总产量来看，2017 年全国肉类总产量 8 654.4 万吨，其中猪肉产量 5 451.8 万吨，占 62.99%；2018 年全国肉类总产量 8 624.6 万吨，其中猪肉产量 5 403.7 万吨，占 62.65%；2019 年全国肉类总产量 7 758.8 万吨，其中猪肉 4 255.3 万吨，占 54.84%。由于消费习惯和价格的综合影响，长期以来，猪肉作为国人第一蛋白质摄入来源，是居民不可或缺的肉类消费品。中国猪肉全球消费占比最大，2019 年为 44.5%。生猪饲养情况直接影响全国的猪肉产量，生猪养殖过程中遭受的自然灾害、疫病或市场风险，会给养殖户带来难以控制的损失。例如，2003 年以来，生猪价格周期性波动加剧，不仅波动周期加长，波动的幅度也大幅提高；2005—2006 年中国南方省份发生猪疫病，2010 年新一轮的生猪疫病暴发，2018 年 8 月，中国又发生了非洲猪瘟，使养殖户面临比较严峻的养殖风险。因此生猪养殖的脆弱性急需一个完善的风险分散管理机制来转移养猪业的自然风险和市场风险，从而有效提高养殖户抵御自然风险和市场风险的能力，补偿养殖户的财产损失，预防养殖户灾后返贫。

　　农业保险是针对农业风险进行保障的，对减少各种风险灾害损失和提高农业的风险保障能力具有重要的意义。2007 年在面临生猪价格和疫病双重风险的严峻形势下，国务院、农业部、保监会先后下发文件，提出了加强能繁母猪保险和防疫工作的要求，以能繁母猪保险为主要内容的政策性生猪保险开始实施。2008 年国家提出在部分地区试点育肥猪保险，育肥猪保险也被纳入政策性生猪保险范畴。到 2010 年，政策性能繁母猪保险在全国范围内已普遍开展。2012 年，国家决定将育肥猪保险保费补贴扩展在全国实施。作为一种有效分散生猪疫病和自然灾害损失的途径，能繁母猪保险和育肥猪保险在一定程度上弥补了政府病猪扑杀补贴政策的不足。如同农业保险的其他险种一样，能繁母猪保险和育肥猪保险是对生猪死亡风险进行有效管理的手段之一，是减少养殖户损失，稳定猪肉市场价格的措施之一，也是世贸组织允许各成员支持农业的"绿箱"政策之一。中国自 2004 年启动政策性农业保险（主要是种植业保险）起，吉林省就成为全国首批政策性农业保险试点省份，2005 年吉林省政府开始提供种植业保险保费补贴。随着农业保险事业的不断发展，畜牧业保险也进入人们的视野。2007 年中央财政开始对能繁母猪保险进行补贴，吉林省同样是首批能繁母猪保险的试点地区，2013 年又开展了育肥猪保险工作。作为农业保险的一项内容，能繁母猪保险和育肥猪保险在分散养殖户饲养风险、稳定养殖户收入、提高养殖户养殖积极性、保障猪肉供给方面起着有力的支撑作用。

然而，即使在政府大力补贴能繁母猪保险和育肥猪保险保费的大环境下，生猪养殖户的参保积极性仍然不容乐观。自从能繁母猪保险和育肥猪保险实施以来，养殖户的参保率呈波动性下滑，道德风险凸显。到 2019 年年底，吉林省有安华、人保、安盟、太平洋和国寿财五家保险公司开展了生猪保险业务，其中安华农业保险公司的市场占有份额达到全省的 66.05%。据安华农业保险公司统计数据显示，吉林省能繁母猪保险从 2014 年承保的 3 401 件逐年下滑至 2019 年的 1 868 件，育肥猪保险从 2014 年承保的 1 381 件逐年下滑至 2019 年的 1 073 件，生猪养殖保险数量的逐年下滑令人深思。

自从 2018 年 8 月非洲猪瘟疫情在中国确诊以来，生猪养殖户遭受了前所未有的损失，许多养殖户退出生猪养殖业，生猪产品供给不足现象凸显，生猪价格持续高涨，给居民的肉食消费带来了极大影响。

为改善生猪产业发展的窘境，加强风险应对措施，完善生猪养殖体系，促进生猪产业可持续发展，国家已于 2012 年开始实施了生猪保险的相关补贴政策，且在 2013 年又开始运行生猪价格指数保险。生猪价格指数保险虽然未正式纳入政策性生猪保险范畴，但是实施地区也采用地方政府补贴保费的方式，使其拥有了政策性生猪保险的特点，具有了准公共物品的特性。然而，吉林省自生猪保险实施以来，并没有达到预期的效果，所以如何优化生猪保险制度关系到吉林省生猪产业的高质量发展。

1.2 研究的目的和意义

生猪养殖作为农牧业生产重要的组成部分，如何稳定产业发展，降低养殖户的生产风险和市场风险是目前急需要解决的问题。吉林省作为农业大省，猪肉产量占全省肉类总产量的 50% 以上，生猪产业在吉林省畜牧业发展中占有重要地位。在这种情况下，有效规避生猪养殖风险及市场风险成为关键所在，政策性生猪保险也由此应运而生。目前，中国的政策性生猪保险主要包括能繁母猪保险和育肥猪保险，显然，政策性生猪保险仅仅是规避生猪养殖风险，而规避市场风险的生猪价格指数保险尚未纳入政策性农业保险范畴。规避饲养风险的生猪养殖保险已经在全国实施，但是规避市场风险的生猪价格指数保险仅在部分地区实施。生猪养殖保险能够有效规避生猪养殖风险，主要险种为能繁母猪保险和育肥猪保险，但在近年来却呈波动性下滑的趋势。

生猪价格指数保险是为适应保险业发展并不断满足各类养殖户需求而产生的一种新型保险，目的是保障养殖户规避市场风险。21 世纪初，生猪价格指数保险首先在美国实行，通过美国联邦农业保险公司对养殖户的生猪价格提供保障。2013 年 5 月，安华农业保险公司在北京市签订了第一单生猪价格指数保险合同，自此，生猪价格指数保险试点在北京市开始运行。在 2014 年的中央 1 号文件中首次提出"逐步建立农产品目标价格制度，探索粮食、生猪目标价格保险试点"；2017 年的中央 1 号文件也提及探索开展重要"农产品目标价格保险"，政府对保障养殖户利益做出了明确指示，反映出保险对养殖户的重要性。生猪市场价格的大幅度下跌，增加了生猪养殖户的风险，将会对生猪养殖户造成巨大的损失，导致生猪养殖户退出养殖或缩减养殖规模。猪肉是居民消费的主要肉类之一，生猪市场价格的波动，会影响居民的生活水平，同时，生猪价格的起伏会直接影响生猪养殖户的家庭经济收入。对于吉林省的生猪养殖户而言，生猪价格指数保险是一个新事物，养殖户对生猪价格指数保险的认知程度是影响其对生猪价格指数保险需求的重要因素之一。归根结底，生猪养殖户最关心的是如何减少生猪养殖过程中遇到的养殖风险和市场风险。目前，生猪养殖保险已经实施，能够有效规避生猪养殖过程中出现的疫病及天灾等风险，但是，价格波动给吉林省生猪养殖户带来的市场风险尚没有相应的风险工具来进行合理规避。可见，为了保障养殖户的利益，生猪价格指数保险势在必行。

随着生猪产业的规模化发展，散养和小规模的生猪养殖户逐年减少，生猪饲养的规模不断增大，这使得养殖户对生猪饲养投资也呈增加趋势。有效实施政策性生猪保险可以在一定程度上对养殖户的生猪饲养投资起到保障作用，降低养殖户的经济损失，提高产品竞争力。政策性生猪保险政策的实施还可以在一定程度上优化政府救援资金的使用效率，与政府救灾政策不同，它不仅仅可以做到事后救济，还可以提前预防灾害发生，使灾害发生时损失最小化。但养殖户保险意识较弱，风险意识较低，在疫情未发生的情况下，部分养殖户常常认为购买保险是没有必要的。在没有疾病及灾害发生的年份，即使中央和地方政府大力补贴生猪保险保费，养殖户投保的意愿也不够强烈。甚至个别养殖户在保险作用认知上出现误差，把生猪保险当作获利的工具，而不是风险分摊工具，所以当其发现购买生猪保险不能获取利益后，就拒绝再次购买生猪保险，导致参保率下降。

鉴于此，本书拟对吉林省的生猪保险制度进行研究，通过分析吉林省生猪保险的实施现状，评价吉林省生猪保险的实施效果，找出吉林省生猪保险实施过程中存在的问题，并挖掘其产生的原因。借鉴国内外生猪保险实施的经验，设计吉林省生猪保险框架，对吉林省实施生猪保险提出建议，以期为政策性生猪保险的实施提供借鉴和参考。

1.3　文献综述

近年来关于农业保险、生猪保险的国内外相关研究较多，本书对主要的相关文献进行了梳理，总结起来包括以下四个方面。

1.3.1　关于农业保险的研究

1.3.1.1　农业保险发展研究

20世纪50年代开始，中国少数省份开始试办农业保险，仅1952年一年，牲畜保险就投保了1 194万头（杜子杰，1953）。但是到了1958年，农业保险遭到了停办并消失。1978年改革开放后，由于农业的快速发展，农业保险被逐步重视起来，开始步入正轨。然而，受各种原因的影响，农业保险在1980年以前一直以较慢的速度发展。1982年，学术界开始对各种农业保险理论问题进行研究（沈蕾，2006）。皮立波（2003）通过分析国外农业保险发展经验，认为中国农业保险应采取"三阶段推进战略"。龙文军（2004）通过分析"三主体"行为选择，强调政府在农业保险发展中需发挥积极的推动和主导作用。国内学者对于农业保险属性及外部性的争论，引出了农业保险应属于政策性保险范畴的结论（郭晓航，1986；杨世法等，1990；庹国柱和王国军，2002；史建民和孟昭智，2003；胡亦琴，2003；皮立波和李军，2003）。中国农业保险的市场失灵主要体现在投保人与保险人的信息不对称、保障风险的系统性及保险的正外部性等方面（龙文军，2003；庹国柱和李军，2003）。由于中国的农业保险是农业与保险业两个弱质产业的结合，并且农业保险制度不完善和制度针对性不强等因素将会导致中国农业保险有效需求和有效供给不足（冯文丽，2004；吴扬，2005；张跃华，2005）。结合中国农业保险发展模式的理论研究成果，国内学者提出了"政府论"模式（陈思迅和陈信，1999）、"商业论"模式（庹国柱和王国军，2002）、"区域论"模式（谢家智，2003）、"层次论"模式（陈舒，2004）以及"过渡论"模式（谢家智和蒲林昌，2003，皮立波，2004）等。对于农业保险发展模式，刘京生（2000）强调选择财政支持型的发展模式是中国农业保险的重要途径。孔磊（2015）提出形成中国农业保险巨灾风险分散模式应以政府为主导，以市场化运作、商业保险机构运作和政策性体系为框架，构建国家农业再保险公司，以之作为再保险体系的主导者，对"强制再保险"加以依法实行，并借助资本市场实行证券化、向国内外分保招标、运作与管理基金等具体事务，中央、地方政府参与并分级提供最终保障。黄正军（2016）强调农业保险经营模式（地区特色政策性）要在政府主导下发展，需要从市场监督与管理、大（巨）灾风险分散、财政保费补贴、基层服务、组织管理等方面进行逐一设计。

1.3.1.2 农业政策性保险研究

庹国柱和李军（2005）在总结国外农业保险经营类型的基础上指出政策性保险的范围，对商业性农业保险和政策性农业保险的边界问题进行了探讨，强调不是所有农业保险产品都必须实行政策性经营，能够纳入政策性保险的农业保险是政策意义较强，并且在充分竞争的商业保险市场上以及保险公司不太愿意实施的农业保险。对农业保险的政策意义也进行了强调，建议一些在农牧业经济中占有比例较小的农业保险标的不应该纳入政策性农业保险范畴。孟春（2006）将农业保险定义为：保险机构组织农业生产经营者对农业生产进行风险分摊，建立专门保险资金，对农业生产经营者在种植业、林业、畜牧业和渔业等生产过程中，因自然灾害、意外事故或疫病等影响，对其损失提供保障的一种经济补偿方式。卢影（2016）强调政策性农业保险是一种准公共产品，是政府支持农村经济发展而做出的一种制度化安排，是保护农业的重要政策工具。徐婷婷、荣幸（2018）认为农业保险是规避自然风险、保障农业生产、稳定农民收入的重要手段，其建立的初衷是为了有效分散和转移农业生产中的自然风险和市场风险，是一种特殊的经济补偿制度。潘红艳（2020）提出国内开展农业保险产品经营活动呈现出政策性、政府主导与市场化相结合的特点，农业保险机构主要指保险公司以及依法设立的农业互助保险等保险组织。郑军、李敏（2020）认为农业保险财政补贴制度应紧密跟随时代变化，逐步做到差异化补贴、精准补贴，实现财政补贴资金效率最大化。刘汉成、陶建平（2020）强调由于农业保险具有准公共物品和外部性特征，需要政府提供相应的农业保险补贴和风险保障水平等政策来弥补市场失灵。张乐柱等（2020）认为中国农业保险由最初的商业性保险转变为政府支持保险公司经营模式和中央财政给予保费补贴的政策性保险。

1.3.1.3 农业保险需求研究

李军（1996）、冯文丽（2004）、费友海（2004）等探讨了农业保险经营中面临着有效需求不足的问题，而关于农业保险需求不足的成因和结论，学术界并未达成一致的意见。龙文霞、姜俊臣等（2003）认为农业生产的自然风险、赔付过程复杂、经营方式造成了农业保险有效需求不足。张跃华、史清华等（2007）认为中国农业保险发展的需求不足问题主要包括农户农业收入占家庭总收入的比例下降、农村人口年龄结构变化、农业自然风险在影响农户正常生活的各种因素中并不显著等。黄英君、林俊文等（2010）以保险需求的传统模型为基础，分析得出农业保险的保障局限以及其他风险管理工具的替代作用造成了农业保险的低需求问题。袁祥州（2016）认为目前农业保险的责任范围主要是覆盖自然风险造成的损失，难以满足农户全面规避风险的需求。许梦博、王明赫等（2018）认为中国普遍实施普惠型农业保险制度，其"低保费、低保障、广覆盖"的特点决定了该种制度只能满足传统小规模农户转嫁部分风险的需求。代宁、陶建平（2017）强调农户通过购买农业保险，有效地分散了农业生产过程中的风险，有利于稳定产出预期，提高生产积极性，实现生产规模的稳定或扩大。韩雯（2020）对贵州省农户的研究发现，家庭收入、收入来源、耕地数量及农户对于农业保险的认知程度会显著影响对农业保险的需求。

1.3.1.4 农户对农业保险的支付意愿研究

目前学术界关于农业政策性保险的支付意愿研究较多，而在对政策性保险支付意愿的影响因素研究中，讨论最多的是关于"政府补贴力度"这一因素。其中一部分学者研究表明，对农业保险资金补贴力度的期望往往与农民对农业保险的投保欲望呈正相关（侯玲玲等，2010）。一部分学者则认为如果加大政府补贴的力度，将有利于解决农业保险定价高与实际投保脱轨的问题（冯文丽，苏晓鹏，2008；李海军，2008等），能够激励农民购买农业保险，促进农业保险在市场上的发展（邢慧茹，陶建平等，2009），也能保证农业保险的持续经营与发展（Smith and Glauber，2012）。同时还有一部分学者指出，虽然政府的补贴可以有助于促进农业保险的发展，但并不是万能的，仍存在其他诸多不可忽视的问题（孙香玉，钟甫宁等，2009）。诸如，基层组织对农业推广的态度（湛明蕾，2016）、相关专业人员是否给农民宣传（许可，汪荣明等，2016），此外，一些学者认为自然资本、金融资本、人力资本及社会资本（程静，胡金林等，2018）、农户受教育程度、农业收入占比、投保流程便利程度、以往赔付经历（谢晓峰，2017）、从事农业生产的时间、从事农业生产的规模（罗芳，崔叶辰等，2015）、农业生产经营风险的预期、对保险公司服务满意度（李亚力，2017）、融资状况和风险意识（Sidra Ghazanfar，2015）、生产风险以及宗教（Ezdini Sihem，2017）等因素都影响农民参与农业保险的意愿。

　　条件价值评估法广泛运用于生态系统服务功能及支付意愿的研究中，运用条件评估法分析公共物品的非利用经济价值，但鉴于农业保险属于准公共物品，对于准公共物品进行效益评估时一般倾向于采用条件评价法（Mitchell and Carson，1999）。近年来中国学者也多采用条件评估法研究农业保险保费支付意愿。宁满秀、苗齐等（2006）首次将条件评估法（CVM）引入农户农业保险支付意愿的评价中，开启了农业保险研究的新领域，他们研究了不同保险条款下新疆玛纳河流域农户对棉花保险的支付意愿水平，并利用比例风险模型分析了农户支付意愿的影响因素研究结果表明，棉花生产波动、种植面积、灾害程度和农户的认知等是影响棉农支付水平的重要因素。陈泽育等（2008）利用 PCE 模型分析了农户烟叶保险的支付意愿，研究结果表明，对保险的认知、烟叶平均损失金额、农户年龄、家庭纯收入等因素影响了烟农的支付意愿。此外还测算了当保额为每亩[①]100 元时，农户烟叶保险的支付意愿平均值为 6.43 元/亩，奠定了测算支付意愿的基础。潘勇辉（2008）分析指出蕉农平均意愿保费费率为 14%，支付能力为 39%，蕉农期望的保费补贴水平为 60%。曾小波、修凤丽等（2009）则运用支付卡的形式调查了陕西农户对奶牛保险的支付意愿，并利用期望价值评估法测算了其平均支付意愿。以上学者的研究均未考虑不同补贴水平下农户的支付意愿。王尔大、于洋（2010，2011）分析了不同保障水平下农户水稻保险的支付意愿，并利用模型测算了不同保障水平下农户的支付水平，认为水稻生产专业化程度、种植面积、水稻减产损失程度、对农业保险的认知、风险偏好等因素影响了农户的支付意愿。另有学者研究发现，农业生产经营风险的预期、对保险公司服务满意度（李亚力，2017）、融资状况、风险意识（Sidra Ghazanfar，2015）、生产风险以及宗教（Ezdini Sihem，2017）等因素都会影响农民参与农业保险的意愿。黄武（2010）通过对江苏省187 户种植业农户的调研，运用统计分析方法和 Logit 模型对农户有偿技术服务的需求意愿进行了分析，得出了农户对有偿技术服务存在较大的需求意愿。

―――――――――――――

　　①　亩为非法定计量单位，1 亩＝1/15 公顷。――编者注

王秀芬、李茂松（2013）等通过对吉林省农户的调研，运用 Logistic 模型对不同类型的农户农业保险的需求意愿做了回归分析，结果表明，家庭收入、农业保险的重要性、农业保险的服务水平及农业保险对农业产生的促进作用等因素影响农户对农业保险的需求意愿。马文博（2015）通过对粮食主产区 357 份的调研数据，运用 Logistic 模型分析了农户耕地保护利益需求的影响因素，认为农业人口数、受教育程度、劳动力人数等因素对利益补偿需求有显著影响。牟爱州（2016）通过对河南省 790 户小麦种植大户的调研，运用二元 Logistic 方法，分析了小麦种植大户农业新技术需求意愿的影响因素。

1.3.1.5 农业保险实施效果的研究

李林、王健等（2010）采用模糊评判的方法对农户的农业保险满意度进行静态分析，然后采用马尔柯夫链和状态转移矩阵的方法对农业保险服务进行动态预测，发现影响农业保险消费满意度的原因主要包括农业保险经营主体偏少、险种较少和结构不合理等。由于农业保险的赔付率较高，使得农业保险的高费率、低保障问题突出，保险公司为了追求利润最大化减少了农业保险的供给。万千、秦涛等（2011）通过对福建林农调查分析，结果表明：林农对政策性森林保险开展状况的总体满意程度较高，但林农对森林保险的保险责任、保险金额和灾后理赔的评价不高，林农对森林保险的购买意愿并不强烈。杨林波（2011）认为完善的农业保险制度可以使购买保险的农户在遭受保险责任范围内的灾害后及时得到经济补偿，尽快恢复因风险损失中断的农业生产，尽可能地减少损失。任静、何凌霄等（2011）分析了关中地区农户对政策性奶牛保险的满意度评价，发现农户满意度下降的原因主要包括逆向选择和道德风险凸显、农户骗保问题较严重、政府的主导作用发挥不足及保险公司经营管理水平低。叶奕鹏、刘力其等（2014）从农户、政府和保险公司三个角度，以满意度为切入点对广东省政策性水稻保险的实施绩效进行了研究，研究结果表明：广东省政策性水稻保险实施过程中存在农户认知度和满意度低、道德风险严重和逆向选择问题。张丹丹、郭晖（2016）选择以农户自身特征对农业保险满意度的影响为研究对象，通过设计调查问卷，对天山北坡经济带农户进行实地调研，采用模糊评判的方法对农户农业保险满意度评价分析，结果显示：少数民族、男性、文化程度高、种植面积大、收入水平高及灾害对家庭影响程度小的农户满意度较高。杜静（2019）通过调查分析得出影响农户对于农业保险满意程度的原因涉及多方面，具体包括农户的性别、年龄、接受教育程度、家庭年收入情况、农业保险保额、农业保险险种、在抵御风险时发挥作用的大小、是否获得过保险赔款、保险公司的服务态度、政府对农业保险的补贴比例、农户的需求程度和国家出台的相关农业保险政策在当地是否得到真正落实等多方面。任雪莹、赵立娟等（2019）提出，农民作为农业保险的直接使用者和受益者，关注其对农业的保险满意度及影响因素，可以从侧面揭示中国农业保险的运行效率及存在的缺陷。王曼丽、陈瑜等（2019）以甘肃省农户和新型经营主体为调查对象，了解二者对农业保险的满意度，并利用 Probit 模型对二者的调查结果进行对比分析，结果表明受教育程度、购买险种和有无因灾赔款三个因素是影响甘肃省农户满意度的显著性因素，而定损合理性是影响新型经营主体满意度的显著性因素。关晶、王国军等（2020）运用 Logit 多元回归模型进行分析，结果表明：农业保险深度对中国农村居民务农工作满意度具有显著的促进作用，但是农业保险保费和农业保险密度对中国农村居民务农满意度促进作用有限。农业保险在促进务农满意度方面具有明显的地区异质性，其促进作用在中、西部地区更为显著。

1.3.2 关于生猪养殖保险的相关研究

1.3.2.1 政策性生猪保险的研究

为解决猪肉价格上涨影响人民日常消费问题，推动中国生猪产业有序稳定发展，2007 年国家出台了有关政策和措施，扶持生猪产业发展。国家采取政策性生猪保险这项举措来调控中国生猪产业的发展是有依据的：中国生猪产业的现代化生产方式是生猪保险发展的市场基础，中国经历的长期农业保险实践是生猪保险发展的业务技术基础，在实践基础上的农业保险理论逐渐完善是生猪保险发展的理论基础（降彩石，王亚明，2008）。国外同类研究主要关注市场主体对生猪保险的应激反应和探讨完善更符合实际的保险内容，如强调生猪保险的设计对生产者购买动机的重要性（Gramig，2007）；通过模型定量说明不同养猪规模的风险，分析饲料价格发生变化会产生何种影响，生猪疫病发生时会引发的市场风险（Turvey，2007）。保险属于金融产品，因此运用蒙特卡洛模拟方法通过建立金融模型来有效处理生猪保险的系统风险（Meuwissen，2007）。国内对生猪保险的研究较为丰富，政策性生猪保险可以减少养殖户的风险，保障养殖户基本生活，有力提高政府救灾资金的效率与效益（蒋城，2010）。卓志、王禹（2016）强调在充分发挥农业保险公司作用的基础上，推动商业保险公司参与开展生猪保险业务，构建生猪保险的第三方评估机制，发展社会化服务，不断提高保险效率。王晓琳（2019）认为在生猪养殖中能繁母猪的死亡率较低，具有一定的风险可控性，育肥猪死亡率偏高，疾病发生率较高，风险把控性较弱，鉴于此，推行政策性生猪保险具有其现实意义。

1.3.2.2 生猪养殖保险存在的问题研究

许多学者指出，能繁母猪保险中存在着保费较高、保额与实际投保标的价值不符（颜华，2007）、有效供给短缺及有效需求不足（银梅等，2008）等问题。政府推广也依然存在较大问题（夏叶丹，2013）。除此之外，还存在着散养户与规模养殖户信息不对称（张跃华，2015）及未入保的死猪混入参保标的物等问题（赵建敏，2016）。为此，一部分学者提出相应措施，如以金融手段来对冲疫病、自然灾害及市场波动三大风险（杨枝煌，2008）；加大生猪保险的投入力度，设立风险准备金和再保险机制（曾小深和李建奎，2008）；避免并且降低道德风险和逆向选择问题（荣幸，2008）；制定科学合理的保险条款；测算不同风险水平的保费率，建立健全再保险机制以及巨灾风险分散体系等（毛伟和李玲，2008）。李勇权、曾馨（2016）指出育肥猪保险在实施过程中存在赔偿制度不合理、赔偿金额较低以及养殖规模较小的养殖户获取信息渠道有限等问题。

1.3.2.3 关于养殖户对生猪保险支付意愿的相关研究

生猪养殖保险已实施十年之久，关于生猪养殖户对生猪保险支付意愿的相关研究较多。通过梳理和总结相关文献，归纳出影响养殖户对生猪养殖保险支付意愿的因素主要包括保险费用、赔偿满意度、投保便利度、政府是否补贴（刘胜林等，2015）、是否为政策性保险（张跃华，2015）、农户收入、损失效率、养殖户文化程度及生猪养殖风险（谭莹，张伟等，2014）、养猪专业化程度、对能繁母猪保险的认知、对政府的信任程度以及是否参加专业合作经济组织（夏叶丹，2013）。

国内诸多学者对政策性生猪保险的需求、购买意愿及参与行为等问题采取了实证分析，普遍认为对生猪养殖户购买意愿产生主要影响的因素包括生猪养殖规模、对政府及承保机构的信任程度、对生猪保险的认知、生猪饲养专业化程度等（夏叶丹，邹贤奇等，2012；张海洋，蒋红等，2010）。而对于能繁母猪保险而言，影响养殖户购买能繁母猪保险的因素主要包括养殖户收入、损失效率、养殖户文化程度及生猪养殖风险等（谭莹，张伟等，2014）。养殖户生猪保险参与度不高，源于个体特征、风险偏好、对生猪保险的认知程度、生猪养殖规模及周围养殖户是否参保等因素的影响（钟杨，薛建宏，2014；张跃华，杨菲菲，2012）。周伟娜（2009）在剖析四川省生猪养殖的风险及政策性生猪保险试点情况的基础上，分析了养殖户购买生猪保险的影响因素，认为户主特征、家庭特征以及风险特征对养殖户的购买决策影响最为显著。万珍应（2009）在对云梦县实地调查的基础上，分析了生猪疫病风险与养猪户特征的关系，并进一步研究了养殖户对生猪保险的需求，认为规模小的养殖户由于逆向选择而选择不投保的较多；相反，规模大的养殖户投保的较多，但其中只投保部分标的物的行为更多。胡文忠、杨油华（2011）分析了农户生猪保险需求的影响因素，并建立了 Logit 模型研究了农户的购买生猪保险的行为，研究结果表明：养殖规模、生猪收入比重以及对保险公司的认知因素影响了农户的购买决策。李勇权、曾馨（2016）强调，与能繁母猪保险相比，育肥猪的参保率普遍偏低，但大型养猪场育肥猪参保率明显高于小型养猪场。大多数散养户只购买母猪保险，大多数大型养猪户会同时购买能繁母猪保险和育肥猪保险。

1.3.3 关于生猪价格指数保险方面的研究

生猪价格保险起源于 21 世纪初美国联邦农业保险公司通过的牲畜价格保险（LRP）和牲畜收益保险（LGM），是为投保农户提供价格风险保障。经过 20 年的发展，积累了一定的研究成果，笔者对已有研究进行了归纳。

1.3.3.1 国外研究综述

在保险需求方面，Bruce A. Babcock（2004）分析了牲畜价格保险和牲畜收益保险的需求来源，一方面是它们能够在风险管理方面发挥重要作用，另一方面是投保者的投机性需要。从保险成本的角度出发，George Patrick 等（2008）通过对 2002—2007 年美国牲畜价格保险数据进行评估，认为生猪价格指数保险与作物收益保险存在着差异，作物收益保险对作物因病造成的损失进行承保，而生猪价格指数保险只对因养殖户在购买生猪价格指数保险起到终止期间的生猪价格下降而造成的损失进行承保。Dean Karlan（2008）等指出农产品价格保险可以有效地抵抗市场风险，还可以保障农产品的稳定供应和鼓励农户对农场进行投资。Kenneth H. Burdine、Greg Halich（2014）运用蒙特卡洛模拟选取 2007—2013 年包含不同购买日期、保险范围、保费在内的保险单检验净支出，表明秋季购买保险预期比春季购买保险预期净支出高。

1.3.3.2 国内研究综述

（1）关于生猪价格指数保险国际经验的相关研究

王克、张旭光（2014）等结合国外经验针对中国生猪价格指数保险的发展提出了合理设计保险产品的启示。周志鹏（2014）通过介绍美国生猪毛利润保险政策的设计机制，分析了中国生猪价格指数保险的试点现状，并提出了美国生猪毛利润保险政策对中国的启示。王克、张峭（2014）等从农产品价格风险研究角度出发，认为农产品价格指数保险的适用范围只针对同质性不强的农产品，同时要关注巨灾赔付风险，而对于同质性强的农产品适用于收入保险或收益保险。田小平（2016）基于河南省农户需求意愿的调研数据，认为中国农产品价格指数存在着有效需求严重不足、业务进展缓慢等问题，并对美国农产品价格指数进行了经验分析，得出中国农产品价格指数应加大财政补贴力度、提升农户对农产品价格指数的认识等对策建议。周磊、徐学荣（2016）通过对英国、美国和印度的水产品指数保险进行分析，认为解决中国水产养殖指数保险困境的主要途径是丰富水产养殖指数保险的产品种类并开发"保贷"捆绑的保险运营模式。

（2）关于中国现行生猪价格保险的运作及实施难点等研究

胡向东、王济民（2010）通过运用门限自回归模型方法，对猪肉价格进行分析，认为猪肉价格指数要在门限值以内，否则会膨胀性增长，造成价格波动。谢治菊、袁名别（2011）认为中国农产品价格指数对其他价格指数如土地交易价格指数、居民消费价格指数、商品零售价格指数等均存在差异化影响。王亚辉、彭华（2014）通过回顾中国农业保险发展历史，阐释了生猪价格指数保险的原理、作用、优势及操作要点，认为中国在推行生猪价格指数保险的过程中存在着很多问题，如缺乏专门的政府机构、财政的支持力度小、保费的补贴力度不强、农户缺乏风险意识、确定保障价格的基准不科学、缺少再保险和巨灾风险分散转移机制以及保险产品知识产权未能实现有效保护等问题，据此提出了相应的对策建议。何小伟、赵婷婷（2014）等分析了中国在推广生猪价格指数保险的过程中存在的难点问题，并提出应进一步完善相关农业支持政策，明确政府职责，强调因时制宜、因地制宜。孙丽平（2014）从政策性农业保险方面分析了中国当前生猪价格指数保险的实施运作成效及创新产品等问题。巩雪（2015）以黑龙江省为例对生猪价格指数保险进行了研究，通过测算平均猪粮比价 6.7∶1，衡量保险期限内生猪市场价格的实际波动，并进行了生猪价格指数保险设计，据此结合中国的实际情况提出了相应的建议。张峭、汪必旺（2015）等在对中国生猪价格保险可行性分析的基础上，得出中国生猪价格指数保险方案设计的关键要素是保险赔付指标、保障价格、保险期限、保险金额等。高新惠（2016）通过分析云南省生猪价格波动周期，提出了在云南省推行生猪价格指数保险的必要性和可行性，通过设计云南省生猪价格指数保险产品，并按照非参数信息扩散模型计算概率密度，根据费率厘定公式计算云南省生猪价格指数保险的费率。李丹、马彪（2016）结合黑龙江省 2010—2015 年 6 年的市场价格，对黑龙江省 2016 年的"猪粮比"进行了分析预测，结果表明：生猪价格指数保险具体的保障价格水平参考固定的猪粮比价，不能准确地反映生猪养殖的盈亏情况，不利于养殖户的风险保障，也会影响生猪价格指数保险的发展，据此得出中国生猪价格指数保险的保障价格水平应参考当前（5.5∶1）～（8.5∶1）的绿色区间范围。田辉（2016）认为中国农产品价格保险仍处于萌芽试验阶段，在其发展过程中面临着财政补贴不足、巨灾分摊机制未能有效建立、信息获取困难等问题，因此中国农产品价格保险在发展中需遵循一般性原则、循序渐进原则、政府和市场合作原则、鼓励创新和适度竞争原则。

（3）关于生猪价格指数保险内涵的相关研究

刘总理、李养生（2007）从收入预期角度阐明农产品价格风险的含义，强调价格的过度波动会造成收入预期的损失。姚寿福（2012）提出中国农产品批发价格指数与CPI之间存在着长期稳定的均衡关系，要使CPI上涨的速度得到控制，必须抑制农产品价格上涨的幅度，政府部门也应该从根本上对农产品的稳定供给、价格干预和调控做出保障。郭军、陶建平（2013）运用极值理论方法对中国生猪市场做了价格风险评估，认为中国生猪市场价格风险存在着波动性、周期性、关联性强及危害性大的特征。王宝海、丁慧媛（2016）利用ARIMA模型对中国大宗农产品价格指数保险进行了研究分析，认为中国大宗农产品从长期变化趋势看，呈上涨趋势，从短期看，有价格下降压力。赵姜、龚晶（2016）等通过对上海绿叶菜成本价格保险试点和成都蔬菜生猪价格指数保险试点的对比研究，认为无论是上海的绿叶菜价格保险，还是成都的蔬菜生猪价格指数保险，都是将政策性业务和市场化运作有机结合，保障了农产品的市场供给的同时，又平抑了市场价格，统筹兼顾了市民和农民利益，引导了产业发展，同时对中国农业保险事业产生了积极的影响。

（4）关于生猪价格指数保险需求意愿的相关研究

钟玲（2013）通过对松滋市生猪养殖户进行实地调研，分别对农户的购买意愿、基本情况、家庭特征、风险意识及对保险的认知五个方面进行模型分析，认为把推行政策性生猪保险放在最重要的位置，首先要提高生猪政策补贴来促进养殖户购买生猪保险的意愿。惠献波（2015）基于对河南省农户需求的实际调查，对影响中国农户农产品价格指数保险需求意愿的因素进行了分析，提出中国在财政方面要加大力度，增强农户保险投保意识以及完善制度保障。胡宇菲、薛煜民（2017）等通过对江苏省7个市162户生猪养殖户的调研，运用Logit模型对参保意愿进行影响因素分析，得出了当前影响养殖户参保意愿的主要因素。张燕媛、展进涛（2017）等通过江苏、河南两省2015年的调研数据，分析了具有不同生猪养殖专业化程度和风险认知度的养殖户对生猪价格指数保险需求的差异，得出了生猪养殖户对生猪价格指数保险有较强的需求意愿，认为政府补贴的保障、差异化保险产品的设定和宣传教育力度的加大有利于推动生猪价格指数保险的发展。

1.3.4　关于生猪保险制度评价的研究

很多学者对生猪保险制度进行了定性和定量评价研究。罗杰（2008）认为促进生猪产业发展，生猪扶持保险需要更多的金融支持。曹佳、肖海峰（2010）调查发现，完善的生猪补贴政策可以增加生猪的养殖数量，增加猪肉产量。宁攸凉（2011）运用计量研究模型，得出生猪养殖户、政府工作人员以及管理人员对生猪产业及生猪价格指数保险有着不同的认知和评价的结论，并且从事工作的时间越长，他们对政策的认知度越高，对政策实施的效果评价也越高。谭莹、邱俊杰（2012）运用要素弹性的方法对生猪价格指数保险的补偿机制进行分析，得出应根据饲料价格来制定生猪价格的补贴，并认为要根据养殖规模来确定补贴比例。廖翼、周发明（2013）对湖南省生猪养殖规模户进行问卷调查，认为养殖户为规避风险，对生猪价格指数保险的满意度较高一些。余建斌（2013）从生猪安全生产、生猪科学养殖、增加农民收入、稳定生猪市场价格四个角度对保险的补贴政策进行分析，发现补贴越高，越有利于生猪企业进行规模化生产，但是从短期看，补贴政策的多少会影响生猪价格上涨或下降。由于政府补贴，生猪保险需求受养殖户收入水平的影响较小（刘超，尹金辉，2014）。养殖户对种猪保险的满意度主要由购买保险的程序、进行理赔的程序、承保单位的服务水平这三者的满意程度决定，对育肥猪保险的满意度主要由养殖户育肥猪的存栏量、有无加入合作社、对进行理赔的程序是否满意、对承保公司的服务水平是否满意和对所投的保险是否了解等因素决定（崔小年，乔娟，2013）。张静、范静（2017）运用 logistic 回归分析法，对吉林省养殖户生猪保险满意度的影响因素进行分析，研究结果表明：生猪存栏量、疫病防控能力、保险意识、对生猪保险的了解程度、对保费补贴比例的评价、对理赔程序的评价、对保险公司服务态度的评价及对保障范围的评价 8 个因素影响投保人的满意度，且影响方向均为正向。黄红娣（2018）运用 probit 回归模型，研究了江西省生猪政策性保险满意度，结果显示：养殖户的年龄和文化程度对养殖户满意度有显著负向影响；养殖户对生猪政策性保险的了解程度、对保费补贴政策了解程度、对保险公司信任度、对保险补贴合理性的感知以及购买生猪政策性保险后养殖收益变化情况等因素对养殖户满意度有显著正向影响。李玥（2020）分析得出河北省生猪保险实施过程中养殖户的满意度仍然较低的原因是保额较低、政府财政补贴不足、理赔周期长、保费较高、无害化处理不规范以及公司服务能力不足等。

1.3.5 文献述评

通过对已有文献的梳理，可以看出，关于农业保险的研究，多以种植业保险为主。纵观国内外研究成果不难发现，农业保险的有效需求是农业保险可持续发展的关键，改善农户农业保险有效需求的方法是给予农户补贴、提高保险赔偿金额、降低保费。通过研究分析农业保险的实施效果，能够促进农业保险的发展。从农户的层面来看，了解农户对农业保险的满意度及其影响因素才能更好地提高参保率。从农户视角研究农业保险的文献大多集中于分析农户的农业保险参与决策、需求状况及支付意愿等，较少分析农户在购买农业保险后对农业保险效果的评价。相近的研究是关于农户对农业保险满意度的分析，主要包括两类：一类是农户对农业保险开展状况和运行绩效满意度的整体评价；另一类是农户对某种具体险种满意度的评价，包括水稻保险、棉花保险、森林保险等。学术界关于生猪保险的相关研究主要集中在政策性生猪保险的概念，实施范围界定、生猪养殖保险存在的问题、生猪保险的支付意愿及满意度、生猪价格指数保险的需求意愿、实施的现状及重要意义等方面。从生猪保险的相关研究来看，目前中国关于能繁母猪保险、育肥猪保险及生猪价格指数保险的系统研究并不多见，因此，系统研究能繁母猪保险、育肥猪保险及生猪价格指数保险的发展现状，同时研究养殖户参与能繁母猪保险的行为及其影响因素、养殖户对育肥猪保险的满意度及影响因素、生猪价格指数保险实施效果评价、生猪价格指数保险实施的必要性和可行性、实施的难点及制约因素等内容具有重要的理论和现实意义。本书将以上述文献为基础，通过对吉林省生猪养殖户进行调查研究，分析吉林省能繁母猪保险、育肥猪保险实施的现状，并探究养殖户参与能繁母猪保险的行为及其影响因素、养殖户对育肥猪保险实施的满意度及影响因素，据此探讨吉林省生猪养殖保险制度存在的问题并提出政策建议。通过对国内生猪价格指数保险实施效果较好的试点地区进行问卷调查，运用调查数据分析生猪价格指数保险的实施效果，通过对吉林省生猪养殖户进行调查研究，分析吉林省实施生猪价格指数保险的必要性、可行性、难点及制约因素，据此提出吉林省生猪价格保险制度的政策建议，为促进生猪保险制度的健康发展提供决策依据，从而为政府提供决策参考。

1.4　研究目标与研究内容

1.4.1　研究目标

本书的研究目标在于，考察当前吉林省生猪保险制度实施的现状与困境，剖析其深层次原因，提出相应的对策建议；结合国内外生猪保险制度的实施经验，并立足地方实际，对吉林省生猪保险制度进行创新，以期为吉林省生猪保险的健康稳定发展提供借鉴与参考。

具体的研究目标包括以下六点。第一，通过问卷调查及深度访谈，考察吉林省能繁母猪保险实施的现状及存在问题，判断目前吉林省能繁母猪保险实施现状及其创新转变的约束条件和发展趋势,分析吉林省生猪养殖户参与能繁母猪保险的行为及影响因素,从农户需求层面探讨吉林省能繁母猪保险存在的问题,剖析内在原因,并据此提出相应对策和建议,以期为吉林省能繁母猪保险制度创新提供借鉴和参考。第二,以调查分析为基础,研究分析吉林省育肥猪保险制度的实施现状及存在问题,分析吉林省生猪养殖户对育肥猪保险的满意度及影响因素,并据此提出相应建议,以期为促进吉林省育肥猪保险的健康有序发展提供借鉴和参考。第三,以评价国内试点地区生猪价格保险制度的实施效果为切入点,探讨吉林省实施生猪价格保险制度的必要性、可行性、难点及制约因素,为构建吉林省生猪价格保险制度框架提供借鉴和参考。第四,分析美国、加拿大等发达国家和地区及国内生猪保险发展较好的地区关于生猪保险制度实施的经验,阐释其对吉林省的适用性和借鉴意义。第五,吉林省生猪保险框架创新设计。生猪保险包括保产量(规避养殖风险)和保利润(规避市场风险)两个方面,在生猪保险制度体系创新设计时,从两个角度进行设计,一个是关于生猪养殖保险制度的创新设计,另一个是关于生猪价格指数保险制度的创新设计。生猪保险制度的创新设计,既要对生猪养殖过程中疫病、自然灾害等带来的风险做好风险防范与分担,又要防范与分担生猪养殖过程中由于市场价格波动带来的风险,并且把规避养殖风险和规避市场风险的两类生猪保险都纳入政策性生猪保险范畴。第六,依据前文研究结果,为吉林省生猪保险制度创新提出政策建议。

1.4.2　研究内容

本书主要包括八章,具体研究内容如下:

第一章　绪论。主要阐述研究的背景、目的、意义、目标、思路、方法及对国内外主要文献进行综述。

第二章　概念界定与理论基础。主要阐述相关的概念及理论。

第三章　吉林省能繁母猪保险发展研究。以实地调研数据为基础,运用比较分析、统计分析和系统分析等多种分析方法,分析吉林省能繁母猪保险发展现状、发掘其发展过程中存在的问题,实证分析养殖户参与能繁母猪保险的行为及影响因素,据此提出促进吉林省能繁母猪保险制度发展的对策和建议。

第四章　吉林省育肥猪保险发展研究。以实地调研数据为基础,运用比较分析、描述性统计分析等多种分析方法,分析吉林省育肥猪保险发展现状、发掘其发展过程中存在的问题,实证分析养殖户对育肥猪保险的满意度及影响因素,从而提出促进吉林省育肥猪保险制度发展的对策和建议。

第五章　吉林省生猪价格指数保险制度实施的难点及对策研究。通过对国内已经实施生猪价格指数保险的部分地区进行抽样调查，综合评价现行生猪价格指数保险制度的实施效果，同时依据对吉林省生猪养殖户的问卷调查，了解养殖户对生猪价格指数保险的需求意愿，并实证分析影响生猪价格指数保险需求意愿的主要因素，据此分析生猪价格指数保险实施的必要性；通过对安华农业保险公司的相关人员进行访谈，分析生猪价格指数保险实施的可行性；结合调查结果，分析生猪价格指数保险实施的难点及制约因素。

　　第六章　国内外生猪保险实施经验对吉林省生猪保险制度创新的启示。梳理国内外生猪保险的经验，总结发达国家和国内其他地区生猪保险的创新经验，为吉林省的生猪保险制度的创新提供借鉴及启示。

　　第七章　吉林省生猪保险框架设计。确定保险理赔的制定依据和原则，明确理赔的期限，探讨制度实施过程中的风险控制以及其他技术层面的问题，从理赔依据、理赔标准、理赔期限以及政府补贴等方面设计吉林省生猪价格指数保险产品的框架。

　　第八章　研究的主要结论、政策启示及未来的研究方向。通过研究得出结论，并据此提出政策启示；阐述本书研究的不足及对未来研究的展望。

1.5　研究思路与研究方法

1.5.1　研究思路

　　生猪保险问题不是一个孤立的问题，而是一个关系到政策性畜牧业保险有效实施、产业发展、社会和谐稳定与农牧业可持续发展等多方面的问题。从更广阔的视角来看，生猪保险制度还涉及政策性保险制度创新改革、农牧业经济发展方式转变与建设现代农牧业等重大问题。与此同时，从畜牧业发展的角度来看，畜牧业的养殖风险、市场风险等均会给畜牧业的发展带来巨大的影响和风险。由此，单纯的"保产量"的风险防范和分担工具无法从全局的角度对畜牧业发展提供风险保障。本研究力求从多元化、多层次、多角度、多学科出发对生猪保险问题进行深入分析，探索生猪保险制度的创新机制及实现路径。

　　本研究的思路可以简单概括为回答"生猪保险制度的实施现状是怎样的""生猪保险制度实施过程中存在哪些问题"和"如何促进生猪保险制度的良性发展"这三个问题。集中体现于本书内容设计中的"三大核心问题"，即"生猪保险制度实施现状""生猪保险制度实施的困境及成因"和"生猪保险制度框架创新设计"。在这些逻辑建构的基础上，通过大规模的抽样调查、深度访谈、系统分析、统计分析、比较分析及计量模型分析等方法，进行有系统、有深度的整体性研究。

在具体的研究过程中，本书将遵循以下思路：探讨生猪保险问题应该从规避养殖风险和市场风险两个方面分别来进行研究。首先，探讨规避养殖风险问题要抓住吉林省生猪保险实施过程中存在的问题。通过对当前吉林省能繁母猪保险、育肥猪保险实施的现状观察、归纳和分析，从生猪保险制度实施的实际出发，通过大量细致的调查，对已有的相关理论进行检验，考察具体的核心问题引发的生猪保险制度实施的困境，着力从微观层面把握吉林省能繁母猪保险和育肥猪保险存在的问题。其次，探讨规避市场风险问题要结合实地调研数据，评价中国生猪价格指数保险试点地区实施效果，据此分析吉林省实施生猪价格指数保险可能遇到的难点及成因。通过实地调研，掌握更多的基础数据，为以后的研究打下基础。再次，在总结调研数据的基础上，结合国内外经验对吉林省生猪保险制度创新进行分析。即在以往研究的基础上，进行归纳总结，从理论和现实、国内和国外两方面出发，力图构建吉林省生猪保险制度框架，全面提升生猪保险制度实施效果，积极构建生猪保险制度的长效机制。最后，从生猪保险制度的各利益相关主体出发，从宏观视角设计科学的生猪保险框架。通过系统的实证分析和理论分析，寻求科学的、合理的、完善的生猪保险制度创新机制，探索生猪保险制度创新的必要条件，并通过深入分析和研究经济发展方式转变的宏观背景及变动趋势，对具体的生猪保险制度改革做出恰当评估，在充分考虑创新制度的可行性、可操作性的基础上，提出政策建议。

1.5.2　研究方法

本研究将综合采用多种研究方法与分析技术来完成研究任务，重点采取以下五类方法的综合运用：

一是系统研究法。系统研究法是指管理阶层在进行决策时，从系统观念出发，把整个决策活动看成一个系统，统筹兼顾系统里相互影响、相互作用的各个要素，使各部门协同行动产生整合作用，提高整个系统的效益。在本研究中，既关注社会系统里与市场相互作用的机理，又关注生猪保险体系中各个环节对生猪保险的影响方式，同时借助系统研究方法进行生猪保险制度模式的设计。

二是参与式试验。参与式试验是自然科学常用的方法，本研究把参与式试验引入生猪保险问题这一社会科学研究领域，把一定的科研力量安排到安华农业保险公司、基层地方政府，直接与生猪养殖户对接，共同参与生猪保险制度的运作与实践，掌握更多的经验案例和调研基础数据。

三是大样本调查。本研究采用大样本调查方式，分析生猪保险制度实施现状和主要问题。为反映普遍性的结论，以结构性的问卷调查为主，对国内实施生猪价格指数保险较早的典型试点地区北京、四川、山东和辽宁等开展大样本抽样调查，同时对吉林省生猪养殖户实施抽样调查。

四是深度访谈法。本研究对保险公司和政府相关人员进行了深度访谈，深入了解保险公司和政府相关人员对生猪保险实施情况的评价和建议，从而为创新吉林省生猪保险制度提供借鉴和参考。

五是实证计量方法。本研究利用实证计量等研究方法，对生猪保险制度的作用机理、内在因素和创新路径等进行定量化的研究，使结论更为可靠。

1.6 创新点

1.6.1 研究方法创新：参与式试验法

本研究借鉴自然科学的"参与试验法"进行人文社会科学理论研究的自主创新，依据科研团队人员参与保险公司的生猪保险相关工作经验及调研数据，并结合国家宏观经济问题对基层经验进行理性归纳，推进多学科的交叉应用。

1.6.2 研究理论基础全面

本研究在分析吉林省生猪保险制度创新研究过程中，从微观经济学、制度经济学、管理学、公共经济学等理论出发对问题进行阐释；利用公共物品理论、信息不对称理论探讨生猪保险制度实施过程中存在的问题及成因，指出吉林省生猪保险制度实施的困境及存在的不足；从风险管理理论、福利经济学理论以及国家干预理论等角度探讨吉林省生猪保险有效运行的政策启示。

1.6.3 研究思路创新

本研究通过对生猪保险问题涉及的各利益相关者进行识别，探讨养殖户的需求意愿、参与行为及对生猪保险实施效果的评价，探讨养殖户实现利益最大化的条件，并协调保险公司、政府等各利益相关者的总体利益最大化。

1.7 本章小结

本章主要阐述了本书的选题背景、研究目的及意义、国内外主要文献综述、研究目标、研究内容、研究思路、研究方法及创新点，为后续研究奠定基础。

2 | 概念界定与理论基础

2.1 农业保险的相关概念

2.1.1 农业保险的概念

  2012年《农业保险条例》第二条规定："农业保险，是指保险公司根据农业保险合同，对被保险人在农业生产过程中因保险标的遭受约定的自然灾害、意外事故、疫病或者疾病等事故所造成的财产损失承担赔偿保险金责任的保险活动"。条例中所称的农业，包括种植业、林业、畜牧业和渔业等产业。农业保险是专为农业生产者在从事种植业、林业、畜牧业和渔业生产过程中，对遭受自然灾害、意外事故、疫病、疾病等保险事故所造成的经济损失提供保障的一种保险。农业保险是市场经济国家扶持农业发展的通行做法。通过农业保险，可以在世贸组织规则允许范围内代替直接补贴，对农业实施合理有效的保护，从而减轻加入世贸组织带来的冲击，减少自然灾害对农业生产的影响，稳定农民收入，促进农业和农村的经济发展。

  农业保险的利益相关主体主要包括政府、保险公司和保险的需求方（主要是农户）。从政府的角度来看，政府需要一种更好的方式来解决受灾农民返贫的问题，农业保险则是一种合理的解决方案。实施农业保险，保险公司能够帮助政府设计风险评估和补偿机制，管理风险基金，提供管理资源。实施农业保险比政府直接补贴农民更科学。而从保险公司的角度来看，中国财产保险市场竞争空前激烈，城市市场利润空间大大缩小，在不断创新的同时，寻找新的市场是每个保险公司都面临的问题。随着国家对"农业、农村、农民"问题的不断重视，农村保险消费能力逐步得到培育和增强，引起了保险公司的关注。从农户的角度考虑，生产经营过程中，不仅要面临价格变动引起的收益变化可能造成的收益受损，还要面对未知时间、未知范围的自然风险，所以，农户更需要合理的风险分担工具来规避风险，保障正常的生产生活。综上所述，实施农业保险对三个相关利益主体都有利。

2.1.2　农业保险特点

2.1.2.1　农业保险的保障范围大

种植业保险和养殖业保险在农业保险中占据重要地位。种植业保险主要包括农作物保险、收获期农作物保险、森林保险及经济林、园林苗圃保险等，养殖业保险主要包括牲畜保险、家畜家禽保险、水产养殖保险及其他养殖保险等。不管是种植业还是养殖业，在农业生产活动中，都会遇到自然灾害，如气象灾害（暴雨、旱涝、干热风、低温冻害、暴雪等）、海洋灾害、地震灾害、生物灾害（蝗虫、病虫害等）、意外事故、市场风险、社会风险等，从而导致农牧业生产过程中遭遇损失。就从事种植业及养殖业的主体而言，种植业保险和养殖业保险是大面积、大规模、成批量地进行投保，在投保中，对保险标的的种类、农作物种类、牲畜（畜禽）种类进行分类投保，具有保障范围大的特点。

2.1.2.2　农业保险的双重制约

农业生产过程中不可避免地会产生风险，既包括自然风险又包括经济风险。其中，自然风险主要包括气象灾害与生物灾害，这是无法避免的。自然灾害的产生会导致农业生产受损，阻碍农业的发展。经济风险是指当生产的农牧产品市场价格下跌，或者供大于求，造成产品滞销，损害农民的经济利益。因此，农业保险受到自然风险和经济风险的双重制约。

2.1.2.3　农业保险的特殊性

农业生产经营活动中所面临的自然风险是难以预测、难以控制和难以避免的，而农业保险本身就是对自然风险与市场风险兼顾的保险，因此农业风险相较于其他非农保险有较大的风险性。同时农业保险受众面主要是农民，参保人分散且差异较大，需要相对专业的技术人员进行大力宣传，这也使农业保险实施过程中面临的问题较多，成本较大。

2.1.2.4　农业保险的高风险与高赔付率并存

农业生产活动中，面临的困难很多，如自然灾害、生物灾害、意外事故、社会风险等。若灾害发生，将会对农业生产产生危害，造成生产损失及经济损失。一旦发生农业风险，只要在农业保险补偿的范畴之内，农业保险公司必然会对农业和从事农业的主体给予相应的补偿。保险公司进行查勘、定损后，进行理赔，对损失严重的主体还会给予更高的赔付。因此，农业保险的高风险与高赔付率并存。

2.1.3 政策性农业保险

政策性农业保险是以保险公司市场化经营为依托，政府通过保费补贴等政策扶持，对种植业、养殖业因遭受自然灾害和意外事故造成的经济损失提供的直接物化成本保险。政策性农业保险将财政手段与市场机制联系起来，可以创新政府救灾方式，提高财政资金使用效率，分散农业风险，促进农民收入可持续增长。政策性农业保险是被世界贸易组织允许的支持农业发展的"绿箱"政策，是一种旨在保护和支持农业可持续发展的公益保险产品。政策性农业保险由保险公司运营，保险产品由政府给予一定补贴，一定程度上由政府组织推动。但与商业性农业保险相比，政策性农业保险责任范围更广，保险公司成本损失率更高。

中国目前推行的政策性农业保险是由政府发动组织的。中央政府高度重视政策性农业保险的发展，现已在全国各地启动。但总体而言，中国政策性农业保险发展模式不成熟，保障农业生产的能力相对有限。中国政策性农业保险的基本经营模式主要是委托商业保险公司运作，保费采取"政策补贴＋农民自愿缴纳"的形式。中国农村地区面积辽阔，农业生产形势差异较大，政策性农业保险业务模式在发展过程中需要进一步完善。中国应建立非营利政策性农业保险公司，统一农业保险产品的设计、管理和经营，建立政府主导、市场化的政策性农业保险经营模式。政策性农业保险的执行原则是政府引导、市场运作、自主自愿、协同推进。当前，中国要尽可能减轻农民保费负担，提高农业保险覆盖率、农户投保率、理赔兑现率和政策到位率。从2008年开始，国家稳步扩大政策性农业保险试点范围，加大对粮食、油料、生猪、奶牛等生产的政策支持，支持发展主要粮食作物的政策性保险。

2.2 中国生猪保险的产品体系

随着中国生猪产业的发展，生猪保险也随之应运而生，在政府及各级财政的资金支持下，各农业保险公司都推出了相应的保险品种，并在部分地区开展试点，推广自己的产品。经过各保险公司的积极探索，中国的生猪保险在保险品种开发及创新方面有了一定的突破，但与发达国家的成熟保险体系相比，仍然比较落后，尤其是发展的速度落后于欧美等发达国家。中国生猪保险体系发展至今，比较常见的保险品种主要有三类，第一类是能繁母猪保险，也是现今为止最主要的生猪保险品种；第二类是育肥猪保险；第三类是生猪价格指数保险。能繁母猪保险和育肥猪保险属于政策性生猪保险，而生猪价格指数保险并未纳入政策性生猪保险，属于商业保险范畴，目前仅在部分地区进行试点推广，尚未在全国普遍实施。

2.2.1　生猪保险

生猪保险是以种猪、肉用猪为保险标的的养殖业保险。种猪自选作种用开始，保险期限为一年；肉用猪自仔猪断乳分圈饲养开始至育肥出栏为止，保险期限一般为 6 个月。保险责任为火灾、爆炸、雷击、空中运行物体坠落、胎死、猪瘟、猪丹毒、猪肺疫、猪水疱病、口蹄疫造成保险生猪死亡及因患上述传染病经当地县级（含县级）以上政府捕杀、掩埋、焚烧所造成的损失。肉用猪一般按头收取保险费，无确定保额；种猪按账面原值或饲养成本的 50％～80％协商确定。保险生猪在保险期限内发生保险范围内的事故死亡时，肉用仔猪按其死亡时的重量和活猪收购价值的 50％～80％赔偿，或规定相应的档次定额赔偿，种猪按保额赔偿。

2.2.2　能繁母猪保险

2007 年 7 月，《国务院关于促进生猪生产发展稳定市场供应的意见》指出，在保障生猪产业良好发展的前提下，将能繁母猪保险的推广与实施作为发展生猪保险工作的重点。在国家和财政的支持下，能繁母猪保险顺利发展，在保障生猪幼崽数量、质量上起到了重要作用。能繁母猪保险 80％的保费由地方政府或各级财政支持，保费的 20％由生猪养殖户自己承担，并且各级财政根据当地经济发展水平制定不同的补贴模式，该保险的实施大大降低了养殖户的风险。能繁母猪保险的推广受到保险机构和养殖户的欢迎，并在此基础上各家保险公司都开发出更适应当地实际情况的保险品种，以此调动养殖户投保能繁母猪保险的积极性。保监会指定能繁母猪保险试点工作由五家保险公司在其核准的经营区域内开展，五家保险公司分别是中国人民财产保险股份有限公司、阳光农业相互保险公司、中华联合保险控股股份有限公司、上海安信农业保险股份有限公司和安华农业保险股份有限公司。生猪保险体系的发展以规模化养殖、养殖大户、畜牧小区等养殖模式为依托。这些养殖地区必须为农业农村部相关部门认定的养殖数量超过 100 万头的养猪大县，并以此为典范，在其他养殖区进行推广宣传，让生猪养殖数量达到 60 万头的地区也覆盖能繁母猪保险。

为有效降低养殖能繁母猪的自然风险，鼓励能繁母猪养殖，国家财政安排专项资金，支持对能繁母猪建立重大病害、自然灾害、意外事故等政策性保险制度。能繁母猪保险的保费由政府负担 80％，养猪场（户）负担 20％。能繁母猪保险的保额为 1 000~1 200 元/头（2019 年 5 月 1 日至 2020 年 12 月 31 日，能繁母猪保额暂时调整为 1 500 元/头），保费为 60 元/头，其中养猪场（户）承担 12 元，其余 48 元由政府直接补贴。组织实施的保险公司通过招标选定，保费补贴资金实行国库集中支付，由财政部门直接支付到保险公司。现行的能繁母猪保险的投保条件如下：第一，参保能繁母猪（指具有繁殖能力的母猪）必须经当地畜牧兽医部门认定，并按规定免疫并佩带标识；第二，猪龄在 8 月龄（含）以上、4 周岁（含）以下；第三，存栏量 10 头（含）以上的可直接投保，10 头以下的以行政村或养猪专业合作组织为单位统一进行投保。能繁母猪保险的保险责任包括洪水、台风、暴雨、雷击、地震、冰雹等自然灾害、败血症、蓝耳病、猪瘟、猪链球菌、流行性腹泻、口蹄疫等重大病害以及泥石流、山体滑坡、火灾、建筑物倒塌等意外事故。

2.2.3　育肥猪保险

育肥猪保险指针对养殖户规模养殖的生猪在育肥期起到保障作用的一种保险。所谓育肥猪即以宰杀、出售猪肉为目的而饲养的猪只。保险责任为疾病、自然灾害和意外事故所引致的育肥猪直接死亡。疾病主要包括败血症、猪瘟、猪传染性胸膜肺炎、猪丹毒、蓝耳病、流行性腹泻、猪链球菌、口蹄疫及其免疫副反应等。自然灾害包括台风、龙卷风、暴雨、雷击、地震、洪水（政府行蓄洪除外）、冰雹等。意外事故包括泥石流、山体滑坡、火灾、爆炸、建筑物倒塌及空中运行物体坠落等。但人为管理不善、故意行为、未按免疫程序接种以及死亡后不能确定无害化处理等原因造成育肥猪死亡等情况不在赔偿范围内。其他不属于保险合同责任范围内的损失或费用保险均不赔偿。财政部门提供保费补贴的育肥猪保险业务，其保险金额参照每头育肥猪当地饲养成本来确定。承保条件包括以下七个方面：第一，育肥猪投保时体重在 20 千克（含）以上；第二，猪只营养良好、饲养管理正常，能按所在地县级畜牧防疫部门审定的免疫程序接种；第三，饲养场所管理制度健全、圈舍卫生能够保证饲养质量；第四，饲养场所在当地洪水水位线以上的非蓄洪、行洪区；第五，散养户可以乡镇或村为单位进行统一投保；第六，自保险期间开始之日起 15 日（含）内为保险标的的疾病观察期；第七，未尽事宜以中央政策性育肥猪保险合同条款为准。

2.2.4　生猪价格指数保险

能繁母猪保险和育肥猪保险是中国政策性生猪保险体系的重要组成部分，但是需要注意的是这两种保险都无法应对生猪市场上生猪价格无规律变动给养殖户带来的风险与损失，因此，生猪价格指数保险应运而生。其实，生猪价格指数保险在国外已经是一项较为成熟的政策，但是中国的起步相对较晚，2013年，安华农业保险在北京顺义区签订了全国生猪价格指数保险的第一单，这就意味着生猪保险产品的创新以及应对农产品价格波动风险的更进一步探索。据统计，截至目前，北京、四川、山东、湖北、浙江、大连、江苏、天津、山西等地积极响应，由当地政府和财产保险公司一起有节奏地开展了生猪价格指数保险的试点。

生猪价格指数保险是以生猪为保险标的，以生猪价格指数为保险责任的一种保险，在保险期间内生猪平均价格指数低于保险责任约定价格指数时，被确定为保险事故发生，保险公司则按照合同的约定给予承保养殖户补偿。根据商务部、国家发展和改革委员会、财政部、农业部等6部委制定并发布的《防止生猪价格过度下跌调控预案（暂行）》，将"猪粮比价"用来衡量养猪利润的一个专用指标。在以猪粮比作为基本指标的同时，还参考仔猪与白条肉价格之比，生猪存栏和能繁母猪存栏情况，并根据生猪生产方式、生产成本和市场需求变化等因素适时调整猪粮比预警指标及具体指标。中国目前实施的生猪价格指数保险均以"猪粮比"作为衡量指标，所谓"猪粮比"是指生猪出场价格与玉米批发价格的比值，即卖1千克生猪可以买几千克玉米。目前中国大部分地区以"猪粮比"6∶1为生猪生产盈亏平衡点，而生猪养殖户的"猪粮比"测定则参照国家发展和改革委员会每周公布的数据。在生猪养殖户保险期内，若"猪粮比"高于6∶1时，则养殖户为盈利状态；若"猪粮比"等于6∶1时，则生猪养殖户为盈利不赔不赚状态；若"猪粮比"低于6∶1时，则养殖户亏损，视为保险事故发生，保险公司按保险合同给予养殖户赔偿。

2.3 理论基础

2.3.1 公共产品理论

西方公共经济学中把产品分为三类，第一类是公共产品，由政府或社会团体所提供，公共产品具有非竞争性与非排他性；第二类是私人产品，由市场所提供，产品本身具有竞争性也具有排他性；第三类是准公共产品，是由市场与政府联合提供，产品本身介于公共物品与私人产品之间。

经济学家萨缪尔森为纯公共产品或服务做了定义，"纯公共产品或服务是这样一些产品，即每个人消费这些产品或服务不会导致其他人减少使用这些产品或服务"。私人产品是指可以被个人消费者占有和享受的，具有敌意性、排他性和可分割性的产品。准公共产品是有限度的非竞争性与非排他性，在准公共产品的供给上应该是政府与市场共同承担。准公共物品一般具有两个特性：一是消费中的争夺性，即一个人对某物品的消费可能会减少其他人对该物品的消费（质量和数量）；二是消费中具有排斥性，即只有那些按价付款的人才能享受该物品。准公共物品在现实中是大量存在的，如大多数城市公用设施、公共教育和医疗保健服务等。

生猪养殖保险符合准公共物品的定义，主要表现在：第一，生猪养殖保险具有效用的不可分割性。私人物品划分原则是"谁付款，谁受益"，它是可以被分割的，公共产品是不可被分割的，生猪养殖保险在效用上是不可分割难以量化计算的，其实施的受益者不仅是投保的养殖户，还包括全体社会成员，在保障生猪产业可持续化发展的同时，也保证了社会成员吃上安全健康的猪肉产品。第二，福利的非排他性。任何人消费公共物品都不排除他人的消费，必然会出现某些养殖户不需要付出成本就享受权益的现象，尽管理论上是购买生猪保险的养殖户直接受益，但是由于生猪保险投保户的强制免疫，一定程度上降低了区域疫病传播的风险，使得周围非投保养殖户也能受益，就降低了生产风险发生的可能性。

能繁母猪保险和育肥猪保险属于政策性的农业保险，由政府统一制定其保险条款并推广，由各保险公司根据自身情况细化条款并实施，可以看出能繁母猪保险和育肥猪保险既是政府所提供，又是市场的选择，也就决定了其准公共物品的性质。

能繁母猪保险和育肥猪保险具有一定的非排他性和一定的非竞争性。首先，能繁母猪保险和育肥猪保险从获取方式上是具有一定排他性的，即只有购买能繁母猪保险或者育肥猪保险的养殖户可以获得保障，而未购买的养殖户就要被拒之门外。但是在经营阶段，能繁母猪保险和育肥猪保险是具有排他性的，即在推广能繁母猪保险或者育肥猪保险的过程中产生的防疫防损的推进上，未购买保险的养殖户也可以享受到保险带来的益处。从收益的角度来说，由于能繁母猪保险和育肥猪保险的性质，购买保险获得收益的不仅仅是养殖户本身，甚至包括生猪产业的经营者、消费者乃至整个社会都会因此受益。其次，能繁母猪保险和育肥猪保险在参保阶段，每增加一个参保的养殖户，并不会使其他参保的养殖户所获得的保障下降，从获取方式上不具有竞争性，但每增加一个参保的养殖户就会增加保险公司可能的运营成本与政府补贴。

能繁母猪保险和育肥猪保险还具有以下特征：其一，能繁母猪保险和育肥猪保险相比于其他商业保险运行成本较高，例如 2018—2019 年暴发的非洲猪瘟，难以控制与预防，这就造成了能繁母猪保险和育肥猪保险的赔付率较高。同时能繁母猪保险和育肥猪保险开展的区域多为农村，并且养殖户相对比较分散，组织养殖户宣传、勘察理赔难度相对较大，保险公司的运行成本也就随之提高。其二，具有正外部性。能繁母猪保险和育肥猪保险主要是为了分散养殖户的养殖风险，当养殖风险降低时，既可以保障养殖户的收益，帮助养殖户及时恢复生产，同时也有助于整个生猪市场的健康发展。由此可见，能繁母猪保险和育肥猪保险不但可以解决养殖户所面临的养殖风险，而且可以给整个社会带来综合收益。其三，能繁母猪保险和育肥猪保险的实施需要政府的技术支持。能繁母猪保险和育肥猪保险不能只交给保险公司来实施，具体勘察理赔时，往往会涉及养殖技术问题，这就需要政府提供相应的技术支持。可见，能繁母猪保险和育肥猪保险不具有私人物品的特征。

2.3.2 风险管理理论

风险管理是研究风险发生规律和风险控制技术的一门新兴管理科学，是指风险管理单位通过风险识别、风险衡量、风险评估和风险决策管理等方式，对风险实施有效控制和妥善处理损失的过程。换言之，所谓风险管理即项目或者企业在一个肯定有风险的环境里，如何把风险可能造成的不良影响减至最低的管理过程。有效地对各种风险进行管理，有利于企业作出正确的决策、有利于保护企业资产的安全和完整、有利于实现企业的经营活动目标，对企业来说具有重要的意义。风险管理理论的具体内容主要包括对象、主体、过程和目标等方面。首先，风险管理的对象是风险；其次，风险管理的主体可以是任何组织和个人，包括个人、家庭、组织（包括营利性组织和非营利性组织）；再次，风险管理的过程包括风险识别、风险估测、风险评价、选择风险管理技术和评估风险管理效果等；最后，风险管理的基本目标是以最小的成本收获最大的安全保障。风险管理成为一个独立的管理系统，并成为一门新兴学科。

生猪养殖户在生产经营的过程中难免遭遇风险，其通常以多养殖不同的畜禽或种养结合的方式分散风险，也有通过借款等追加投资的应急方式来缓解风险的。上述方式往往只能应对小规模的生产风险，面对受害面广、灾害更严重的风险时，就需要生猪保险来分散风险，同时建立合理的风险分散机制保障养殖户的生产经营需求。

2.3.3 逆向选择理论

逆向选择，是信息不对称带来的问题。市场交易的一方如果能够利用多于另一方的信息使自己受益而使对方受损时，信息劣势的一方便难以顺利地做出买卖决策，于是价格便随之扭曲，并失去了平衡供求、促成交易的作用，进而导致市场效率的降低。"逆向选择"在经济学中是一个含义丰富的词汇，即是由交易双方信息不对称和市场价格下降产生的劣质品驱逐优质品，进而出现市场交易产品平均质量下降的现象。依据常规，降低商品的价格，该商品的需求量就会增加；提高商品的价格，该商品的供给量就会增加。但是，由于信息的不完全性和机会主义行为，有时候会出现与常规不符的现象。例如，降低商品的价格，消费者也不会做出增加购买的选择（因为可能担心生产者提供的产品质量低，是劣质产品，而非原来他们心中的高质量产品）；提高价格，生产者也不会增加供给。这种现象称之为"逆向选择"。

逆向选择是市场失灵的重要原因，在保险交易行业，保险公司和被保险人倾向于在保险交易中作出自身利益最大化的决定，也就是说，保险公司更愿意与低风险的客户签订合同，以提高续保能力，保险交易过程解决了信息不对称的问题。建立高保费是保险公司降低经营成本的主要手段，但高保费会使被保险人在低风险水平购买保险意愿下降，从而逐渐被挤出市场导致逆向选择。

在农业保险中，特别是在生猪保险经营过程中，由于存在养殖者与保险公司信息不对称，更容易发生逆向选择。农业保险的风险水平普遍较高，保险公司通常制定统一的保费标准。该标准一般是基于养殖户潜在风险发生的概率，养殖户往往选择风险较高的生猪作为保险对象，因此，保险公司的赔偿概率将会超过公司根据大数法则统计的总体损失发生费率。事实上，由于风险防范体系建设水平的不同，生猪品种的差异以及养殖户的防疫能力的差异，保险公司难以确定保险费率，而一般保险费率只能通过统计数据来确定。从生猪保险支付意愿的文献可以看出，一方面，许多养殖户认为保险费水平不合理，不愿意购买；另一方面，养殖风险较高的养殖户有很强的购买意愿。因此，在养殖户对保险标的信息了解充分的情况下，存在逆向选择是导致养猪保险供需失衡的主要原因。

逆向选择运用在生猪保险中，可以解释为保险公司由于其关于养殖生产的技术知识水平较低，对养殖户的生产经营以及风险水平的考核能力较差，就会产生养殖户对自身防疫防范能力的认知高于实施生猪保险的保险公司的现象。从而会导致防疫防范水平较低的养殖户获得的保险收益可能会高于防疫水平高的养殖户，则自身防疫水平较低的养殖户更愿意参保，而防疫水平较高养殖户会降低其参保意愿。生猪保险的高受益者将是防疫水平较低的养殖户，而保险公司往往会因此遭到损失。

2.3.4　道德风险

道德风险一词是源于研究保险合同时提出的一个概念。简单地说，由于机会主义行为而带来更大风险的情形，即当投保人投保后，对其规定的保险保障对象的注意程度下降，从而增加保险保障对象发生风险的可能性。理论上讲道德风险是从事经济活动的人在最大限度地增进自身效用时做出不利于他人的行动。由于不确定性和不完全的，或者限制的合同使负有责任的经济行为者不能承担全部损失（或利益），因而他们不承受行动的全部后果。同样地，也不享有行动的所有好处。也就是本书所指的，养殖户在参保生猪保险之后，由于保险公司承担保障，抑或是基于"损人利己"的原则，导致养殖户参保的生猪护理防疫等工作懈怠，最终致使发生风险的可能性提高，增加了保险公司承担损失的概率。

2.3.5 福利经济学理论

福利经济学是英国经济学家霍布斯和庇古为研究社会经济福利，在 20 世纪 20 年代建立的经济理论体系，经历了旧福利经济和新福利经济的两个阶段。第一阶段基于基数效用理论，英国的庇古第一个系统论证整个经济体系获得最大经济健康的可能性，根据边际效用基础理论提出基本福利建议。即国民总收入数量越大，社会和经济福利就越大；国民收入分配越平等，社会和经济福利就越大。庇古认为，经济福利在很大程度上取决于国民收入的数量和社会成员的国民收入分配。因此，为了增加经济福利，有必要增加国民生产总收入，消除国民收入在分配方面的不均等。第二阶段建立在序数效用论的基础上，代表人物是意大利的帕累托，根据序数效用理论，他反对旧福利经济的福利建议，特别是第二个命题，反对高收入阶层的收入转移给低收入阶层。首先考察效用最大化问题，认为福利经济学应该研究效率而不是研究水平，只有经济效率问题才是最大福利的内容。

作为一种有效分散农业风险及损失的机制，农业保险是农业保障体系中的一个重要组成部分，也是许多发达国家采用的重要的非价格农业保护工具。在一般情况下，补贴政策或者强制保险往往会带来社会福利的无谓损失。从福利经济学角度来看，补贴可能推动产品供应曲线外移，其直接结果是生产者剩余和消费者剩余同时增加，但是，政府补贴支出也同时增加，其结果通常导致社会福利的净损失。农业保险作为一种特殊产品，消费者购买保险是为了转移风险。对于生猪保险而言，生猪保险的消费者剩余即养殖户愿意支付的转移出去的风险价值与实际支付的保费之间的差额，而生产者剩余即保险公司得到的生猪保险保费收入与保险公司付出的运营成本的差额。但生猪保险的供应存在一定的特殊性：与大多数保险业务一样，生猪保险的供给要求满足特定的最低参保率，投保地区必须达到保险公司规定的参保率，保险公司才可能在该地区提供生猪保险。推论之，在达到规定参保率之前的某地区的生猪保险需求只能是无法实现的潜在的需求。因此生猪保险补贴政策有可能实现福利的净增加，其必要条件是实现的潜在福利大于政府付出的补贴成本。即使补贴的结果导致福利的净损失，社会福利的净损失数量也远远小于不存在潜在福利时的情况。显然，补贴前后社会福利的变化取决于养殖户的需求以及最低参保率的高低。不同地区政府补贴带来的社会福利是有差异的，厘清影响福利大小的社会经济因素，不仅可以找出社会福利背后的经济学规律，更能够在有限的财政约束下极小化补贴的成本。

2.3.6 国家干预理论

国家干预是指在以市场机制为基础的市场经济条件下，为了克服市场失灵，国家运用管制和宏观调控等手段规范市场主体的行为，是校正、补充市场缺陷活动的总称。凯恩斯主义是国家干预的理论基础。国家干预经济是一种手段，即国家运用各种手段对国民经济进行的控制和调节。国家干预经济的主要任务是保持经济总量平衡，抑制通货膨胀，促进经济结构优化，实现经济稳定增长。

农业的弱质性和风险性决定其在生产和经营过程中面临着各种各样的自然灾害、意外事故和市场风险。农业保险作为风险转嫁的重要工具，可以有效地减少和转移农业风险，保证农业再生产资金的稳定和国民经济的稳定发展。但是，在单纯的市场调节下，农业的高风险意味着高费率和高保费，这在一定程度上会影响农户或农业生产组织购买农业保险的积极性。因此，政策性农业保险必须兼顾市场性和政策性，即必须遵循"政府引导、市场运作"的原则，用财政补贴等国家干预手段将政府的引导作用与市场机制有机结合起来，兼顾个人效益和社会效益，从长远来看更是社会效益大于个人效益。

2.4 本章小结

本章首先从农业保险、生猪保险、能繁母猪保险、育肥猪保险、生猪价格指数保险的内涵方面进行了相关的介绍，其中能繁母猪保险和育肥猪保险属于中国目前政策性保险的内容。政策性保险具有非营利性、政府提供补贴与免税以及立法保护等特征，保障了养殖户的利益。本章接着又从公共产品理论、福利经济学理论、国家干预理论、逆向选择理论、风险管理理论及道德风险理论等对有关生猪保险的理论基础做出了阐释。

3 | 吉林省能繁母猪保险发展研究

中国是养猪大国，猪种资源丰富，生猪饲养量、猪肉产量均位居世界第一。生猪产业不仅在中国传统养殖业中起支柱地位，而且是支撑国民肉食品主要来源的重要产业。自 2003 年以来，生猪价格周期性波动加剧，不仅波动周期加长，波动的幅度也大幅提高；2005—2006 年中国南方省份发生猪疫病，2010 年又一轮生猪疫病暴发，2018 年至今，中国北方又发生非洲猪瘟，使养殖户面临比较严峻的养殖风险。农业保险是针对农业风险进行保障的，它对减少各种风险灾害损失及提高农村的风险保障能力具有重要的意义。2007 年在面临生猪产业价格和疫病双重风险的严峻形势下，国务院、农业部、保监会先后下发文件，提出加强能繁母猪保险和防疫工作的要求。截至 2010 年，政策性能繁母猪保险在全国范围内已普遍开展。

作为一种有效分散生猪疫病和自然灾害损失的风险分担工具，能繁母猪保险在一定程度上弥补了政府病猪扑杀补贴政策的不足。如同农业保险的其他险种一样，能繁母猪保险是对生猪死亡风险进行有效管理的手段之一，是减少养殖户损失，稳定猪肉市场价格的措施之一，也是世贸组织允许各成员支持农业的"绿箱"政策之一。中国 2004 年启动政策性农业保险，吉林省随即成为全国首批政策性农业保险试点省份。2005 年吉林省政府开始提供农业保险（主要是种植业保险）保费补贴。随着种植业保险的不断发展，畜牧业保险也逐渐进入人们的视野。2007 年中央财政开始对能繁母猪保险进行补贴，吉林省也同样是首批能繁母猪保险试点地区。作为政策性生猪保险的一项内容，能繁母猪保险在分散养殖户饲养风险、稳定养殖户收入、提高养殖户养殖积极性、保障猪肉供给方面具有强有力的推动作用。

然而，即使在政府大力补贴能繁母猪保险保费的大环境下，生猪养殖户的参保积极性仍然不容乐观。据安华农业保险公司统计数据显示，吉林省能繁母猪保险从 2014 年承保的 3 401 件逐年下滑至 2019 年的 1 643 件，保险数量的逐年下滑令人深思。那么，经过多年的发展，能繁母猪保险发展现状如何？农户参与能繁母猪保险的行为是怎样的？如何稳定发展能繁母猪保险？基于此，研究团队对吉林省能繁母猪保险发展情况进行了研究。

　　本章旨在研究以下内容:第一,对吉林省目前生猪养殖保险的实施现状与条款具体分析。第二,以问卷调查的数据为基础进行分析,找出制约能繁母猪保险参保行为的影响因素。第三,基于能繁母猪保险参保情况下滑的现实情况,探讨吉林省能繁母猪保险条款上存在的弊端,提出改进条款的建议。

　　本章研究的目标是基于公共产品属性理论、风险管理理论、逆向选择及道德风险理论等,在分析吉林省能繁母猪保险现状的基础上,采用问卷调查的方法,获取养殖户对能繁母猪保险的参保行为的基本数据资料,并进一步运用计量经济学的方法对参保行为影响因素进行深入分析,以期为贴近农户需求,提高能繁母猪保险保障水平,促使养殖户更多地购买能繁母猪保险,进而为优化能繁母猪保险制度设计提供有益的借鉴。

3.1　吉林省能繁母猪保险发展现状分析

　　2004 年吉林省成为全国首批政策性农业保险试点省份,2005 年吉林省政府开始提供保费补贴,2007 年开展了中央与地方财政共同补贴保费的能繁母猪保险。参保能繁母猪(指具有繁殖能力的母猪)必须经当地畜牧兽医部门认定,要按规定免疫并佩带标识。根据 2007 年中央财政部发布的《能繁母猪保险保费补贴管理暂行办法》,在中央财政补贴 50%保费、地方财政部门补贴 30%保费的基础上,吉林省的生猪养猪户承担 20%保费;吉林省能繁母猪保险开始实施。自从开始实施能繁母猪保险,其保额规定为 1 000~1 200 元/头,保费为 60 元/头。其中,养殖户自行承担保费 12 元/头,其余 48 元/头的保费由政府直接补贴。有部分地区地方政府补贴 40%,养殖户只需要承担 6 元/头的实际保费。2019 年 9 月,财政部、农业农村部发布《关于支持做好稳定生猪生产保障市场供应有关工作的通知》(以下简称《通知》),要求进一步发挥中央财政的作用,在促进生猪生产、保障市场供应、维护经济等方面采取必要措施。《通知》表示,暂时提高能繁母猪保险保额,将能繁母猪保额从 1 000~1 200 元/头增加至 1 500 元/头。政策实施期限为 2019 年 5 月 1 日至 2020 年 12 月 31 日。组织实施的保险公司通过招标选定,保费补贴资金实行国库集中支付,由财政部门直接支付到保险公司。

3.1.1　能繁母猪保费与承保件数呈下降趋势

　　吉林省自 2007 年开始试点能繁母猪保险以来,能繁母猪保险在波动中发展,尤其是 2011 年以后,能繁母猪保费波动性变化明显,但总体呈下降趋势(图 3-1、图 3-2 和图 3-3)。

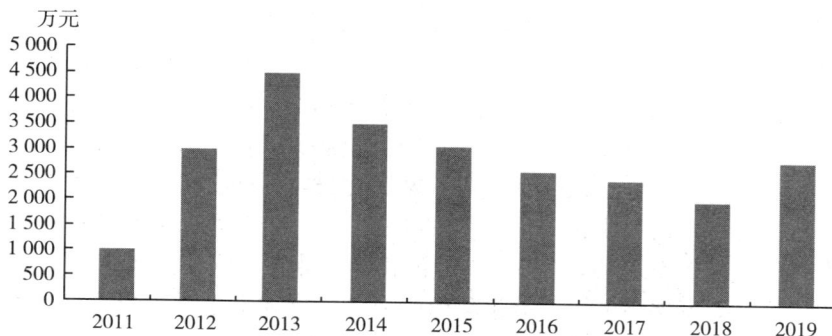

图 3-1　2011—2019 年吉林省累计保费收入

数据来源：吉林省保监会。

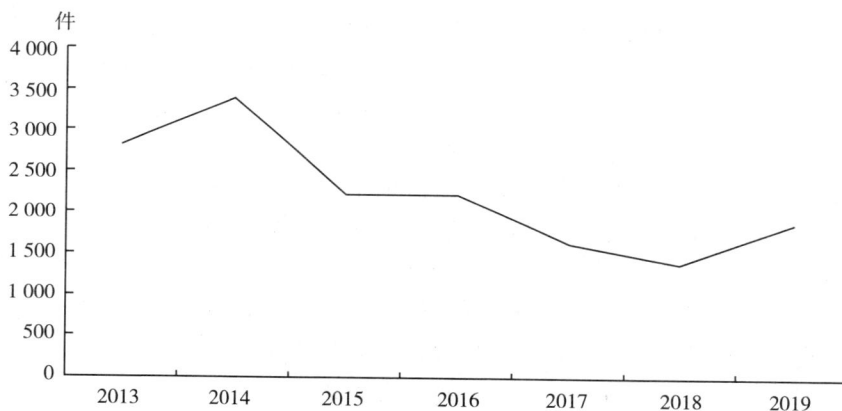

图 3-2　2013—2019 年安华保险公司能繁母猪承保件数

数据来源：安华农业保险公司。

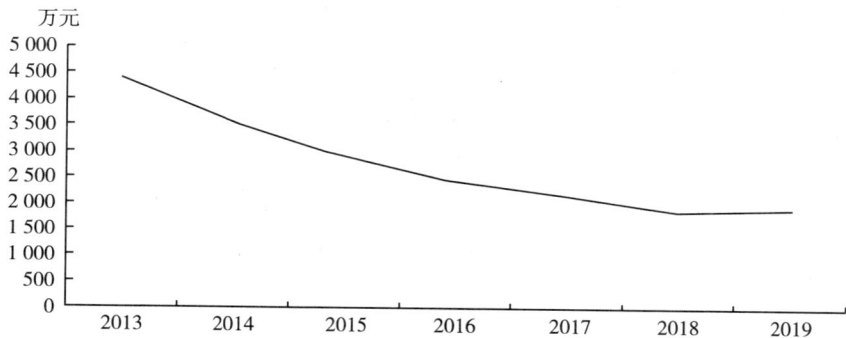

图 3-3　2013—2019 年安华保险公司累计保费收入

数据来源：安华农业保险公司。

从图 3-1 中可以得知，2011—2013 年，吉林省能繁母猪保险的保费分别为 1 145.84 万元、3 062.26 万元、4 562.57 万元，呈逐年上升的趋势；而到了 2014 年，全省保费相比 2013 年下降了 859.05 万元。2014—2018 年，吉林省能繁母猪保险的保费收入从 3 703.52 万元下降到 2 150.986 万元。截至 2018 年年底，吉林省有安华、人保和安盟三家保险公司开展生猪保险业务，其中安华保险公司的市场占有份额达到全省的 87%。在此期间，吉林省的生猪保险保费收入呈直线下滑趋势。到 2019 年年底，吉林省有安华、人保、安盟、太平洋和国寿财五家保险公司开展生猪保险业务，增加了太平洋和国寿财两家保险公司，生猪保险的保费收入比 2018 年有所提高，达到了 2 886.89 万元，但低于 2013—2015 年的保费收入。增加了两家保险公司之后，安华保险公司的市场占有份额为全省的 66.05%。2014—2018 年，安华农业保险公司在吉林省的能繁母猪保险保费收入分别为 3 542.53 万元、2 908.11 万元、2 420.17 万元、2 173.02 万元、1 871.36 万元，呈逐年下降的趋势。从承保件数上来看，从 2014 年的 3 401 件逐年下降到了 2018 年的 1 410 件，承保件数减少了 58.5%。2019 年能繁母猪保费收入为 1 906.79 万元，与 2018 年相比有所上升，承保件数也比 2018 年有所提升，达到 1 643 件，这主要是由于 2018 年 8 月非洲猪瘟冲击了中国的生猪养殖业，提升了养殖户及养殖企业的参保意愿与行为。

可以看出，2013—2019 年吉林省能繁母猪保险的参保情况并不乐观，总体上呈现出下滑的趋势。出现这一情况存在以下几种原因：第一，据调查，经验丰富的养殖户能繁母猪的抗病能力高于育肥猪，导致养殖户对能繁母猪保险的参保意愿下滑。从 2014 年开始，吉林省开始推广并实行育肥猪保险，相比于能繁母猪，养殖户对育肥猪保险的参保意愿高于能繁母猪。但在调查中发现，政府对部分地区能繁母猪保险实施先参保后收费的优惠政策，使得该地区的养殖户更偏向于选择能繁母猪保险。第二，能繁母猪保险的承保能力不足，尽管能繁母猪保险 2020 年国家制定了新标准，将能繁母猪保额从 1 000～1 200 元/头增加到了 1 500 元/头，但随着生猪价格等因素的变化，2019—2020 年的能繁母猪的价格集中于 2 000～3 000 元/头，所以 1 500 元/头的保费并不能帮助养殖户较好地恢复生产。第三，能繁母猪保险的承保范围不足，目前能繁母猪保险的承保范围主要包括洪水、台风、暴雨、雷击、地震、冰雹等自然灾害，败血症、蓝耳病、猪瘟、猪链球菌、流行性腹泻、口蹄疫等重大病害以及泥石流、山体滑坡、火灾、建筑物倒塌等意外事故。在调查中发现，能繁母猪在难产或生殖疾病方面的死亡率偏高，但是，能繁母猪由于生殖系统疾病造成的配种失败、难产均不在承保范围内，并且怀孕的母猪因照顾管理不善而发生各种的意外也不在承保的范围内。

3.1.2　吉林省能繁母猪保险理赔率较高

自开展能繁母猪保险以来，从各个保险公司的能繁母猪保险在吉林省的市场占有份额来看，安华农业保险公司一直在60％以上，所以分析安华农业保险公司的能繁母猪保险业务的发展情况可以在一定程度上代表吉林省能繁母猪保险发展的情况。

从表3-1可以看出安华农业保险公司在吉林省的能繁母猪保险业务赔付情况。2014—2019年，能繁母猪保险的简单赔付率分别为70.07％、61.29％、46.48％、77.87％、108.89％、121.68％，由此可见，吉林省能繁母猪保险的理赔率过高。如果没有政府的补贴，保险公司从中获取的利益较低，使得保险公司实施热情不高。由于农业保险自身存在着赔付率高、风险难以控制、实施较为复杂等特征，保险公司对于农业保险的承保热情明显低于其他财产保险。目前，保险公司参与农业保险承保的主要动力来自国家所提供的优惠政策与相关补贴，这就导致了政府、保险公司、养殖户三个主体脱节，使得部分养殖户并不能从能繁母猪保险中获益。

表3-1　2014—2019年安华农业保险公司能繁母猪保险理赔情况

年份	理赔金额（万元）	赔付率（％）
2014	2 482.2	70.07
2015	1 782.3	61.29
2016	1 124.8	46.48
2017	1 694.2	77.87
2018	2 037.7	108.89
2019	2 320.22	121.68

数据来源：安华农业保险公司。

3.1.3　吉林省能繁母猪保险宣传难度大

吉林省主要利用畜牧局的网络进行宣传和组织投保，其中宣传发动阶段为3天、组织养殖户投保的时间为18天，从宣传到投保仅21天，使能繁母猪保险难以组织投保到位。承担能繁母猪保险宣传工作的是各市县的畜牧局，并不是保险实施的主体。承担能繁母猪保险宣传的工作人员也不是专业的保险人员，其对保险的宣传常常出现不全面、不到位的现象，从而难以让养殖户产生较强的购买意愿。同时，作为保险宣传主体的畜牧局对农业防疫、技术培训更擅长。畜牧局属于政府机构，其职能主要包括畜禽改良、疫病防治、饲草饲料的试验与改良、动物检疫、指导乡镇畜牧兽医站建设、监督兽药生产及销售、畜牧执法、科技推广、畜牧统计及促进畜牧业协会发展等，而农业保险公司主要负责实施保险，属于经营机构，其具有组织经济补偿职能和保障保险基金保值增值职能，可见，宣传主体和实施主体的功能与职责各不相同，宣传与实施二者难以协调一致，如此，增大了宣传工作的难度。

3.2 能繁母猪保险存在的问题分析

3.2.1 保险条款对参保猪龄要求不合理

能繁母猪保险对参保母猪有以下规定：第一，被投保的母猪需在当地饲养至少一年；第二，年龄在8～48月期间内；第三，必须具有健康的繁殖能力。实地调查中发现，年龄超过48个月的能繁母猪占部分养殖户的能繁母猪饲养比重仍然较大，这就意味着这一部分的能繁母猪被排除在参保范围之外，在发生风险时也不会得到保险的赔偿。显然，这也使养殖户的参保意愿降低。如果能够根据猪龄的实际情况，设计不同的保费与保额，超过一定年龄的能繁母猪可以适当地增加保费，或者降低保额，以达到既可以弥补风险产生的损失，又做到尽可能地降低保险公司不必要的运行成本的目的。

3.2.2 存栏量要求过于苛刻

据《安华农业保险股份有限公司吉林省能繁母猪保险条款（2015版）》规定：养殖户的能繁母猪必须达到存栏量30头以上（含），才可以参保。调查中发现，符合参保猪龄的能繁母猪在30头以上的养殖户相对较少，仅有37户，占调查养殖户的16.89%。其余养殖户如果参保，必须以合作组织或以村、乡为单位统保。这种统保方式增加了参保环节，降低了散养户与小规模养殖户的参保积极性。大部分养殖户采取观望态度，对是否参保犹豫不决，往往难以达成一致，形成统一参保。如果对参保能繁母猪的存栏量限制适当放宽，则可以激发养殖户的参保积极性。

3.2.3 赔付金额不够合理

吉林省能繁母猪保险规定的保额不能适应生猪市场价格的变化。从吉林省推行能繁母猪保险伊始到2018年7月，赔偿金额一直是1 000元/头，而生猪市场价格波动频繁，在2018年7月以前，一头能繁母猪在市场上的价格为 1 000～2 000 元，而 1 000 元的保额无法让养殖户恢复信心继续养殖，这种情况不但不能够满足合理生产需求，还容易造成养殖户非法售卖病死母猪的情况。2018 年 8 月非洲猪瘟疫情发生后，2019 年 1 月能繁母猪价格开始一路升高。一头能繁母猪的价格在高位时能达到 4 000 元以上，均价在 3 000 元左右。2019 年 9 月，财政部、农业农村部发布《关于支持做好稳定生猪生产保障市场供应有关工作的通知》（以下简称《通知》），要求进一步发挥中央财政的作用，在促进生猪生产、保障市场供应、维护经济等方面采取必要措施。《通知》表示，暂时提高能繁母猪保险保额，将能繁母猪保额从 1 000～1 200 元增加至 1 500 元。尽管保额增加了，但赔偿金额仍然不足以弥补养殖成本。

3.2.4　承保范围不全面

吉林省能繁母猪保险条款中规定了以下情况可以予以承保：第一，火灾、爆炸；第二，雷电、暴雨、洪水（政府行蓄洪除外）、风灾、冰雹、地震、冻灾；第三，山体滑坡、泥石流；第四，建筑物倒塌、空中运行物体坠落；第五，猪丹毒、猪肺疫、猪水泡病、猪链球菌、猪乙型脑炎、附红细胞体病、伪狂犬病、猪细小病毒、猪传染性萎缩性鼻炎、猪支原体肺炎、旋毛虫病、猪囊尾蚴病、猪副伤寒、猪圆环病毒病、猪传染性胃肠炎、猪魏氏梭菌病、口蹄疫、猪瘟、高致病性蓝耳病及其强制免疫副反应等疾病和疫病。能繁母猪主要的承保范围仅仅为上述五项内容，并且明确规定了投保人及其家庭成员、被保险人及其家庭成员、饲养人员的故意或重大过失行为、管理不善、难产，保险人不负责赔偿。调查中发现，219 户养殖户中，有 11 个养殖户在饲养过程中发生过母猪难产死亡的现象，而这一损失并不在获得保险赔偿的范畴。与养殖户进行深度访谈时了解到，能繁母猪难产的风险较高。这种承保范围不全面的情况限制了养殖户的参保意愿，进而影响参保行为。

3.3　养殖户对能繁母猪保险参保行为的描述性统计分析

3.3.1　调查的实施

3.3.1.1　问卷设计

根据本节研究的内容，运用问卷调查法搜集所需要的相关数据和基本资料。本节是以吉林省生猪养殖户为研究对象，对能繁母猪保险进行分析研究。为了深入分析吉林省能繁母猪保险实施情况，本节从养殖户参加能繁母猪保的行为作为切入点来进行研究。一般而言，意愿决定行为。所以为了更好地掌握生猪养殖户的参保行为，故本节在调查中引入参保意愿的问题，以期更好地了解吉林省养殖户的实际情况。调研主要以吉林省东部、中部、西部为代表，各发放 100 份（共 300 份）问卷。

调查问卷共分为四大部分，分别为养殖户个人及家庭特征、养殖户生产经营特征、养殖户防风险能力、养殖户对保险的认知情况及参保意愿和参保行为。第一部分为养殖户个人及家庭特征，包含养殖户个人情况、家庭基本情况和家庭收入等要素；第二部分为养殖户的养殖基本情况，包含了从事生猪养殖的时间、生猪养殖的数量、养殖场的面积及是否加入合作社等要素；第三部分为养殖户的风险防范能力，包含了是否定期使用疫苗、是否使用了政府提供的疫苗、养殖过程中发生的意外死亡情况等要素；第四部分为养殖户对保险的认知情况及参保意愿和参保行为，包含对能繁母猪保险的了解程度、购买能繁母猪保险的意愿及参保能繁母猪保险的情况。

3.3.1.2 样本的选取与实施

本节研究数据是研究团队 2017 年 9 月至 2018 年 7 月分别对吉林省东、中、西部生猪养殖户进行入户访谈与问卷调查得到。为了保证调查数据的真实性及具有代表性，本次调研共发放问卷 300 份，剔除缺失、有误及极端样本，收回有效问卷 219 份，有效率达到 73%，其中，东部地区 76 份，占到样本总数的 34.70%，中部地区 72 份，占到样本总数的 32.88%，西部地区 71 份，占到样本总数的 32.42%。

3.3.2 样本的基本特征

3.3.2.1 养殖户个人及家庭特征

本次调研中有效问卷共涉及养殖户 219 户，其中被调查的养殖户中男性 159 人，占总调研人数的 72.60%。被调查者主要为男性，主要是因为男性多为养殖户的户主，对养殖情况更为了解，有助于本次调查研究。

（1）养殖户的年龄

从年龄分布上来看，30 岁以下的 5 人，占样本总量的 2.28%，其中愿意参保的有 3 户，而实际上并没有参保；31～40 岁的 36 人，占样本总量的 16.44%，实际参保率为 55.56%；41～50 岁的 95 人，占样本总量的 43.38%，是样本中人数最多的年龄段，实际参保率只有 35.79%；51～60 岁的 62 人，占样本总量的 28.31%，其中 38.71% 的养殖户已经购买了保险；60 岁以上的 21 人，占样本量的 9.69%（表 3-2）。可以看出养殖户年龄主要集中于 41～60 岁，占被调查人数的 71.69%，意味着目前吉林省生猪养殖主要以中年人为主，而年轻人和老年人从事生猪养殖的人数偏少。主要原因可能是，年轻人多数都进城务工或者就学，选择从事养殖业的人数较少，而年龄较大的农户，可能由于身体原因而无力进行生猪养殖。通过观察各个年龄段的参保率发现，30 岁以下的养殖户参保率为 0，但由于其样本量太小，不能直接对其年龄段得出结论。年龄在 31～40 岁的参保率最高，40～60 岁的呈下降趋势，61 岁又恢复至 5 成以上，可见，年龄段与参保率之间没有显著的影响关系。

表 3-2　年龄分布情况

年龄区间	30 岁以下	31～40 岁	41～50 岁	51～60 岁	61 岁以上
户	5	36	95	62	21
比例（%）	2.28	16.44	43.38	28.31	9.69
参保率（%）	0	55.56	35.79	38.71	52.38

数据来源：问卷调查梳理。

（2）养殖户的受教育程度

个人的受教育程度是影响其对新鲜事物的接受与认知程度的主要因素之一，故研究受教育程度对养殖户参保行为的影响是十分有必要的。表 3-3 显示，54 人只有小学及以下的文化水平，116 人具有初中文化水平，二者占总样本的 77.63%；高中及中专文化的有 40 人，占总样本的 18.26%；大学文化有 9 人，占样本的 4.11%。从养殖户受教育程度的调查结果可以看出，绝大多数养殖户处于初中及以下教育水平，农户的受教育程度依然较低。从受教育程度不同阶段的养殖户参保率来看，各个阶段的参保率均低于 50%。其中，初中文化的养殖户参保率较高，达到了 43.96%。通过对养殖户受教育程度的分布情况与各个阶段参保率进行观察，结果表明：受教育程度对养殖户的参保行为没有直接关系，仍需进一步实证分析。

表 3-3　受教育程度分布情况

受教育程度	小学及以下	初中	高中	大学
人	54	116	40	9
比例（%）	24.66	52.97	18.26	4.11
参保率（%）	37.04	43.96	30	33.33

数据来源：问卷调查梳理。

（3）养殖户的家庭人口

从表 3-4 中可以看出，家庭成员只有 2 人的有 15 户，占样本的 6.85%；

3 人家庭的有 49 户，占样本量的 22.37％；4 人家庭的有 82 户，占样本量的 37.44％；5 人家庭的有 51 户，占样本量的 23.29％；5 人以上的有 22 户，占样本量的 10.05％。不难发现，养殖户家庭人口数仍处于相对较高的水平，能够参与参保决策的人数也相对较多。从表 3-4 的数据分布情况可以看出，不同养殖户的参保率分别为 20％、22.45％、35.37％、62.75％、63.64％。可见，随着养殖户家庭人口数量的增加，养殖户的参保率也随之提高，说明养殖户的人口数量对养殖户的参保行为有正向的影响。

表 3-4 家庭人口分布情况

家庭人口	2 人	3 人	4 人	5 人	5 人以上
样本数（户）	15	49	82	51	22
比例（％）	6.85	22.37	37.44	23.29	10.05
参保率（％）	20	22.45	35.37	62.75	63.64

数据来源：问卷调查梳理。

（4）养殖户家庭收入情况

通过整理养殖户家庭收入的调查结果发现，养殖户收入来源主要包括种植业收入、养殖业收入、种养结合收入和个体经营的收入。表 3-5 显示，主要收入来源为种养结合的养殖户占 45.21％，是四种收入来源中样本占有份额最大的。主要收入来源为个体经营的养殖户最少，只占了样本量的 5.02％。从参保率来看，参保率最高的养殖户，其主要收入来源为养殖业，参保率达到了 51.76％。而参保率排在第二位的养殖户的主要收入来源为种养结合的养殖户，参保率为 36.36％。根据表 3-5 统计的数据分布情况可以看出，当在养殖户收入来源中养殖收入占比越大时，其参保的动机与行为则越强。具体的影响情况，将在下文采用收入比重这个因素进行实证分析，分析收入来源与养殖户参保行为之间的关系。

表 3-5 家庭主要收入来源情况

家庭收入的主要来源	样本数（户）	比例（％）	参保率（％）
种植业	24	10.96	33.33
养殖业	85	38.81	51.76
种养结合	99	45.21	36.36
个体经营	11	5.02	9.09

数据来源：问卷调查梳理。

收入水平会影响消费水平，所以在研究中，将养殖户的年收入水平主要分为以下五档：30 000 元以下、30 001～60 000 元、60 001～90 000 元、90 001～120 000 元、120 000 元以上。被调查样本量按照收入由低向高排序分别为 37 户、68 户、54 户、23 户、37 户，各占总样本的比例分别为 16.89%、31.06%、24.66%、10.50%、16.89%。从表 3-6 可以看出，收入超过 120 000 元的养殖户参保率最高，达到了 64.86%。由此可见，收入较高的养殖户对能繁母猪保险的参保意识更强，参保行为更为积极。可能是由于该部分养殖户收入较高，使得他们有更好的平台去接触养殖保险，具有更强的参保意识。同时在设计问卷中加入了关于养殖收入的问题。为了尽可能削弱不以养殖业为主要生产经营活动的养殖户影响，将选项设计为 20 000 元以下、20 001～40 000 元、40 001～60 000 元、60 001～80 000 元及 80 000 元以上五个选项。统计结果显示，养殖收入低于 20 000 元的养殖户有 102 户，占样本量的 46.57%，其参保率仅为 21.57%，是样本中的参保率最低的。养殖收入超过 80 000 元的养殖户，其参保率达到了 66.67%，为参保率最高值。通过对比参保率，可以看出，养殖户的养殖收入越高，就越容易产生参保行为，养殖户的收入低，就不容易产生参保行为。不过由于其他部分数据没有形成规律，下文将按照养殖户养殖收入占总收入的占重这个指标再进行实证分析。

表 3-6 养殖户家庭年收入与养殖收入情况

项目	收入（元）	样本数（户）	比例（%）	参保率（%）
家庭年收入	30 000 以下	37	16.89	32.43
	30 001～60 000	68	31.06	30.88
	60 001～90 000	54	24.66	44.44
	90 001～120 000	23	10.50	34.78
	120 000 以上	37	16.89	64.86
养殖收入	20 000 以下	102	46.57	21.57
	20 001～40 000	45	20.55	48.89
	40 001～60 000	26	11.87	73.08
	60 001～80 000	16	7.31	37.5
	80 000 以上	30	13.70	66.67

数据来源：问卷调查梳理。

（5）养殖户家庭接受培训情况

技术培训是提升农民农业技术的重要途径之一。对于生猪养殖业而言，养殖户参加技术性培训不但意味着可以提高自身的生猪养殖技术，还可以通过政府农技推广人员了解到关于生猪养殖业的优惠保障政策以及产品的信息，从而也可以更多地获取能繁母猪保险政策的相关信息，故在问卷中设计了"家庭中是否有人参加过技术性培训"的问题。统计结果显示，本次调查的养殖户中，接受过相关技术性培训的所占比重较低，仅有 29.68%，绝大多数的养殖户没有接受过相关培训，仍凭借传统的养殖经验进行生猪养殖。接受过相关培训的养殖户，其对能繁母猪保险的参保率较高，达到了 60%，而没有接受过相关培训的养殖户，其参保率只有 32.45%。从参保率来看，参加过技术性培训的养殖户比未参加技术性培训的高 27.55%。通过对比分析，可以假设：接受技术性培训有助于养殖户提升参保意识，促使其更愿意参保，提高养殖户的参保率。

表 3-7 养殖户接受技术性培训情况

家庭中是否有人参加过技术性培训	有	没有
样本数（户）	65	154
比例（%）	29.68	70.32
参保率（%）	60	32.47

数据来源：问卷调查梳理。

3.3.2.2 养殖户生产经营基本特征

（1）养殖规模

根据《全国农产品成本收益资料汇编》中生猪养殖户养殖规模的标准，对所调查养殖户的生猪养殖规模进行了划分（表 3-8）。其中，养殖规模 30 头及以下的为散养户，本次调查的样本中有 98 户，占总样本的 44.75%；养殖规模在 30～100 头（含）的为小规模养殖户，本次调查的样本中有 48 户，占总样本的 21.92%；养殖规模在 100～1 000 头（含）的为中等规模养殖户，本次调查的样本中有 61 户，占总样本的 27.85%；养殖规模在 1 000 头以上的养殖户为大规模养殖户，本次调查的样本中有 12 户，占总样本的 4.48%。可以看出，吉林省目前的生猪养殖规模仍以散养户及小规模为主、中大规模的养殖户为辅。从参保率来看，散养户只有 30 户已经参保，仅占总量的 3 成，而中等规模和大规模的养殖户，分别有 31 户与 9 户已经参保，占比都超过了一半。不难看出，随着养殖户的养殖规模增大，养殖户的参保率也随之提高，因此可以推断出，养殖规模对参保行为有正向影响。

表 3 - 8　养殖规模情况

养殖规模	30 头以下	30～100 头（含）	100～1 000 头（含）	1 000 头以上
样本数（户）	98	48	61	12
规模类型	散养	小规模	中等规模	大规模
比例（%）	44.75	21.92	27.85	4.48
参保率（%）	30.06	39.58	50.82	75

数据来源：问卷调查梳理。

（2）养殖户从事养殖时间

从事养殖生产时间一般可以反映养殖户的养殖经验，丰富的养殖经验有利于养殖户做出有利的生产选择。本节对养殖户的生猪养殖时间与能繁母猪的养殖时间进行了对比分析。从表 3 - 9 可以看出，从事生猪养殖 1～4 年的养殖户占总样本的 43.84%，是样本中占比最大的一组，但其参保率最低，仅为14.4%，而其他三组数据的参保率均超过 50%。通过观察生猪养殖时间分布及参保率情况，结果显示，从事生猪养殖时间越短的养殖户，其对能繁母猪保险的参保率越低。

表 3 - 9　养殖户从事养殖时间

种类	养殖时间（年）	样本数（户）	比例（%）	参保率（%）
生猪	1～4	96	43.84	14.4
	5～8	35	15.98	51.43
	9～12	28	12.78	60.71
	12 以上	60	27.40	56.67
能繁母猪	1～4	110	50.23	20.9
	5～8	43	19.63	55.81
	9～12	33	15.07	69.70
	12 以上	33	15.07	57.58

数据来源：问卷调查梳理。

为了更好地体现能繁母猪在养殖户生猪养殖经营中的地位，在调查问卷中加入了"关于能繁母猪饲养时间"的问题。能繁母猪饲养时间既能反映养殖户饲养能繁母猪的经验，也能反映养殖户的经营生产方式对能繁母猪保险参保率的影响。从表 3-9 可以看出，本次调查的养殖户中，从事能繁母猪养殖时间 1~4 年的有 110 户，占样本量的 50.23%，其参保率为 20.9%，小于其他三组数据，由此可以得出，从事能繁母猪养殖时间较短的养殖户参保率更低。通过对比生猪养殖时间和能繁母猪养殖时间两组数据，可以发现，生猪养殖与能繁母猪养殖超过 5 年的养殖户，参保率都超过 50%，但当养殖户饲养时间超过 5 年，就没有显著的差别。由此可以推测养殖户饲养时间对养殖户参保能繁母猪的行为有一定影响，但养殖时间超过 5 年，影响并不显著。

（3）养殖户遭遇意外风险情况

意外风险是养殖过程中不可避免的，为了分散养殖风险，保障养殖户可以在遭遇风险后，迅速恢复生产，政府开展了能繁母猪保险工作。在设计问卷时加入了"近五年是否发生母猪意外死亡"这一问题。调查结果显示，在近五年养殖能繁母猪的过程中，有 109 户遭遇过母猪的死亡，占总样本量 49.77%，这部分养殖户的能繁母猪参保率达 54.13%，而近五年没有遭遇过母猪意外死亡的养殖户有 110 户，占样本量的 50.23%，其能繁母猪保险的参保率仅为 27.27%，与前者有明显的差别（表 3-10）。在走访调查中发现，能繁母猪死亡率较高主要源于疾病与难产两种情况，对于由于疾病产生损失的养殖户，参加能繁母猪保险则可以使风险损失降低，但难产不在保险理赔范围之内。

表 3-10　养殖中是否遭遇过意外风险

近五年是否发生母猪意外死亡	有	没有
样本数（户）	109	110
比例（%）	49.77	50.23
参保率（%）	54.13	27.27

数据来源：问卷调查梳理。

（4）养殖户参与合作组织情况

从表 3-11 中可以看出，养殖户中有 29 户参加了生猪养殖协会或合作社之类的养殖合作组织，这部分养殖户的参保率为 75.86%，其中由合作社等统一购买能繁母猪保险的养殖户有 16 户。未加入合作组织的养殖户，其参保率只有 35.26%。统计数据表明：加入生猪养殖合作社的养殖户其参保率高于未加入养殖合作组织的养殖户，但考虑到养殖户样本量太少，参考意义可能并不大，仍需要进行实证分析。

表3-11　养殖户参与合作组织情况

是否加入生猪养殖协会或合作社等	样本数（户）	比例（%）	参保率（%）
加入了生猪养殖协会等合作性组织	29	13.24	75.86
未加入生猪养殖协会等合作型组织	190	86.76	35.26

数据来源：问卷调查梳理。

3.3.2.3 养殖户防风险能力

（1）养殖户能繁母猪注射疫苗情况

为了更好地了解吉林省生猪养殖户对疫病等灾害的防范能力，研究团队在设计问卷过程中设计了"您是否定期对能繁母猪注射疫苗"这一问题。调查结果显示，定期对能繁母猪注射疫苗的养殖户有194户，占样本量的比重为88.58%，该部分养殖户的参保率为42.78%，而未定期注射疫苗的养殖户有25户，占样本量的比重为11.42%，参保率是24%（表3-12）。可以看出，目前有较多的生猪养殖户会去定期注射疫苗以防范疫病的发生，而且这部分养殖户的参保率也相对较高，但仍有一部分养殖户防范意识不强，参保率较低。同时为了了解养殖户的疫苗质量，设计了子问题"是否接受过政府提供的疫苗"。调查结果显示：其中接受过政府提供疫苗的养殖户有168户。在调查中发现，养殖户对政府提供的疫苗信任度不高，即使他们接受了政府提供的疫苗也未必使用，并且政府提供的疫苗存在运输过程中效果变差等问题。

表3-12　能繁母猪注射疫苗情况

是否定期对能繁母猪注射疫苗	是	否
样本数（户）	194	25
比例（%）	88.58	11.42
参保率（%）	42.78	24
接受过政府疫苗（户）	168	51

数据来源：问卷调查梳理。

（2）养殖户对自身防疫能力的认知

表3-13为养殖户对自身防疫能力的评价情况统计。由表3-13可以看出，本次调查的养殖户中，有52.63%的养殖户认为自身的防疫能力基本能控制生猪养殖过程出现的风险。这部分养殖户是样本中占比最大的，这也意味着养殖户对自己的防疫水平认识相对一般。这部分养殖户的参保率为32.72%，相对较低。面对生猪养殖过程中出现的风险，认为自身防疫能力几乎无法控制的养殖户占比为6.70%；认为自身防疫能力能够控制比较好的养殖户占

17.23%；认为自身防疫能力能够控制非常好的养殖户占 11.96%。上述三类养殖户的参保率较高，都超过了 50%。仅从参保率上看，养殖户对自身防疫能力的评价与参保率没有明显的影响，可能是由于这个问题过于主观，选择时养殖户不能很好地对自身评价。

表 3 - 13   养殖户对自身防疫能力的评价情况

养殖户对自身防疫能力的认知	样本数（户）	比例（%）	参保率（%）
几乎无法控制	14	6.70	57.14
控制较差	24	11.48	29.17
基本能控制	110	52.63	32.72
控制比较好	36	17.23	66.67
控制非常好	25	11.96	52

数据来源：问卷调查梳理。

3.3.2.4　参保意愿及对保险的认知情况
（1）养殖户的参保意愿

通常认为意愿可以影响行为，那么养殖户的参保意愿就是一个非常值得研究的内容，因此在问卷调查中加入了"关于养殖户参保意愿"的问题。调查结果显示，愿意参保的养殖户为 173 户，占总样本量的 79%；不愿意参保的养殖户为 46 户，占总样本量的 21%（图 3 - 4）。可以认为，吉林省生猪养殖户对能繁母猪保险的参保意愿较强。

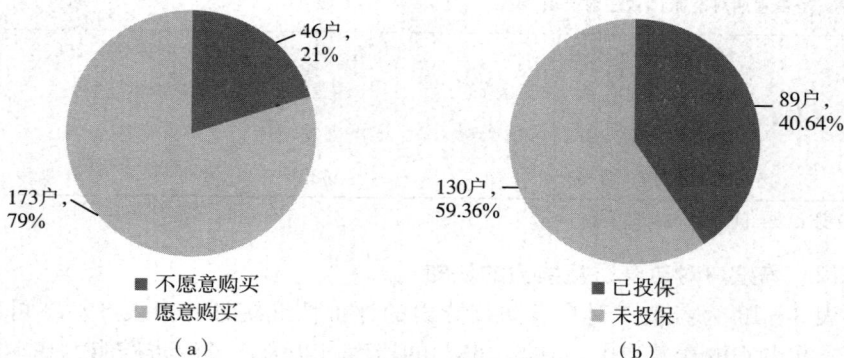

（a）　　　　　　　　　　　　（b）

图 3 - 4   养殖户参保意愿分布图

数据来源：问卷调查。

由图 3 - 4 可知，有 89 户养殖户购买了能繁母猪保险，占样本量的 40.64%。通过对养殖户参保意愿与参保行为进行交叉分析发现，凡已经参保的养殖户基本都有意愿购买能繁母猪保险，没有意愿参保的仅一户。可以看出，已经购买能繁母猪保险的养殖户对能繁母猪保险的意愿并没有在其购买后明显降低。未购买过能繁母猪保险的养殖户有 130 户，占样本量的 59.36%，说明吉林省目前能繁母猪保险的实施并不全面，参保渠道有待拓展，推广力度仍需要进一步加强。

为了更好地了解生猪养殖户的参保及未参保原因，在问卷中设计了"已经参保的养殖户参保原因分析"等问题。调查结果表明：由于政府号召而参保的养殖户有 35 户，占参保养殖户总量的 39.33%。而在这 35 户中有 30 户是为了享受政府的优惠政策而参保的，因为优惠政策只有购买能繁母猪保险才能享受，占参保养殖户的 33.71%。由于村干部或乡镇干部动员、亲友或村里人推荐，参保的养殖户有 15 户，占参保养殖户总量的 16.85%。由于信任农业保险公司而参保的养殖户有 4 户，占参保养殖户的 4.49%。为了降低损失而参保的养殖户有 25 户，占参保养殖户的 28.09%。养殖户认为自己需要参保的有 10 户，占参保养殖户的 11.24%（表 3 - 14）。可以看出，很多养殖户参保是因为政府的号召，或因为获取政府补贴和享受惠农政策，说明政府在能繁母猪保险的推广中处于十分重要的地位，政府的推广及相关政策对养殖户的参保行为选择有着必然的关系。其中只有 4 户养殖户因为相信保险公司才选择了参保，也从侧面证明了目前养猪户对保险公司的信任不足。究其原因，保险公司在参保与理赔的环节并没有达到养殖户的预期。这一方面要求保险公司要提高服务质量；另一方面要求政府在选择实施能繁母猪保险的保险公司时，要选择养殖户信任度高的保险公司。只有满足上述要求，才能使能繁母猪保险真正成为养殖户分散养殖风险的风险分担工具。

调查结果显示，在未参加能繁母猪保险的养殖户中，因为达不到参保要求的有 9 户，占样本量的 6.92%；养殖户认为自己可以承担风险，没必要参保的有 45 户，占样本量的 34.6%；因为理赔程序复杂未参保的养殖户有 8 户，占样本量的 6.15%；由于村里其他人都不买而产生的示范效应，使得 44 户养殖户未参保，占样本量的 33.8%；由于一旦遇到灾害政府就会给予救济，认为没必要自己参保的养殖户有 6 户，占样本量 4.62%；由于不知道能繁母猪保险而错过参保的养殖户有 18 户，占样本的 13.85%（表 3 - 14）。可以看出，有很大一部分养殖户认为自己可以承担风险，所以不愿意购买。很多养殖户认为，自己饲养的能繁母猪很难发生疫病，对未来可能发生的养殖风险并没有足够的重视。也有一部分养殖户受周围养殖户的影响极大，周围养殖户没有购买能繁母猪保险的示范效应使得其对能繁母猪保险存在一定的疑问，因此拒绝参保。可见，目前能繁母猪保险推广普及力度不足，需要政府和相关部门加大力度，同时保险公司应该加强保险的保障范围，简化理赔的程序，做到真正的利农利民。

表 3-14　养殖户参保原因

参保行为	原因	户	比例（%）
已经购买了保险	政府号召	35	39.33
	村干部或乡镇干部动员、亲友或村里人推荐	15	16.85
	相信农业保险公司	4	4.49
	降低损失	25	28.09
	自家生猪养殖需要	10	11.24
未购买保险	想买，但达不到参保要求	9	6.92
	自己可以承担风险，没必要买	45	34.6
	理赔程序复杂	8	6.15
	周围的养殖户都不买	44	33.8
	遇到灾害政府会给予救济	6	4.62
	没人宣传，不知道这个保险	18	13.85

数据来源：问卷调查梳理。

综上所述，结合养殖户已经参保及未参保的原因，可以得出以下三点结论：第一，养殖户获取保险相关信息的途径主要是受政府等相关部门的推广；其次是受亲友与村里人的推荐，但目前仍有一部分养殖户不清楚已经实施了能繁母猪保险，原因可能就是由于政府和保险公司的宣传力度不够，所以加强相关保险的宣传，是推广能繁母猪保险的重点，也是分散养殖户养殖风险的关键所在。第二，保险的相关规定并不完全适用于养殖户，保障程度不足及理赔过程烦琐是影响养殖户不参保的原因所在。在走访调查中发现，即使是投保的养殖户，对理赔的途径也并不清楚，所以优化能繁母猪保险条款是提升养殖户参保率的另一个关键点。第三，部分养殖户对保险以及保险公司的不信任与不了解是导致其不参保的原因。有些未保的养殖户表示，即使自己参保能繁母猪保险，也未必能拿到保额。在问卷调查中，也有 9 户已经参保的养殖户表示，担心如果出险，得不到约定的保额赔付。所以保险公司应该强化自身的形象，同时政府应该选择更有信服力的保险公司。

（2）养殖户对能繁母猪保险的了解程度

为了了解政府、保险公司等相关部门对能繁母猪保险的宣传情况，在设计问卷时选用了"对能繁母猪保险的了解程度"这一问题。调查结果如表 3-15

所示。目前养殖户对能繁母猪保险的了解程度并不充分，选择"没听说过""听说过，但不了解"的养殖户分别为20户、80户，分别占总样本的9.13%和36.53%。两组养殖户的参保率较低，分别为0%与16.25%，远远低于"比较了解"和"非常了解"两组的参保率。同时可以看出，随着对保险了解程度的加深，参保行为会与之呈正向变动的关系，说明养殖户对能繁母猪保险的了解程度不足是影响其参保的主要因素之一，这也说明政府与保险公司需要不断加强能繁母猪保险的宣传工作。

表3-15 养殖户对能繁母猪保险的了解程度

养殖户对能繁母猪保险的了解程度	样本数（户）	比例（%）	参保率（%）
没听说过	20	9.13	0
听说过，但不了解	80	36.53	16.25
有一点了解	56	25.57	44.64
比较了解	47	21.46	74.47
非常了解	16	7.31	100

数据来源：问卷调查梳理。

（3）养殖户对生猪养殖政策的了解程度

由表3-16可以看出，养殖户对生猪养殖的政策了解程度相对较低。对养殖政策比较了解的养殖户有24户，占总样本的10.96%；对养殖政策非常了解的养殖户仅1户，占总样本的0.46%；更多的养殖户对生猪养殖政策的了解程度处于"听说过，但不了解"，或"有一点了解"的情况，这两组养殖户分别占总样本的40.18%与38.81%。同时从表3-16中还可以看出，随着养殖户对生猪养殖政策了解程度的逐步提高，参保率从27.27%提升到了100%。由于样本中对养殖政策了解程度较深的养殖户较少，所以究竟该因素是否影响养殖户的参保行为，还需要进一步实证的分析研究。

表3-16 养殖户对生猪养殖政策的了解程度

对生猪养殖的政策了解程度	样本数（户）	比例（%）	参保率（%）
没听说过	21	9.59	27.27
听说过，但不了解	88	40.18	25
有一点了解	85	38.81	45.88
比较了解	24	10.96	87.5
非常了解	1	0.46	100

数据来源：问卷调查梳理。

(4) 养殖户购买其他商业保险情况

目前，社会上有很大一部分消费者对保险持消极态度，这直接影响了其参保行为。生猪养殖户作为收入相对薄弱和承担风险能力较弱的群体，一旦不相信保险就很难产生购买行为。生猪养殖户对保险的态度决定其参保行为。通常购买过其他商业保险的养殖户对待生猪保险的态度是积极的，所以本节为了更清楚地了解养殖户对于生猪保险的态度，在分析时选用了"是否购买过其他的商业保险"作为参考。统计结果显示，样本中购买过其他商业保险的养殖户有68户，占总样本的31.05％。可以认为，养殖户对商业保险的态度还是相对保守的。没有购买过其他商业保险的养殖户占总样本的68.95％（表3-17）。对比二者的参保行为，其参保率均在40％左右，并没有明显的差距。由此可以推测出，对于能繁母猪保险而言，由于其属于政策性保险，养殖户对其产生的抵触心理不明显。

表 3-17 养殖户购买其他商业保险情况

是否购买过其他的商业保险	是	否
样本数（户）	68	151
比例（％）	31.05	68.95
参保率（％）	41.18	40.40

数据来源：问卷调查梳理。

通过研究，可以得出以下三个结论：第一，目前吉林省生猪养殖户对能繁母猪保险的参保积极性远远大于实际的参保率。这意味着目前养殖户缺少了解和购买相关保险的渠道，说明政府的宣传力度与保险公司提供的参保渠道都有待进一步加强。第二，通过对养殖户基本特征等影响因素的分类，并对比其不同分段的参保率，发现养殖户家庭人口的数量、养殖户主要的收入来源、养殖户饲养生猪与能繁母猪的时间、是否参加过技术性培训、是否加入过生猪养殖协会等合作性组织、近五年是否发生过能繁母猪的意外死亡情况、是否定期对能繁母猪注射疫苗、对能繁母猪保险的了解程度以及对生猪养殖政策的了解程度等因素对养殖户的参保行为产生直接影响。第三，已经参保的生猪养殖户其主要参保的原因为政府的宣传、政府保险补贴及购买保险可以享受国家政策等，而未购买能繁母猪保险的养殖户，主要原因为认为自己可以承担风险而没必要参保、不了解能繁母猪保险及村里人的示范效应等。不难发现，养殖户的购买行为受政府宣传的政策及对能繁母猪保险的认知影响很大。

3.4 实证分析养殖户对能繁母猪保险参保行为的影响因素

3.4.1 模型选取

本节研究的是吉林省生猪养殖户对能繁母猪保险的参保行为，具体就是养殖户是否购买能繁母猪保险。为了更客观地分析养殖户参保行为各影响因素的作用方向，更准确地测定影响程度，采用 probit 模型估计养殖户是否购买能繁母猪保险决策问题，同时假设存在多个解释变量，可按矩阵形式定义的模型为：

$$Y = \alpha + X \cdot \beta + \mu \qquad (3-1)$$

式中，因变量 Y 是一个虚拟变量，即当养殖户已经购买了能繁母猪保险取值为 $Y=1$，没有购买取值为 $Y=0$；X 代表解释变量观测值矩阵，结合本章的研究内容把影响养殖户参保能繁母猪保险的因素分为三个部分，即养殖户的个体特征、养殖特征和对保险的认知及防疫能力特征，共 13 个因素；α 是用 0 和 1 虚拟矩阵表示的常数项；β 为待估系数；μ 为随机误差项。则影响养殖户参保行为的二元离散选择模型可以表示为：

$$\text{Probit}(y_i = 1/x_i) = \Phi(x_i, \beta) = \Phi(\alpha + \beta_1 x_1 + \beta_2 x_2 + \cdots + \beta_n x_n)$$
$$(3-2)$$

式中，Y 是被解释变量，即养殖户是否参保了能繁母猪保险的概率（是＝1，否＝0）；x_1，x_2，$\cdots$，x_n 为解释变量，也就是待检验的 n 个影响养殖户参保行为的影响因素；α 为常数项，β_1，β_2，$\cdots$，β_n 是待检验的解释变量的系数。结合本节研究，共有 13 个变量，故 $n=13$。

3.4.2 变量选择与研究假设

依据经济学的理性经济人假设，生猪养殖户作为经济参与主体，在选择参保能繁母猪保险时是根据自身的情况做出的追求自身利益最大化的理性选择。根据实地调研情况，本节将依据养殖户的个体特征、经营生产情况、对保险的认知及防疫能力提出以下研究假设：

（1）通常认为年龄决定着学习能力与接受新事物的能力，年龄大的人思想会相对保守，接受保险这种分散风险的方式较慢；相反，年轻的养殖户就更容易接受这种方式。因此，假设养殖户对能繁母猪保险的选择受养殖户年龄的影响，养殖户年龄越小，就越容易产生购买行为。

（2）养殖户受教育程度影响着养殖户的风险防范意识，影响养殖户对能繁母猪保险的接受能力。养殖户的学历越高，受教育程度越好，其防范风险意识越强；反之，受教育程度较低的养殖户对能繁母猪保险的接受能力就会相对较差。因此假设养殖户的受教育程度对选择购买能繁母猪保险起一定的作用，受教育程度越高就越容易产生购买行为。

（3）本节的研究对象是以养殖户为主体的，那么是否参保、决策也是以家庭为单位的。可以假设家庭人数越多，就更容易了解到能繁母猪保险，决策人数也越多，则更容易产生更好的选择，从而更容易产生购买的想法。因此，假定养殖户的家庭人口对养殖户的参保行为产生影响，养殖户家庭人口越多，就越容易产生参保行为。

（4）当养殖收入占家庭收入的比重较大时，那么生猪养殖对养殖户的收入就有较大影响，则面临的风险就越大，养殖户就需要加大防范养殖风险的力度，就会产生更强的防范风险意识。因此，假定养殖户的养殖收入占比是影响养殖户参保决定的主要因素之一，即养殖户养殖收入占年收入的比重越高，就越容易产生参保行为。

（5）养殖户参加过技术性培训，就能够有更多机会与其他养殖户及相关技术的培训讲师沟通交流，从而有更多的渠道了解能繁母猪保险，也间接促进了养殖户的购买可能性。因此，假定养殖户是否参加技术性培训对养殖户的参保抉择产生影响，即参加过技术性培训的养殖户更容易产生能繁母猪保险的参保行为。

（6）养殖规模的大小决定着养殖户承担风险的大小，规模越大意味着面临的风险就越大，则养殖户急需分散养殖风险。能繁母猪保险是有效分担生猪养殖风险的重要风险分担工具之一，所以生猪养殖规模越大的养殖户则越倾向于参加能繁母猪保险。因此，假定养殖规模大小影响养殖户的参保行为，养殖规模越大，则越容易产生参保行为。

（7）养殖户饲养能繁母猪的时间越长，则经验越丰富，养殖户对生猪养殖风险的认知程度越深刻，所以养殖户越倾向于有效规避风险。因此，假定从事能繁母猪饲养的年限是影响能繁母猪参保行为的因素，养殖时间越长，就越容易产生参保行为。

（8）饲养过程中发生过能繁母猪死亡的养殖户，就会对养殖风险危害的认识更深刻，更希望有效规避风险，由此产生了购买能繁母猪保险的动机。因此，假定近五年是否发生过能繁母猪死亡事件是影响能繁母猪参保行为的因素，发生过能繁母猪死亡事件的养殖户更容易产生参保行为。

（9）养殖户获取信息的途径是影响养殖户决策的因素，加入生猪养殖专业合作组织的养殖户，更容易获取到关于能繁母猪保险的信息，所以能更深入地了解保险带来的好处。因此，假定养殖户是否加入生猪养殖专业合作组织是影响养殖户购买能繁母猪保险的因素，加入生猪养殖专业合作组织的养殖户则更容易产生参保行为。

（10）养殖户之所以需要能繁母猪保险，究其主要原因是疫病对其经营产生的影响，如果养殖户有足够的防疫能力，便不需要这种方式来规避风险。然而，养殖户的防疫能力越差，遭遇养殖风险的可能性就越高，更倾向于购买能繁母猪保险。在面临养殖风险时，养殖户如果认为自身防疫能力几乎无法控制风险，则更需要保险来解决自身生产安全问题。因此，假定对自身防疫水平评价越低的养殖户越容易产生参保行为。

（11）养殖户越关注生猪养殖政策，对生猪养殖政策的相关信息越了解，则对能繁母猪保险的相关信息了解程度也越深入，越倾向于购买能繁母猪保险。因此，假定对生猪养殖政策的了解程度会影响参保行为，即养殖户越了解相关政策，越容易产生参保行为。

（12）对能繁母猪保险的了解程度越高，养殖户就会产生较强的风险防范意识。因此，假定对能繁母猪保险的了解程度影响养殖户的参保行为，即了解程度越高，就越容易产生参保行为。

（13）通常认为意愿决定行为，因此假设养殖户参保意愿决定其参保行为，当养殖户有购买意愿时，就更容易产生参保行为。

结合本章的研究内容，本节采用 Probit 模型进行回归分析，并对所研究的解释变量进行梳理归纳，有关变量的含义见表 3-18。

表 3-18　变量定义

变量名称	变量定义及单位	预期方向
参保行为（y）	没有参保=0，已经参保=1	
年龄（x_1）	30 岁以下=1，31～40 岁=2，41～50 岁=3，51～60 岁=4，60 岁以上=5	?
养殖户的受教育程度（x_2）	小学及以下=1，初中=2，高中=3，大学=4，硕士及以上=5	+
家庭人口数（x_3）	2 人=1，3 人=2，4 人=3，5 人=4，5 人以上=5	+
养殖收入占家庭年收入的比重（x_4）	20% 以下=1，21%～40%=2，41%～60%=3，61%～80%=4，81% 以上=5	+
养殖户是否参加过技术性培训（x_5）	不是=0，是=1	+
养殖规模（x_6）	散养（30 头以下）=1，小规模（30～100 头）=2，中等规模（100～1 000 头）=3，大规模（1 000 头以上）=4	+

（续）

变量名称	变量定义及单位	预期方向
从事能繁母猪养殖的时间（x_7）	1~4 年＝1，5~8 年＝2，9~12 年＝3，12 年以上＝4	＋
近五年是否发生过能繁母猪死亡情况（x_8）	不是＝0，是＝1	＋
是否加入过养殖协会等专业合作组织（x_9）	不是＝0，是＝1	＋
对自身防疫能力的评价（x_{10}）	几乎无法控制＝1，控制较差＝2，基本能控制＝3，控制比较好＝4，控制非常好＝5	－
对生猪养殖政策的了解程度（x_{11}）	没听说过＝1，听说过，但不了解＝2，有一点了解＝3，比较了解＝4，很了解＝5	＋
对能繁母猪保险的了解程度（x_{12}）	没听说过＝1，听说过，但不了解＝2，有一点了解＝3，比较了解＝4，很了解＝5	＋
参保意愿（x_{13}）	无＝0，有＝1	＋

3.4.3　计量结果分析

运用 stata 14.0 软件对样本进行 Probit 分析，并计算其边际影响水平。结果显示，假设的 13 个变量中，有 8 个变量通过了相应水平的假设性检验，即养殖户家庭人口数量、养殖收入占家庭年收入的比重、是否参加养殖协会或合作社等专业合作组织、从事能繁母猪养殖的时间、近五年是否发生过能繁母猪死亡的情况、养殖户对自身养殖防疫能力的评价、养殖户对能繁母猪保险的了解程度及参保意愿 8 个因素对吉林省生猪养殖户参保行为有显著性影响。具体模拟结果见表 3-19。

表 3-19　养殖户对能繁母猪保险的参保行为因素分析结果

变量	Z 值	系数	边际影响
常数项	-2.70*** （0.007）	-3.491 245	
年龄	-1.27（0.204）	-0.188 101 1	-0.065 438 9
受教育程度	-1.16（0.247）	-0.248 365	-0.086 404 3
家庭人口数	1.79*（0.073）	0.221 620 1	0.077 099 9
养殖收入占家庭收入的比重	2.02**（0.044）	0.248 486 7	0.086 446 6

（续）

变量	Z 值	系数	边际影响
是否参加过技术性培训	0.24（0.813）	0.077 519 8	0.026 739 1
养殖规模	0.97（0.330）	0.171 679 3	0.059 725 9
从事能繁母猪养殖的时间	2.02**（0.044）	0.244 529 2	0.085 069 8
近五年是否发生过能繁母猪死亡情况	1.94*（0.052）	0.533 560 8	0.183 458 7
是否参加养殖协会或合作社等专业合作组织	2.24**（0.025）	0.905 701 3	0.343 483
对自身防疫能力的评价情况	−1.78*（0.075）	−0.271 601 1	−0.094 487 9
对生猪养殖政策的了解程度	−0.12（0.901）	−0.024 039 5	−0.008 363 2
对能繁母猪保险的了解程度	4.40***（0.000）	0.782 56	0.272 246 5
参保意愿	3.13***（0.002）	1.708 259	0.404 120 4
LR 统计量值	158.16		
对数相似然值	−68.860 339		

注：括号内为 P 值，***、**、* 分别表示 1%、5%、10% 的显著性水平。

Probit 模型卡方检验显著（Prob＞chi2＝0.000 0），说明模型的拟合度较好。各变量对养殖户是否购买能繁母猪保险的影响分析如下：

（1）"家庭人口数"这一变量通过了 10% 的显著性检验，且系数为 0.221 6，边际影响为 0.077 0，说明随着养殖户家庭人数的增加，养殖户选择购买能繁母猪保险的概率也随之增大，即家庭人口每增加 1 人，选择参保能繁母猪保险的可能性就增加了 7.70%，符合假设。这可能是因为随着家庭人口数的增加，相对参与购买保险决策的人数也增加。决策人数增多，则购买能繁母猪保险的概率更大。家庭中人数的增加也会导致家庭获取外部信息的途径与方法的增加，促使家庭购买能繁母猪保险的概率加大。

（2）"养殖收入占家庭年收入的比重"这一变量通过了 5% 的显著性检验，且系数为 0.248 5，边际影响为 0.086 4。说明随着养殖户养殖收入占家庭年收入的比重增加，养殖户选择参保能繁母猪保险的概率也随之增加，即养殖收入占家庭年收入的比重每增加 20%，选择参保能繁母猪保险的概率就提高 8.64%，符合假设。究其原因，养殖收入占家庭收入的比例越高，意味着当养殖遭遇意外，家庭的日常生活与未来的生产都要受到较大影响，使得养殖户的防风险意识增强，则越倾向于参保。

（3）"从事能繁母猪饲养的时间"这一变量通过了 5% 的显著性检验，且系数为 0.244 5，边际影响为 0.850 7，说明随着养殖户从事能繁母猪的养殖时间增加，养殖户选择购买能繁母猪保险的概率也随之增加，即养殖能繁母猪的时间每增长 4 年，选择参保能繁母猪保险的概率就提高 8.51％，符合预测。究其原因，从事饲养能繁母猪的时间越长，经验也就越多，防范意识也增强，同时从事能繁母猪养殖的时间越久，获取相关保险信息的途径也就越多，因此，饲养能繁母猪时间越长，就越倾向于购买能繁母猪保险。

（4）"近五年是否发生过能繁母猪死亡情况"这一变量通过了 10％的显著性检验，且系数为 0.533 6，边际影响为 0.183 5，说明近五年发生过养殖风险损失的养殖户更容易产生参保行为，即近五年遭遇过养殖风险的养殖户比没有遭遇过养殖风险的养殖户选择参保能繁母猪保险的概率高了 18.35％。这可能是因为遭遇过养殖风险的养殖户，对养殖风险带来的损失认识更深刻，就会寻求降低这种损失的办法，因此，发生过能繁母猪死亡情况的养殖户，更容易产生参保行为。

（5）"是否参加养殖协会或合作社等专业合作组织"这一变量通过了 5％的显著性检验，且系数为 0.905 7，边际影响为 0.343 5，说明养殖户如果加入养殖协会或合作社等专业合作组织，则更容易购买能繁母猪保险，即参加养殖协会或合作社等专业合作组织的养殖户比没有参加专业合作组织的养殖户参保概率高了 34.35％。原因分析如下：参加过养殖协会或合作社等专业合作组织的养殖户，有较好的渠道获取关于能繁母猪保险的相关信息，并且合作组织可以统一购买能繁母猪保险，方便能繁母猪存栏量不能满足投保条件的养殖户参保，能繁母猪保险购买途径相对便捷，使得养殖户更倾向于购买能繁母猪保险。

（6）"对自身防疫能力的评价情况"这一变量通过了 10％的显著性检验，且系数为 −0.271 6，边际影响为 −0.094 5，说明养殖户对自己防疫水平的评价越低就越容易参保，即养殖户对自身防疫能力的评价每提高一个级别，购买能繁母猪保险的概率就降低 9.45％。这主要是因为当养殖户意识到自身规避风险的能力较差时，就更容易选择保险这种方式分散风险，因此养殖户对自身防疫能力评价越差就越容易产生参保行为。

（7）"对能繁母猪保险的了解程度"这一变量通过 1％的显著性检验，且系数为 0.782 6，边际影响为 0.272 2，说明养殖户对能繁母猪保险越了解，则越容易购买保险，即养殖户对能繁母猪保险的了解程度每提高一个级别，购买能繁母猪保险的概率就提高 27.22％。原因是对能繁母猪保险越了解，就越容易产生信任，则越容易购买保险。

（8）"养殖户的参保意愿"这一变量通过了 1％的显著性检验，系数为 1.708 3，边际影响为 0.404 1，可以看出养殖户的参保意愿对其行为有非常重要的影响，当养殖户愿意参保，其实际购买保险的可能性就提高了 40.41％。

参保意愿的边际影响为所有影响因素中最高值，这也说明了意愿对行为产生着至关重要的影响，那么增强养殖户的参保意愿，就会改善目前能繁母猪保险参保率下滑的趋势。

各变量边际效应的绝对值大小决定其对模型的影响程度。边际影响越大，则表示该变量对养殖户参保概率的影响越大；边际影响越小，则表示该变量对养殖户购买能繁母猪保险的行为影响越小。比较本节模型中各个影响因素的模拟结果，各个因素影响养殖户参保行为的程度，由强及弱的排序为参保意愿、对能繁母猪保险的了解程度、是否参加养殖协会或合作社等专业合作组织、近五年是否发生过能繁母猪死亡情况、对自身防疫能力的评价、养殖收入占家庭年收入、从事能繁母猪饲养的时间及家庭人口数。

在养殖户个人特征中年龄和受教育程度两个变量没有通过显著性检验，且系数皆为负数。未通过显著性检验的原因分析如下：从本次调查数据的统计结果来看，养殖户的年龄与预测方向相同。但被调查者年龄普遍偏高，40 岁以上的养殖户达到 178 户，占样本量的 81.28%，而且相对年轻的养殖户并没有展现出较高的参保行为。从养殖户的受教育程度来看，没有通过显著性检验，且预测方向不同，原因可能是由于本次调研中初中及以下学历的养殖户较多，占样本量 77.63%，而初中文化的养殖户在本次调查中参保率高于高中及以上学历的养殖户。

是否参加技术性培训、养殖规模及对生猪养殖政策的了解程度这三个变量没有通过显著性检验。其中，"是否参加过技术性培训"这一变量的系数与预测方向相反，其原因可能是样本中参加过培训的样本过少，且被培训的养殖户参保行为并不显著。"养殖规模"与"对生猪养殖政策的了解程度"这两个变量的系数虽然与预测相同，但没有通过检验，可能是因为其影响吉林省养殖户决策的程度不足。

根据模型模拟结果，养殖户的参保意愿、养殖户对能繁母猪保险的了解程度、是否参加养殖协会或合作社等专业合作组织、近五年是否发生过能繁母猪死亡情况、对自身防疫能力的评价、从事能繁母猪饲养的时间、家庭人口数及养殖收入占家庭年收入等 8 个变量对养殖户参加能繁母猪保险的行为有比较显著的影响，且方向与预测相同，证实了研究假设。

3.5 结论与政策建议

本章先对吉林省能繁母猪保险发展的现状进行分析，并剖析了吉林省能繁母猪保险发展过程中存在的问题。然后以问卷调查的数据为基础，运用描述性统计分析方法对各个因素进行分类、统计并计算其参保率，找出影响养殖户参保行为的主要因素。最后建立 probit 模型实证分析影响养殖户参加能繁母猪保险行为的因素。

3.5.1　结论

通过本章的分析研究，得出如下结论：

第一，目前吉林省能繁母猪保险工作开展不容乐观，近年来吉林省相关保费收入与参保率都呈下降的趋势，关于能繁母猪保险的宣传及投保途径都存在较大的问题。

第二，吉林省现行的能繁母猪保险条款不能满足养殖户的投保需求，对能繁母猪猪龄、存栏量的投保条件以及对承保范围的限定等与养殖户的投保需求相背离，不利于能繁母猪保险的发展。

第三，目前，吉林省养殖户对能繁母猪保险的参保意愿远远大于实际的参保率。参保的养殖户购买能繁母猪保险的主要原因包括政府的宣传、乡村干部和亲友推荐、降低养殖损失、购买保险后可以拿到政府补贴及购买保险可以享受国家政策等，而未保的养殖户拒绝购买能繁母猪保险的主要原因包括自己可以承担风险而没必要买、不了解能繁母猪保险以及其他养殖户不购买的示范效应等。问卷调查数据的描述性统计结果分析表明，养殖户家庭人口的数量、养殖户主要的收入来源、养殖户饲养生猪与能繁母猪的时间、是否参加过技术性培训、是否加入过生猪养殖协会或合作社等专业合作性组织、近五年是否发生过能繁母猪的死亡情况、是否定期对能繁母猪注射疫苗、对能繁母猪保险的了解程度、对生猪养殖政策的了解程度以及参保意愿等因素影响养殖户参加能繁母猪保险的行为。

第四，实证分析结果表明，养殖户对能繁母猪保险的参保意愿、对能繁母猪保险的了解程度、是否参加养殖协会或合作社等专业合作组织、近五年是否发生过能繁母猪死亡情况、对自身防疫能力的评价、从事能繁母猪饲养的时间、家庭人口数以及养殖收入占家庭年收入的比重等 8 个因素对养殖户参与能繁母猪保险的行为有较强的影响。影响程度由强及弱排序如下：参保意愿、对能繁母猪保险的了解程度、是否参加养殖协会或合作社等专业合作组织、近五年是否发生过能繁母猪死亡情况、对自身防疫能力的评价、养殖收入占家庭年收入的比重、从事能繁母猪饲养的时间、家庭人口数。

3.5.2　政策建议

基于上述结论，提出如下政策建议。

3.5.2.1 完善能繁母猪保险的支持政策

能繁母猪保险是中国最早开展的养殖保险之一，是政策性畜牧业保险，同时具有准公共物品属性。政府在其实施推广乃至到条款设计等方面都起着至关重要的作用。在信息非对称的条件下，从能繁母猪保险的投保方来看，养殖户基本来自农村，保险公司面对农村复杂多样的环境，往往处于信息的劣势方，这使得保险公司不能准确了解到养殖户的实际情况，可能会导致最终实际参保养殖户风险发生概率相对较高，而保险公司的实际经营成本也随之提高。所以，需要政府提供较为全面的技术支持，如建立能繁母猪灾害预警系统、能繁母猪灾害防范体系和灾害评估系统等，以便更好地帮助保险公司控制成本，提高服务质量。目前，吉林省在能繁母猪保险方面的政策支持力度尚显不足，需要优化能繁母猪保险扶持政策，促使其在稳定生猪生产和防范养殖风险方面有效发挥作用。首先，结合不同区域的地方实际，制定适合当地生猪产业发展的能繁母猪保险政策。根据调查，吉林省东、中、西部生猪养殖发展情况不尽相同，根据不同地区的发展现状，制定适合当地发展的能繁母猪保险扶持政策是非常有必要的，既可以极大地满足当地养殖户的需求，又可以降低保险公司的经营成本。其次，由于政策性农业保险的特殊性，能繁母猪保险可以提供给保险公司的利润是有限的，那么提高保险公司的积极性，就能够提高保险公司的服务水平，这就要求政府对积极运作能繁母猪保险的保险公司实施减免税收的优惠政策，并且规定将当年农业保险保费盈余和减免的税收一起并入风险准备金，留存保险保费盈余，建立风险准备金。在疫情严重的年份用风险准备金补贴保险公司，防止发生超额赔付的情况。最后，发行能繁母猪保险债券融通资金，以期从社会中筹集更多的资金，完善能繁母猪保险补贴制度。

3.5.2.2 完善能繁母猪保险产品

截至 2018 年 7 月，适用于能繁母猪保险的主要政策文件仍然是 2007 年《能繁母猪保险保费补贴管理暂行办法》。此文件已经发布十余年之久，不能与时俱进。2019 年 9 月中国银保监会联合农业农村部印发了《关于支持做好稳定生猪生产，保障市场供应有关工作的通知》，对生猪保险提出了新政策，即完善生猪政策性保险政策，提高能繁母猪保险保额，暂时将能繁母猪保额增加到 1 500 元/头。但此项政策只是暂时性的，执行期限为 2019 年 5 月 1 日至 2020 年 12 月 31 日，且该项政策的调整虽然能在一定程度上促进能繁母猪保险的发展，也能对生猪产业的生产恢复有一定促进作用，但是相对于价格高涨的能繁母猪而言，1 500 元/头的保额仍然不能满足生猪养殖户的保险需求。同时结合本章之前的研究，笔者认为政府应该出台新一轮政策改进能繁母猪保条款。第一,增加能繁母猪保险的附加险。随着生猪养殖过程中出现越来越多的新问题,养殖户对保险的保障需求也越来越多,为满足养殖户需求的多样性,政府与保险公司应该在现有条款的基础上,增加附加险。在原有承保责任不变的前提下,对能繁母猪可能出现的其他意外风险,比如难产、中毒等增加合理的附加险。同时,放宽对养殖户参保的要求,比如放宽母猪的年龄、存栏量的限制等,使更多的养殖户可以参与到能繁母猪保险之中,这样可以进一步提高能繁母猪保险对养殖户分散风险的能力。对养殖户而言,在其愿意接受的保费基础上,确定更加合适的价格,使养殖户可以根据自身的情况选择合适的保险条款。增加能繁母猪保险的附加险,一方面可以满足养殖户更多的需求,提供更为全面的保险服务,有效地分散养殖户在饲养能繁母猪过程中可能面临的风险;另一方面能够完善能繁母猪保险的承保范围和承保对象,可以提升吉林省生猪养殖户参加能繁母猪保险的比例。第二,根据养殖户不同生产经营状况设计不同的保费。对防疫水平较高、生产规模较大的养殖户可以提供优惠的保费。此类养殖户防疫水平高,发生风险的可能性相对较低,需要承保的可能性相对偏低,需要用更低的保费吸引这部分养殖户参保。第三,建立养殖户的保险诚信档案。由于目前吉林省农村仍存在着各种各样的问题,道德风险也不可避免,为尽可能避免和降低道德风险带来的不良后果,应建立养殖户的保险诚信档案。对骗保和故意降低防范措施以获取赔款的养殖户,应增加其保费金额,甚至拒绝其投保,而对诚信良好的养殖户,应予以奖励,增加理赔的周期,或者降低保费,抑或给予现金奖励。通过建立诚信档案,降低能繁母猪保险产生的道德风险,降低保险公司的损失。

3.5.2.3 提高保险公司的经营管理水平

保险公司作为能繁母猪保险的主体之一,加强保险公司的经营管理水平,能够提高能繁母猪保险的发展水平。走访调查发现,目前吉林省养殖户对保险公司的信任程度相对较低。"不知道找谁参保,不知道如何理赔"是目前吉林省养殖户普遍存在的问题。首先,保险公司应该加强对参保、理赔等方面工作的管理,督促保险从业人员提升自身的服务质量,为愿意参保的养殖户提供一个更为方便、更为高效、更为安全的参保与理赔平台,切实做到有益于养殖户。其次,改进保险公司在能繁母猪保险业务上的流程,对每一个流程都要细化,对参保要求、查勘定损、理赔处理等方面更要严格监管。

3.5.2.4 加强保险公司与相关部门的协作

目前吉林省能繁母猪保险的实施工作主要是由安华、中国人保、太平洋、安盟、中华联和国寿财六家保险公司共同承担,能繁母猪保险的开展区域主要在农村,能繁母猪保险的宣传工作主要由各地的畜牧局、畜牧站等相关部门开展，出现了实施与宣传脱节的现象。这就要求保险公司加强与政府机构的合作，解决保险公司在理赔过程中可能遇到的问题，建立能繁母猪保险流程应急机制。畜牧局、畜牧站擅长分享养殖防疫技术宣传，但缺乏通晓保险知识的专业人才，因此，应加强两者的信息共享，通过建立能繁母猪信息共享机制，加强各部门的协作能力，提高能繁母猪保险的实施水平。

3.5.2.5　加大政府宣传

从调研结果可以看出，仅有 7.31% 的养殖户对能繁母猪保险有比较深入的了解，而对能繁母猪保险"不了解不知道"的养殖户占样本量的 9.13%，能繁母猪保险在养殖户之间的普及程度仍然较低。鉴于政府是养殖户获取政策性保险相关信息的主要途径之一，所以需要政府加强对相关保险的宣传力度。首先，政府要增加宣传的时间和频率，使养殖户购买保险之前要有充足的时间了解保险的条款。其次，要创新宣传方式。在互联网、手机、电视、广播等宣传平台上广泛宣传。再次，要定期派相关保险技术人员下乡宣讲相关的保险知识，积极向养殖户发放宣传资料。保险宣传员要把能繁母猪保险风险管控等相关知识制作成 PPT，通过养殖协会等中介机构进行宣讲。多渠道多方式加大政府的宣传力度，让农民掌握能繁母猪保险的政策，并能够运用能繁母猪保险来分担养殖风险。

3.5.2.6　加强农险人才培养

目前，中国保险人才相对缺乏。据了解，每年保险专业人才缺口在上万人。对于农业保险而言，农业保险从业人员与政府农业保险的宣传人员不属于同一工作机构，二者的工作常常脱节。农业保险面对的需求方与其他保险又有区别，需求方是农民，其保险意识普遍不强，经济基础较差，这就造成了农业保险承保任务更加艰巨。所以既要有一支熟悉农村基本情况、精通农业生产业务、掌握保险专业知识的农业保险从业人才队伍，又要求有与之相适应的服务体系承担农业保险基层服务工作。故应该加大对农业保险专业人才的培养，强化农业保险从业人员的资格管理，增加农业保险职业培训，为中国农业保险的健康发展提供人才保障。

3.5.2.7　完善生猪产业合作经营组织体系

近年来，现代农业新型经营主体（包括专业大户、联户经营、家庭农场、合作经营、公司经营等）一直是社会关注的焦点。生猪产业合作组织的发展，不但体现了"规模养殖户、合作社、龙头企业等多元主体通过现代农业产业组织体系优化提升产业经营层次"的基本思路，同时也可以促进养殖户更好地了解当前国家的生猪养殖政策，使养殖户可以通过生猪产业合作经营组织统一进行风险防范，统一购买保险来降低自身的生产风险。

3.5.2.8　完善生猪市场，稳定养殖收入

养殖户的养殖收入决定着养殖户的参保行为，生猪市场产生的价格波动，会直接影响养殖户的收入。当生猪市场价格处于低谷时，便会挫伤养殖户的生产积极性，所以生猪市场稳定是促进生猪产业健康发展的关键所在，也能促进能繁母猪保险在吉林省的健康发展。因此，目前吉林省应该创新生猪保险制度体系，完善生猪市场，为生猪养殖提供更为完善的风险分担工具，从而稳定养殖户的养殖收入。

3.6　本章小结

本章以实地调查的数据为基础，对吉林省能繁母猪保险发展的现状进行了分析，并从相关条款入手，剖析能繁母猪保险发展过程中存在的问题，运用实地调查的数据建立 Probit 模型，实证分析了吉林省生猪养殖户参与能繁母猪保险的行为及影响因素，得出了相应的结论，并据此提出了促进吉林省能繁母猪保险发展的对策和建议。

4 | 吉林省育肥猪保险发展研究

　　生猪产业的发展为调整农村经济结构、提高农民收入、解决农村劳动力就业等做出了重要的贡献，已经成为中国农业经济的重要组成部分。然而，伴随着生猪产业的日益发展，随之而来的生猪疫病也日趋复杂，疫病病源的污染面积也越来越大，给生猪养殖带来了巨大的风险。2018—2019 年受到非洲猪瘟影响，中国生猪产能大幅度下滑，生猪数量也在减少，对中国生猪产业造成了巨大的影响。现阶段中国正处于生猪产能恢复的关键时期，2020 年新型冠状病毒疫情，又影响了生猪产能的恢复规划，使养殖户面临比较严峻的养殖风险。

　　生猪养殖业的弱质性使得生猪养殖户急需一种能够分散风险、分摊损失、保障养殖收入的风险管理机制。这就需要建立完善的风险管理体系促进生猪养殖业的发展，保障生猪持续有效供给。为扶持生猪养殖业的发展，帮助养殖户分担养殖风险，稳定生猪市场供应，2007 年 7 月 30 日国务院出台的《关于促进生猪生产发展稳定市场供应的意见》明确提出建立能繁母猪保险和育肥猪保险制度。随着生猪保险的不断推进，养殖户在抵御风险、稳定收入方面得到了较大的保障。为进一步落实生猪保险政策，保监会联合农业部于 2007 年 8 月 1 日发出了《关于做好生猪保险和防疫工作的通知》，提出要从促进生猪保险工作、促进防疫工作、加强疫情防控、实现资源共享等方面建立和完善生猪保险，提高生猪保险和防灾防疫水平，为建立健全生猪产业健康发展的长效机制做出了宏观部署。2007 年能繁母猪保险开始试点实施，2008 年育肥猪保险试点也在部分省份相继开始实施。2010 年年底，能繁母猪保险已在全国普遍实施，2016 年年底，育肥猪保险也基本覆盖全国。然而，自 2018 年 8 月非洲猪瘟疫情发生以来，生猪养殖户面对疫情冲击，其风险防控能力及应变能力明显不足，许多养猪户选择退出养殖业，以降低自己的损失。生猪保险的推广可以加强养殖户抵御自然风险和疫病风险的能力，从而能够在一定程度上保障生猪市场的供给。

　　育肥猪保险政策是生猪政策性保险的重要内容之一。吉林省政府于 2012 年 3 月正式印发了《关于实施现代畜牧业四年提升计划的意见》，提出要努力扩大畜禽政策性保险覆盖面,强调在落实好能繁母猪、奶牛政策性保险的基础上有计划地开展育肥猪、肉牛、肉羊、家禽等政策性保险试点,提高保险覆盖面。2012年8月长春市政府印发了《长春市人民政府关于实施现代畜牧业四年提升计划的意见》,强调了在长春市有计划地开展育肥猪保险业务。育肥猪保险政策开始逐级进行宣传,有计划地推进实施。2013年安华农业保险公司开始在吉林省运作实施育肥猪保险业务。2014年1月,吉林市开始了育肥猪保险试点工作,育肥猪保险政策逐步在吉林省开展实施。作为农业保险的一项内容,育肥猪保险在分散养殖户饲养风险,稳定养殖户收入,提高养殖户养殖积极性、保障猪肉供给方面起着有力地支撑作用。

育肥猪保险是生猪养殖风险管理的有效工具之一,通过转移和分散风险使养殖户增强了抵御自然风险和意外事故的能力,改善了生猪养殖经营水平,降低了养殖风险的预期,提高了农户的养殖信心,并在一定程度上保障了市场的有效供给。自育肥猪保险实施以来,吉林省的育肥猪保险发展现状如何?生猪养殖户对育肥猪保险的实施情况及实施效果是否满意?如何有效发展育肥猪保险?这些问题需要进一步研究探讨。本章将以育肥猪保险为例,以实地调查数据为依据,分析在非洲猪瘟和新型冠状病毒的影响下,吉林省育肥猪保险实施现状,分析其存在的问题,同时研究新时期养殖户对育肥猪保险的满意度及其影响因素。一方面丰富育肥猪保险的理论研究,补充关于育肥猪保险研究的相对不足;另一方面分析养殖户对育肥猪保险实施效果的满意度及其影响因素,从而提出解决对策,促进育肥猪保险的健康发展。

本章研究的目标是基于公共产品属性理论、风险管理理论、逆向选择与道德风险及预期收益理论,在分析吉林省育肥猪保险现状的基础上,主要采用问卷调查的方法,分析研究吉林省养殖户对育肥猪保险的满意度及影响因素,并进一步运用计量经济学的方法实证分析养殖户对育肥猪保险的满意度及影响因素,然后得出结论,进而促进育肥猪保险的发展,并且为优化育肥猪保险制度设计提供有益的借鉴。

4.1　吉林省育肥猪保险发展现状分析

育肥猪保险于2013年在吉林省部分地区开始试点,2014年试点范围进一步扩大。育肥猪保额500~600元,保费3.5%,即17.5~21元。所缴纳的保费,中央财政补贴10%,省财政补贴10%,市、县级补贴不少于10%,即中央财政1.75~2.1元、省级财政1.75~2.1元、市县级财政1.75~2.1元、农民负担12.25~14.7元。赔偿金额按照投保育肥猪生长发育不同阶段的体重实行定额赔偿。当发生高传染性疫病政府实施强制扑杀时，保险公司按 200 元标准对每头育肥猪赔付。在面对非洲猪瘟和新型冠状病毒疫情的叠加影响下，2020 年吉林省贯彻执行国家对生猪复产的扶持政策，深入实施育肥猪保险和稳定生猪市场，将育肥猪保险的保险金额由 500～600 元/头提高到 800 元/头，以调动养殖场（户）恢复生产积极性，提高参保率，降低养殖风险。

4.1.1　吉林省育肥猪保险实施情况分析

4.1.1.1　育肥猪保险保费呈波动性上升趋势

2014—2019 年，吉林省的育肥猪保险保费总额分别为 6 369.84 万元、8 764.70 万元、10 565.06 万元、10 019.31 万元、12 538.88 万元、16 641.14 万元，2014—2016 年逐年上升，2017 年与 2016 年相比，略有下降，2018 年又大幅上升，到 2019 年上升到 16 641.14 万元（图 4 - 1）。从保费总额来看，2014—2019 年吉林省育肥猪保险发展势头良好。

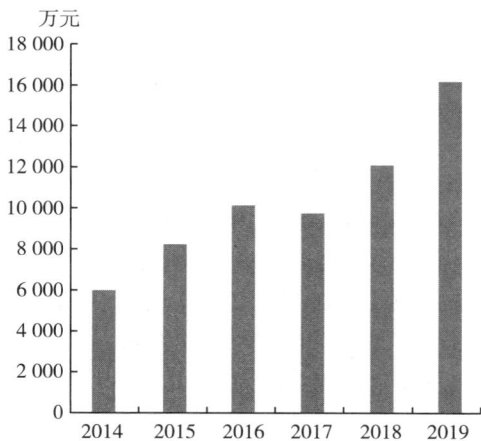

图 4 - 1　2014—2019 年吉林省育肥猪保费收入

数据来源：依据安华保险公司调研数据整理计算。

4.1.1.2　吉林省育肥猪保险承保件数变动情况分析

从育肥猪保险的承保件数来看，吉林省育肥猪保险发展情况不容乐观。由于无法准确获取吉林省育肥猪保险的承保件数及赔付率等具体数据，本节余下内容以安华农业保险公司的数据为例，对育肥猪保险发展情况进行分析。安华农业保险公司是吉林省实施政策性生猪保险的六家保险公司之一，其在吉林省的市场占有份额远远高于其他五家公司。2013—2016 年安华农业保险公司在吉林省的市场占有份额一直在 90% 以上，而 2016—2019 年市场占有份额分别为 76％、93％、63％、44％，呈波动性下降状态（图 4 - 2）。尽管 2019 年市场占有份额下降至 44％，但仍为实施政策性生猪保险的六家保险公司中的最高者，因此，以安华农业保险公司为例来分析吉林省育肥猪保险情况具有一定的代表性。

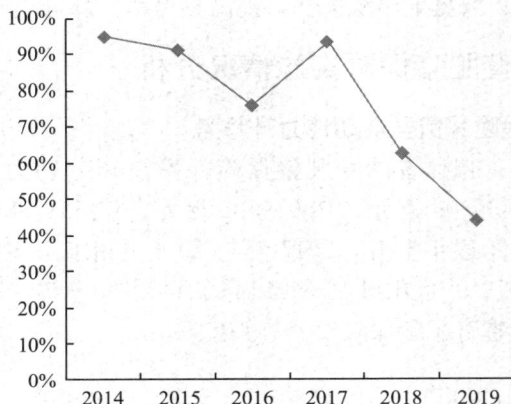

图 4 - 2　2014—2019 年安华保险公司育肥猪保险市场占有份额
数据来源：安华农业保险公司。

　　图 4 - 3 显示，2015—2017 年，安华农业保险公司在吉林省的育肥猪保险承保件数呈逐年增加状态，2017 年达到最高，为 1 645 件，2017—2019 年，承保件数下降到了 1 073 件，减少了 34.77％。可以看出，育肥猪保险的参保情况并不乐观，呈现波动性下滑的趋势。出现这一现象主要有以下两点原因：第一，2013 年吉林省开始试点并推广实行育肥猪保险，政府对部分地区育肥猪保险实施先参保后收费的优惠政策，为此，养殖户更偏向于选择育肥猪保险，使得育肥猪保险的承保件数逐年上升。而在 2018 年非洲猪瘟疫情影响下，许多生猪养殖户退出生猪养殖，导致育肥猪保险的承保件数开始下降，而保费总额持续上升，说明承保的生猪规模有增大趋势。第二，在疫情情况下，许多养殖户种猪死亡后，与保险公司协调理赔相关事宜，但理赔过程中，一部分参保养殖户遇到了理赔手续烦琐以及赔付的周期较长等问题，也导致育肥猪保险承保件数下降。

4.1.1.3　吉林省育肥猪保险理赔率上升

　　表 4 - 1 显示，2015—2019 年，吉林省安华农业保险公司育肥猪保险的赔付率分别为 11.03％、11.05％、13.69％、38.89％、31.69％，可以看出，2015—2018 年，安华农业保险公司在吉林省的育肥猪保险理赔率呈逐年上升趋势。2019 年的理赔率虽低于 2018 年，但依然远高于 2015—2017 年的赔付

件

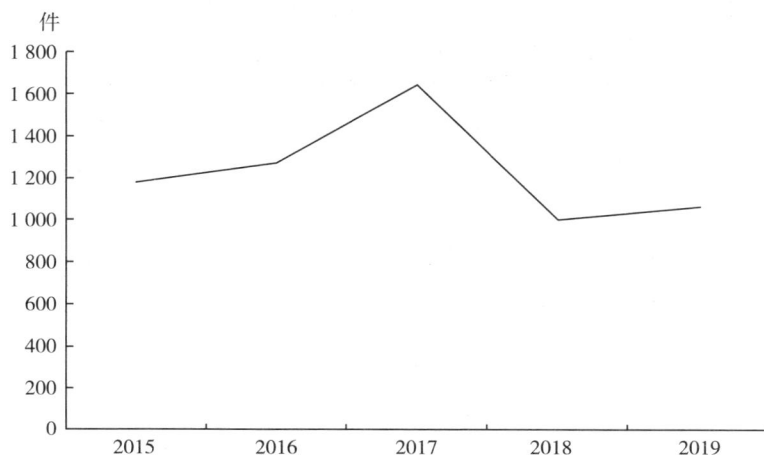

图 4 - 3　安华保险公司育肥猪承保件数变化趋势
数据来源：安华农业保险公司。

率。如果没有政府的补贴，如此高的理赔率使保险公司获取的利益较低，保险公司的承保积极性降低。可见，国家所提供的优惠政策及相关补贴是促进保险公司提升承保积极性的关键。如果保险公司承保育肥猪保险的主要动力来源于政府的优惠政策和补贴，就会导致政府、保险公司和养殖户三个相关利益主体出现脱节现象，部分养殖户也无法从育肥猪保险中获益。

表 4 - 1　吉林省育肥猪保险理赔情况

年份	理赔金额（万元）	赔付率（%）
2015	879.3	11.03
2016	887.1	11.05
2017	1 275	13.69
2018	3 072	38.89
2019	2 320.2	31.69

数据来源：安华农业保险公司。

4.1.2　育肥猪保险实践中存在的主要问题

4.1.2.1　保险条款设置不科学，可操作性差

从保额来看，育肥猪保额低，且理赔程序复杂。投保的育肥猪如果出险，要经保险公司鉴定，属保险责任范围的，保险公司给予相应赔偿。赔偿标准如

下：保险期内由于重大疾病、自然灾害和意外事故造成死亡的育肥猪，每头赔付金额为 5 元×死亡保险的育肥猪尸质量。育肥猪尸不足 100 千克的，按照实际质量计算；育肥猪尸超过 100 千克的，则按 100 千克计算。因此，育肥猪保险最高赔偿金额为 500 元/头。2020 年把最高赔偿额调整到了 800 元。实际调研中，一头育肥猪的赔付金额为 300～800 元不等，远远不能弥补日益上涨的饲料成本、人工成本。并且理赔过程烦琐，一旦出险，则需要现场勘查、疾病鉴定、提供各种证明手续、填写勘验报告等。调研中发现，个别养殖户即便完成了各种相关手续，仍然出现赔偿金额迟迟不到账的现象。多数养殖户表示如果参保能够获得更高的赔偿金额，则会选择参保。因此，为促进生猪保险事业的可持续发展和保障生猪产业的高质量发展，需要在保险条款设置上提高赔付金额。从操作层面上来看，保险标的猪的识别难度大、保险责任诊断难度大，目前主要是通过在猪背上打漆标号或者用生猪的耳标来识别保险标的的猪，容易出现标记模糊及不易辨认的问题。同时保险责任中的疾病诊断难度也较大，如保险责任中规定的多种疾病如口蹄疫、蓝耳病等，基层的兽医很难作出诊断，也大大降低了实际理赔中的操作性。

4.1.2.2　生猪养殖户认识不足，缺乏积极性

目前，育肥猪保险市场上养殖户缺乏对育肥猪保险的了解。调查中发现，对育肥猪保险的了解，多数散养和小规模的生猪养殖户停留在"听说过，但不是很了解"的层次，根本没有一个明确的认知。个别养殖户认为"如果交了保费，在不发生疫情时也得不到补偿，损失了保费"，因此拒绝参保。甚至有部分养殖户对育肥猪保险持怀疑态度，认为是保险公司收取保费的一种手段，导致一部分生猪养殖户对育肥猪保险的投保积极性不高。对于中、大规模养殖户而言，由于技术管理水平高，多半自繁自养，抗风险的能力较强，尤其是快出栏的育肥猪，患上疾病的风险较小。许多中、大规模养殖户认为自身防疫能力能够抵御养殖风险，因此不愿意购买育肥猪保险。而散养和小规模的养殖户，由于自身技术条件限制，不能应对多数疾病风险，其参保积极性较高，但是现行的育肥猪保险对生猪存栏量的要求为 200 头以上，散养和小规模养殖户的育肥猪存栏数量不符合投保要求。因此必须要完善保险的政策条款，放宽对投保育肥猪存栏量的要求，以提高养殖户的投保积极性。同时在理赔方面，仍然存在理赔条件苛刻、理赔时间过长等问题，也极大影响了农户的参与积极性。

4.1.2.3　理赔成本高，保险公司不积极

育肥猪与能繁母猪相比，其存栏变动大，因病因灾死亡率也高于能繁母猪，这大大提高了理赔、承保工作成本。而保险公司收取的保费，除去人工成本、交通成本之后，从中获取收益较小。保险公司往往更倾向于风险和收益相

匹配的项目。在保险公司代办的模式下，鉴于自身利益的考虑，多数保险公司对于开办育肥猪保险的积极性不高，甚至有的保险公司只是为了完成政府设定的任务，或者是为了在农村开办其他业务奠定基础。保险公司对育肥猪保险设定的参保条件苛刻，要求多，不能满足养殖户对育肥猪保险的需求，造成了育肥猪保险市场有效供给不足。从保险公司开办育肥猪保险业务的工作人员来看，缺乏专业的保险宣传人员和专业的勘查赔付人员等。大多数面向农村的保险业务人员，专业素质相对较低，或直接由当地乡镇兽医部门的工作人员代办，经常出现与养殖户沟通不畅的问题，使得养殖户无法理解育肥猪保险的现场勘查及理赔等业务。同时保险协办人员的代办手续费较低，也影响了其工作积极性。

4.1.2.4　生猪养殖户存在着逆向选择和道德风险问题

个别养殖户的诚信意识较弱，道德风险问题难以控制。在投保过程中，部分养殖户存在侥幸心理，想方设法逃保，投保数低于实际出栏数或者应投保数。几家养殖户联合，但只一家投保，只要有育肥猪死亡，投保的养殖户就报保险理赔。投保时的漆标号或耳标极易混淆和伪造，利用发生事故的未投保病死猪代替未发生事故的保险猪，这样，就出现了个别养殖户用未投保病死猪骗取保险金的情况。

4.2　生猪养殖户对育肥猪保险的满意度研究

自从吉林省开展育肥猪保险以来，其实施的效果如何？实施有哪些难点？该如何进一步完善？育肥猪保险的实施涉及多方面的风险与制约，如养殖户的选择性投保问题、保险公司在风险分散和转移渠道方面的缺失问题、理赔依据的科学性问题及地方财政的补贴问题等。基于此，本节把吉林省划分为东、中、西三个地区作为调研样本区域，以育肥猪保险参保户为研究对象，对吉林省育肥猪保险的实施现状进行分析。并根据实地调研数据，采用 logistic 回归模型对吉林省育肥猪保险的满意度进行实证分析，评价该保险制度的实施效果，为改革与创新生猪保险制度提供借鉴。

4.2.1　调查实施情况介绍

本次调查时间为 2019 年 7—10 月。主要对吉林省参加育肥猪保险的生猪养殖户进行问卷调查，发放的问卷多为客观选择题。问卷主要分为三部分，第一部分为养殖户的基本信息，包括养殖户的年龄、性别、受教育程度、家庭人口数及收入情况。第二部分为养殖户的育肥猪养殖情况，包括从事生猪养殖的时间、每年养殖育肥猪的批次、育肥猪养殖的规模、育肥猪现存栏量、育肥猪的养殖方式、育肥猪幼崽来源、育肥猪的销售渠道等。第三部分为养殖户对育肥猪保险的认知情况及满意度，包括是否投保育肥猪保险、对育肥猪保险的了解程度、育肥猪保险的宣传力度、养殖户对育肥猪保险的满意程度、养殖户对保险公司服务水平的总体评价以及有关育肥猪保险赔付等。

调查分为四个阶段完成。第一阶段为查阅文献阶段，该阶段主要是查阅与育肥猪保险相关的文献及资料，查阅年鉴资料，整理统计数据。第二阶段为问卷的设计及预调研阶段，根据本节中需要的问题以及吉林省生猪养殖现状、育肥猪保险实施现状设计调查问卷，然后对长春周边地区实施预调研，依据调研过程中出现的问题，修改调整问卷，设计出正式的调查问卷。第三阶段为正式调查阶段，对选取的调查区域进行问卷调查。第四个阶段为追踪调查阶段，对回收的有效问卷中有需要进一步了解或者进一步探索的问题，采用电话或者微信形式对养殖户进行追踪调查。本次调查把吉林省划分为东、中、西三个区域，共发放问卷 240 份，最后收回有效问卷 217 份，问卷有效率 90.42%。

4.2.2　描述性统计分析

4.2.2.1　样本选取

以吉林省投保育肥猪保险的养殖户为主要研究对象，调研区域包括东部地区（80 份）、中部地区（80 份）、西部地区（80 份），共计 240 份。经过后期的统计与整理，剔除关键信息缺失等无效问卷 23 份，问卷有效率 90.42%（表 4-2）。

表 4-2　调查样本分布情况

调查区域	发放份数（份）	实收份数（份）	问卷有效率（%）
东部地区	80	73	91.25
中部地区	80	72	90.00
西部地区	80	72	90.00
合计	240	217	90.42

数据来源：根据调研数据整理。

4.2.2.2　养殖户样本特征

从性别来看，调查的养殖户男女比例差距不大，其中男性占样本总数的 54.84%，女性占样本总数的 45.16%。从养殖户的年龄构成来看，样本户的年龄多数集中在 45 岁以上，其中年龄在 46～55 岁的样本占样本总数的 36.87%，年龄在 55 岁以上的样本占样本总数的 32.26%，说明样本养殖户主要集中在中高年龄层，具有老龄化的特点。从受教育程度来看，大多数养殖户都是初中及以下学历，占样本总数的 83.87%，大专及本科以上学历的仅占样本总数的 6.91%，这反映出吉林省生猪养殖户的文化程度偏低。从家庭人口数来看，调查样本中家庭人口数量主要集中在 3～4 人，占样本总数的 45.16%。

表 4-3 养殖户基本信息

项目	选项	比例（%）
性别	男	54.84
	女	45.16
年龄	25 岁以下	2.30
	26～35 岁	11.06
	36～45 岁	17.51
	46～55 岁	36.87
	55 岁以上	32.26
受教育程度	小学及以下	59.91
	初中	23.96
	高中	9.22
	大专及以上	6.91
家庭人口数	1～2 人	22.12
	3～4 人	45.16
	5～6 人	16.13
	6 人以上	16.59

数据来源：根据调研数据整理。

4.2.2.3 养殖户生猪养殖情况

从所调查的样本来看，生猪养殖时间在 1～2 年的养殖户占样本总数的 25.14%，3～5 年的养殖户占样本总数的 11.10%，6～10 年的养猪户占样本总数的 53.92%，仅有 9.84% 的养殖户表示养猪时长超过了 10 年。从表 4-4 中可以得出，从事生猪养殖超过 5 年的养殖户占样本总数的 63.76%，并主要集中在 6～10 年。从生猪养殖批次来看，养殖户每年养殖 2～3 批次的占样本总数的 81.83%，每批次养殖规模最大的范围是 201～499 头，说明养殖户养殖的生猪数量较多，已经形成了一定规模。从养殖方式来看，38.12% 的养殖户是传统猪舍饲养，45.32% 的是半自动化及自动化猪舍规模养殖。通过数据不难看出，样本养殖户多数以传统猪舍饲养或半自动及自动化猪舍规模养殖为主，养殖方式相对比较规范。在生猪幼崽来源方面，调查的养殖户中，

46.95%的生猪幼崽通过商贩购买，25.48%的生猪幼崽通过市场购买，通过合作社统一购买的生猪养殖户占比为 0，说明吉林省生猪养殖户的生猪幼崽来源没有保障。而从销售渠道来看，53.21%的生猪通过商贩（猪贩子）销售，数据表明吉林省生猪市场尚无安全的销售渠道。

表 4-4　养殖户生猪养殖情况

项目	选项	比例（%）
从事养殖时长	1~2 年	25.14
	3~5 年	11.10
	6~10 年	53.92
	11 年以上	9.84
生猪养殖批次	1 次	18.17
	2 次	35.73
	3 次	46.10
每一批次的养殖数量	50 头以下	5.20
	50~99 头	11.25
	100~200 头	15.87
	201~499 头	56.98
	500 头以上	10.70
生猪的养殖方式	半自动化及自动化猪舍规模养殖	45.32
	传统猪舍饲养	38.12
	圈养	16.56
生猪幼崽来源	自家繁育	15.20
	市场购买	25.48
	从其他养殖户购买	12.37
	通过商贩购买	46.95
生猪销售渠道	商贩	53.21
	屠宰场	16.33
	猪肉加工企业	13.01
	合作社统一销售	17.45

数据来源：根据调研数据整理。

4.2.2.4　养殖户育肥猪保险的满意度分析

　　在调研的 217 个样本养殖户中，有 84 个养殖户对育肥猪保险表示满意，占样本总数中 38.75%；有 133 个养殖户对育肥猪保险表示不满意，占样本总数的 61.25%。当问及不满意的原因时，很多养殖户表示为育肥猪保险操作比较烦琐、保险期限不太合理、育肥猪保险规模确定的不科学以及得到的赔付不及时等。

表 4-5　养殖户对育肥猪保险的满意程度

项目	选项	比例（%）
育肥猪保险的满意程度	满意	38.75
	不满意	61.25

数据来源：根据调研数据整理。

通过分析发现，在调查的 217 个样本养殖户中，男女比例差距不大，年龄集中在中高层且文化程度相对较低，家庭人口多数集中在 3～4 人。从生猪养殖情况来看，从事生猪养殖的时间多为 6～10 年，每批次养殖规模以 201～499 头为主。养殖多以传统猪舍饲养或半自动化及自动化猪舍规模养殖为主。生猪幼崽来源无保障，销售缺乏安全渠道。在问及养猪户对育肥猪保险是否满意时，有 84 个养殖户表示满意，仅占样本总数的 38.75%，说明养殖户对育肥猪保险的满意程度并不高。

4.2.3　养殖户对育肥猪保险实施满意程度的影响因素分析

4.2.3.1　理论假设

本节借鉴目前国内已有的政策满意度分析方法，结合实地调研的实际情况，采用描述性统计分析以及因素分析相结合的方法，以构建育肥猪保险的系统研究体系，运用二元 logistic 模型综合分析影响生猪养殖户对育肥猪保险满意度的相关因素。据此，提出以下假设：

假设 1：受教育程度越高的养殖户，对育肥猪保险越满意。

假设 2：养殖户从事的养殖年限对育肥猪保险的满意度具有显著影响，从事养殖年限越长的养殖户，对育肥猪保险越满意。

假设 3：生猪养殖规模对育肥猪保险满意度的影响方向不明确，养殖规模大的养殖户，可能对满意度产生影响，也可能不会对满意度产生影响。

假设 4：养殖户对育肥猪保险的了解程度与保险满意度具有显著影响。养殖户越了解育肥猪保险，越满意育肥猪保险。

假设 5：政府对育肥猪保险的宣传力度与育肥猪保险的满意度具有显著影响。育肥猪保险的宣传力度越大，养殖户对育肥猪保险越满意。

假设 6：保险赔付情况会对育肥猪的满意度产生影响。其中，保险赔付越及时，养殖户对保险越满意。

假设7：保险赔付是否顺利对育肥猪保险的满意度会产生影响。养殖户得到保险赔付越顺利，对育肥猪保险越满意。

假设8：保险赔付额度是否合理对育肥猪保险有显著影响。其中，赔付额度越合理，养殖户对保险越满意。

4.2.3.2 模型构建

本书选用二元 logistic 模型作为分析影响育肥猪保险政策的计量经济方法。因变量为二分类变量，即养殖户对育肥猪保险满意为 1，对育肥猪保险不满意为 0。取值为 0 和 1 的因变量写成如下形式：

$$y_i = \begin{cases} 1,\text{第 } i \text{ 个养殖户对育肥猪保险满意} \\ 0,\text{第 } i \text{ 个养殖户对育肥猪保险不满意} \end{cases}, i=1,2,\cdots,n$$

$$(4-1)$$

则养殖户对育肥猪保险满意的概率为：

$$p = p(y=1) = F(\alpha + \beta_i x_i + \mu) \quad i=1,2,\cdots,n \quad (4-2)$$

则：

$$\text{logistic}(p) = \alpha + \sum_{i=1}^{n} \beta_i x_i + \mu \quad (4-3)$$

式中，y_i 代表养殖户对育肥猪保险的满意度，其中满意取值为 1，不满意取值为 0；p 表示养殖户对育肥猪的满意度受到因素 x 影响的概率；α 为截距参数；β_i 为待估参数；μ 为扰动项；x_i 为影响养殖户对育肥猪保险满意度的因素。

4.2.3.3 变量选择

选取的解释变量包括养殖户基本特征、养殖特征、养殖户对育肥猪保险的了解程度、政府对保险的宣传力度、育肥猪保险的操作流程。具体各变量的基本统计量见表 4-6。

表 4-6 各变量基本统计量

变量	含义及赋值	观测值	最大值	最小值	预期方向
Y	对育肥猪保险的满意度（满意＝1，不满意＝0）	217	1	0	
x_1	受教育程度（小学及以下＝1，初中＝2，高中＝3，大专及以上＝4）	217	4	1	正向
x_2	从事养猪年限（3 年及以下＝1，3～5 年＝2，5～10 年＝3，10 年及以上＝4）	217	4	1	正向
x_3	养殖规模（50 头及以下＝1，50～99 头＝2，100～200 头＝3，201～499 头＝4，500 头及以上＝5）	217	1	5	正/负向

（续）

变量	含义及赋值	观测值	最大值	最小值	预期方向
x_4	对育肥猪保险的了解程度（不了解＝1，不太了解＝2，知道一些＝3，比较了解＝4，非常了解＝5）	217	1	5	正向
x_5	育肥猪保险的宣传力度（没有宣传＝1，宣传不够＝2，宣传一般＝3，宣传很好＝4，宣传非常好＝5）	217	1	5	正向
x_6	保险赔付是否及时（是＝1，否＝0）	217	1	0	正向
x_7	是否得到保险赔付（是＝1，否＝0）	217	1	0	正向
x_8	赔付额度是否合理（是＝1，否＝0）	217	1	0	正向

数据来源：根据调研数据整理所得。

4.2.3.4 计量结果分析

（1）效度检验

共对 8 个解释变量进行实证分析，来确定样本是否适合进行分析，使结果有效。从 KMO 值和 Bartlett 的球形度检验结果可以看出（表 4-7），KMO 的值为 0.750，Bartlett 的球形度检验的近似卡方为 667.957，显著性水平 $P＝$ 0.000，满足因子分析的条件，可以在模型中采用。

表 4-7 KMO 和 Bartlett 检验

Kaiser - Meyer - Olkin 度量		0.750
Bartlett 的球形度检验	近似卡方	667.957
	Df	66
	Sig.	0.000

（2）信度检验

利用量表的克朗巴哈 α 信度系数进行分析，Cronbach's Alpha 的值为 0.524，处于 0.35~0.7，因此，可以接受（表 4-8），因满足可靠性分析的条件，可以在模型中采用。

表 4-8 信度系数 Cronbach's Alpha 值

Cronbach's Alpha	备注 Remarks
0.524	Cronbach's Alpha 值＜0.35 为低信度；0.35≤Cronbach's Alpha 值＜0.7 时，可以接受；0.7≤Cronbach's Alpha 值为高信度

(3) 回归结果分析

本节选取实地调研数据，利用 stata 19.0 软件，选择二元 Logistic 回归模型，对吉林省育肥猪保险满意度的影响因素进行回归分析，具体回归结果见表 4-9。

表 4-9　回归结果

变量	系数	标准差	P 值
受教育程度（x_1）	1.16***	0.25	0.000
从事养殖年限（x_2）	0.52**	036	0.032
养殖规模（x_3）	−0.25	0.74	0.845
对育肥猪保险的了解程度（x_4）	0.05**	0.76	0.031
对育肥猪保险的宣传力度（x_5）	5.45***	0.03	0.000
保险赔付是否及时（x_6）	0.47**	0.82	0.025
是否得到保险赔付（x_7）	3.55*	0.65	0.068
赔付额度是否合理（x_8）	0.63**	0.94	0.036

注：***、** 和 * 分别表示在 1%、5% 和 10% 的水平下显著。

从模型整体来看，回归结果较为理想：$LR\chi^2$ 为 56.2，准 $R^2 = 0.56$。影响养殖户对育肥猪保险满意度的主要因素是受教育程度（x_1）、从事养殖年限（x_2）、对育肥猪保险的了解程度（x_4）、育肥猪保险的宣传力度（x_5）、保险赔付是否及时（x_6）、是否得到保险赔付（x_7）与赔付额度是否合理（x_8）。具体分析如下：

第一，养殖户受教育程度对育肥猪保险满意度在 1% 的水平下显著，并呈现正向影响。说明，养殖户文化程度越高，越倾向于购买育肥猪保险。一方面，文化程度较高的养殖户，对新事物感兴趣，越容易接受新鲜事物；另一方面，文化程度较高的养殖户对生猪养殖相关政策较为关注，对生猪市场较为关心，因此，更倾向于学习与了解育肥猪保险，满意度也相对较高。而文化程度较低的农民，由于缺乏认知与学习热情，因此对育肥猪的满意度相对较低。

第二，在养殖户的养殖特征中，养殖户从事养殖年限在 5% 的水平下显著正向影响育肥猪保险满意度，回归结果表明养殖年限越长的养殖户对生猪养殖的风险认识越深刻。由于多次经历生猪防范自然灾害及疾病的影响，因此，越倾向于购买育肥猪保险，同时，对育肥猪保险的满意度越高。从回归结果来看，养殖户的养殖规模并未通过显著性检验。在调研中了解到，无论大规模还是小规模的养殖户均对育肥猪保险的满意程度不高。

第三，养殖户对育肥猪保险的了解程度与政府对育肥猪保险的宣传力度二者分别在 5％和 1％的水平下显著。政府的宣传力度越大，育肥猪保险的知识与产品越普及，养殖户对育肥猪保险越了解。说明养殖户越熟悉育肥猪保险的产品、投保条件、操作流程、理赔效率及理赔方式等，则越容易获得保险赔付，因此对保险的满意程度越高。在调研中了解到，多数养殖户对育肥猪保险处于不相信、存疑的状态，担心灾害发生时，保险并不能发挥作用。因此，政府应提高对育肥猪保险的宣传力度，加大养殖户对育肥猪保险的了解程度，有利于提高养殖户育肥猪保险的满意度，进而有利于提高育肥猪保险的实施效率。

第四，育肥猪保险的流程操作显著影响养殖户对保险的满意度。当发生风险时，保险赔付越及时，赔付额度越合理，得到保险赔付越顺利，则养殖户对育肥猪保险越满意。通过分析发现，育肥猪保险的操作流程越规范，赔付越及时，越顺利，额度越合理，养殖户从育肥猪保险中获得的保护程度越高，越有利于提高育肥猪保险的满意度。但是，调研发现，在现实中，育肥猪保险的实施与操作并不规范，很多养殖户认为虽然参加了育肥猪保险，但是保险公司的赔付并不及时，未按照规定流程操作，而且赔付额度设计得不合理，发生灾害时，养殖户得不到相应赔付的情况经常发生。这种情况影响了养殖户对育肥猪保险的投保积极性，同时也影响养殖户对育肥猪保险的满意评价。

4.3 结论及政策建议

4.3.1 结论

本章首先依据研究团队搜集的吉林省育肥猪保险相关数据对吉林省育肥猪保险的实施现状进行了具体分析，剖析了吉林省育肥猪保险实施过程中存在的问题；然后选取吉林省东、中、西三个区域为调研样本区域，以育肥猪保险实施户为研究对象，根据实地调研数据，采用 logistic 回归模型对吉林省育肥猪保险的满意度进行实证分析。通过上述分析，得出以下结论：

第一，吉林省育肥猪保险未来发展前景看好，但仍然存在着保险条款设置方面可操作性差、生猪养殖户认识不足以及参保生猪养殖户存在逆向选择和道德风险等问题。

第二，养殖户对育肥猪保险的满意度很低，仅为 38.75％，说明吉林省育肥猪保险仍然存在诸多问题，亟待进一步完善。

第三，影响养殖户对育肥猪保险满意程度的主要因素包括养殖户的文化程度、养殖年限、养殖户对育肥猪保险的了解程度、政府对育肥猪保险的宣传力度及育肥猪保险的流程操作等，且均具有正向推动作用。

4.3.2　政策建议

基于上述结论，为优化吉林省育肥猪保险、改革与创新生猪保险制度，笔者提出以下政策启示。

4.3.2.1　不断创新不同类型的保险品种

第一，制定不同的保险期限。制定保险期限时，应根据不同养殖户的养殖情况及特点创新不同保险期限的产品。如果保险期限按照月度进行计算，可以投保1～5个月不同的期限，最长期限不超过5个月。保险期限比较灵活，确实能够大大调动养殖户投保育肥猪保险的意愿，但如果保险期限单一，例如现行的育肥猪保险条款中，仅将保险期限定为批次承保或年度承保，而批次承保最长不超过120天，年度承保由投保人和保险人协商决定，这样虽然可以减少保险公司的赔偿压力，增加保险公司的利润空间，却可能降低养殖户的投保热情。因此，如何根据实际情况合理设计保险期限至关重要。设计的保险期限要既能保障保险公司的盈利水平，又能调动养殖户投保积极性。第二，开发不同保障水平的保险产品。由于养殖户经营规模不同，一旦出现险情，各养殖户产生的损失也不同。要结合养殖户的养殖规模及需求，评估养殖户生猪养殖可能造成的损失，针对不同程度的损失设计不同的保障模式。但是目前，在吉林省，仅有安华、人保、安盟、太平洋、中华联和国寿财等六家保险公司开设了育肥猪保险，而且保险产品单一。保险公司应该根据实际情况制定不同保障水平的产品。例如美国，在育肥猪保险的推广过程中，根据不同的养殖户的规模与实际情况设计了多种保险产品。这样既使得保险公司的保险产品多样化，又保障了农户的需求，同时也降低了保险公司在赔偿方面的经营风险。

4.3.2.2　加大育肥猪保险的宣传力度

育肥猪保险是生猪养殖保险的重要组成部分，是政策性生猪保险的主要内容之一，也是生猪养殖户在生猪养殖过程中防范自然灾害及疫病等的重要风险分摊工具之一。但是自育肥猪保险实行以来，很多养殖户对其认识存在着误区和不够，究其主要原因就是育肥猪保险宣传力度不够。而养殖户对育肥猪保险的了解程度是决定养殖户是否参与育肥猪保险的关键，同时也是养殖户对育肥猪保险满意程度的重要影响因素。因此，加大育肥猪保险的宣传力度势在必行。通过营造良好的育肥猪保险外部氛围，让养殖户深入地了解育肥猪保险的重要性，真正意识到育肥猪保险的实际效果，切实感受到育肥猪保险给养殖户带来的保障，养殖户的参与行为概率自然而然就会提高。尤其是要让养殖户明白育肥猪保险能够有效分担养殖风险，进而加深养殖户对育肥猪保险的认知水平。通过本次问卷调查了解到，大多数养殖户是通过亲戚朋友口口相传而了解的育肥猪保险，这会使养殖户对育肥猪保险的了解不深刻、不确切，甚至会产生误导。

因此，要提高养殖户参与育肥猪保险的行为概率，促进育肥猪保险的发展，必须要加大对育肥猪保险的宣传力度，加深养殖户对育肥猪保险的认知。无论是政府、村委会，还是保险公司都要加强对育肥猪保险的宣传教育，具体做法可以有以下几种形式：

第一，政府可以通过网络、电视、报刊平台对育肥猪保险进行宣传，村组织也可以印制宣传画册、宣传海报。

第二，村干部可以发动当地已经参加育肥猪保险的养殖户为大家分享经验，树立生猪保险的典型案例。亲朋好友和村干部是农村信任关系网络构建的重要节点，因此，可以让养殖户更确切地认识到育肥猪保险能够给他们带来的好处，更能够加深养殖户对育肥猪保险的认知。

第三，安排相关的农业保险公司专业人员到农村进行生猪保险相关的讲座，加强养殖户对生猪保险的科学认知。要带领养殖户走出对生猪保险认知的误区，让养殖户正确地认识生猪保险，并积极引导养殖户自愿参与生猪保险。

第四，由于养殖户自身文化素质欠缺，政府还应该加大对养殖户生猪养殖风险意识的教育，增强其对生猪养殖的风险意识。在生猪保险过程中使养殖户能够更清楚双方权利和义务，保护自身合法权利。

4.3.2.3 完善育肥猪保险的支持政策

育肥猪保险是继能繁母猪保险后开展的又一政策性生猪养殖保险，育肥猪保险具有准公共物品属性，因此，政府在实施推广育肥猪保险及其条款设计等方面都起着至关重要的作用。政府可以提供较为全面的技术支持，如建立育肥猪灾害预警系统、育肥猪灾害防范体系和灾害评估系统等，可以更好地帮助保险公司控制成本，以期达到更好的服务质量。作为农业大省的吉林省，育肥猪保险经过 7 年多的发展，取得了一定成效，但是在育肥猪的扶持政策方面，还尚有欠缺。吉林省要优化育肥猪保险扶持政策，做好政策的落实工作，使育肥猪保险政策真正达到稳定生猪生产和防范养殖风险的目的。首先，要根据吉林省各个地区的生猪产业发展现状和区域特征，制定适合当地生猪产业发展的育肥猪保险扶持政策。吉林省东、中、西部生猪养殖发展情况不尽相同，根据不同地区的发展现状，制定适合当地发展的生猪扶持政策是非常有必要的，既可以极大地满足当地养殖户的需求，又可以降低保险公司的经营成本。其次，政府对积极运作育肥猪保险的保险公司实施减免税收的优惠政策，可以将当年吉林省农业保险保费盈余和减免的税收一起并入到风险准备金，留存保险保费盈余，建立风险准备金。在疫情严重的年份补贴保险公司，防止发生超额赔付的情况。最后，发行育肥猪保险债券融通资金，以期从社会中筹集更多的资金，促进育肥猪保险补贴制度完善。

4.3.2.4 建立育肥猪保险巨灾风险分散制度

巨灾风险分散制度主要有两种方式，其一是建立巨灾风险基金，其二是再保险制度。巨灾风险基金是通过筹备巨灾风险基金的方式来缓解保险公司面对较大保险事故发生时出现资金紧张的情况。当保险公司面对较大保险事故时，如果出现资金紧张，无力按照保险合同规定对投保户进行赔偿时，可以用巨灾风险基金来缓解。巨灾风险基金的建立需要政府与涉及育肥猪保险的各家保险公司共同出资，在政府的监管下，合理运用基金，保证保险公司能够及时理赔，保障养殖户的正常收益。再保险制度是指投保育肥猪保险的公司再向其他保险公司进行投保，以其他公司的保险能力来分散本公司理赔风险，提升本公司的赔付能力。再保险既能保障育肥猪保险公司的赔付能力，也能带动其他保险公司的经济效益。

4.4 本章小结

本章主要对吉林省育肥猪保险的发展情况进行研究。首先，以实地调查的数据为基础，对吉林省育肥猪保险的发展现状进行总结描述。目前吉林省育肥猪保险发展并不乐观，近两年育肥猪保险的投保规模呈下降趋势，保险公司积极性不高，政府与保险公司之间的合作存在许多问题。其次，对吉林省育肥猪保险存在的问题进行剖析。育肥猪保险存在以下问题：保险条款设置不科学，可操作性差；农户认识不足，缺乏积极性；理赔成本高，保险公司不积极。最后，运用实地调研的数据建立计量模型，实证分析了吉林省生猪养殖户对育肥猪保险实施的满意度及影响因素，得出了相应的结论，并据此提出了促进吉林省育肥猪保险发展的对策与建议。

5 | 吉林省生猪价格指数保险实施的难点及对策研究

　　生猪价格指数保险是一种创新型农业保险产品，是对生猪养殖户因生猪价格大幅波动、生猪市场价格低于目标价格而造成的损失给予经济赔偿的一种农业保险制度安排。从全世界来看，生猪价格风险管理工具主要有直接价格补贴、生猪期货、生猪价格保险。其中，生猪价格保险是针对生猪市场价格低于预期价格导致的养殖户收入损失而设计的一款纯价格风险保障的保险。它仅对生猪本身的价格下降风险进行保障，不赔偿由饲料成本上升导致的养殖收益受损，这相当于为生猪养殖户提供了一种"生猪卖出期权"或"生猪看跌期权"。近年来，生猪价格保险在世界范围内得到快速发展，已成为发达国家和地区应对生猪价格波动的重要风险管理工具。美国是最早实行生猪价格保险的国家，2002 年美国联邦农业保险公司（FCIC）先后推行了两款畜牧保险产品，分别是畜牧价格保险和畜牧收益保险，并在艾奥瓦州的生猪养殖业试点，生猪价格保险正式诞生，并于 2007 年在其他 48 个州开始销售。目前，美国的生猪价格保险发展最为成熟，它最大的优势和特色就是结合了生猪期货市场，具有价格发现的功能，能有效地降低保险的逆向选择风险，保障生猪价格保险公司的财务稳健性。

　　2007 年起，中国正式启动了政策性生猪保险制度，在推行过程中得到了各级政府的财政支持，在提高农民抵御风险能力、稳定收入方面取得了很大的成效。然而近年来随着生猪产业的快速发展，生猪市场价格波动幅度也不断增大，甚至频繁出现暴涨暴跌的情况，不仅给居民日常消费生活带来了影响，更增加了生猪养殖户所面临的风险，对中国物价的平稳运行也造成了很大的干扰。显然，传统风险管理工具已经不能适应生猪产业发展的需要，生猪价格指数保险逐渐进入人们的视野，并引起广泛关注。自从 2013 年 5 月安华农业保险公司在北京市顺义区签订了第一份生猪价格指数保险合同开始，中国的一些省份和地区逐步开展了生猪价格指数保险试点业务。目前，全国已有 20 个省份开展了生猪价格指数保险试点，但尚未全面推行。主要原因是实施的难度较大，其中农村组织制度缺失是最大的难点。一方面，是生猪流通组织制度的缺失，生猪流通依然依靠的是普通经纪人（即所谓的猪贩子），这与现代畜牧业建设极不相称；另一方面是农村基层组织制度的缺失，无论是农民集体经济组织还是农民合作经济组织，均无法承担起有效组织者的使命，导致生猪养殖户仍然处于高度分散的状态。这些难点目前尚未得到足够的重视，畜牧业现代化建设中的"软件"建设被严重忽略。另外，生猪价格指数保险的实施还涉及多方面的风险与制约，如养殖户选择性投保问题、保险公司在价格风险分散和转移渠道方面的缺失、理赔依据的科学性问题及地方财政的补贴负担过重等问题。如果各项风险评估准确，且能够找到有效的化解途径，生猪价格指数保险制度的实施便不存在问题。

吉林省从 2007 年开始试点能繁母猪保险，2013 年开始试点育肥猪保险，无论是能繁母猪保险还是育肥猪保险，均是针对因疾病、自然灾害以及意外事故导致的死亡风险而开展的生猪养殖保险，而应对市场风险的生猪价格指数保险并未实施。吉林省的生猪产业发展迅猛，生猪价格也呈现"过山车"式的波动，养殖户收益也随"猪周期"剧烈波动，市场风险难以化解。随着国家禁养限养政策的全面实施，吉林省生猪产业将迎来新一轮发展良机，在此情况下，传统"保产量"的生猪保险就显得过于单一了，已经不能应对生猪价格波动风险。生猪价格波动从某种程度上讲就是生猪养殖户面临的主要风险，故急需扩大保障范围。生猪价格指数保险作为创新型的农业保险产品，它能够稳定生猪生产和保证养殖户的预期，在一定程度上稳定生猪供给和猪肉价格，避免或缓解"猪贱伤农、肉贵伤民"的问题。因此，为规避生猪价格波动风险，改革与创新吉林省的生猪保险制度，实施生猪价格指数保险，并把其纳入政策性生猪保险内容具有重要的现实意义。

吉林省生猪产业在畜牧业发展中占有重要地位。生猪饲养量大，流通量大，疫病发生传播的概率就大。市场价格波动大，养殖户受到的影响也大。生猪市场价格的波动损害了吉林省生猪养殖户的利益，进而成为制约吉林省生猪产业发展的主要因素之一。为保障生猪养殖户的利益及稳定吉林省生猪产业平稳发展，需要有新的风险分摊工具来规避市场风险，而生猪价格指数保险是继生猪养殖保险之后的一种市场风险防范工具。

本章从评价国内现行的生猪价格指数保险实施效果入手，挖掘生猪价格指数保险实施的难点及制约因素，并结合吉林省的实际，设计生猪价格指数产品，从而提出发展生猪价格指数保险的相应合理化建议，丰富和充实生猪价格指数保险的相关理论内容，具有一定的理论和学术价值。

依据本章的研究结果，已形成政策建议，提交给了吉林省的相关政府部门。从微观角度，以期能够帮助生猪养殖户提高抵御由生猪价格变动引发的市场风险，保障农民收入；从宏观角度，预期会对当前生猪价格指数保险制度的创新以及生猪价格指数保险产品的设计与实施提供良好的决策咨询和政策参考。

首先，本章选取较早实施生猪价格指数保险的北京、山东、四川和大连等地的生猪养殖户进行问卷调查，了解其对生猪价格指数保险实施效果的评价，为吉林省实施生猪价格指数保险提供借鉴和参考；其次，对吉林省的生猪养殖户进行问卷调查，了解其对生猪价格指数保险的需求与意愿；再次，结合上述两次调查分析结果，探讨吉林省实施生猪价格指数保险的必要性和可行性；最后，探讨吉林省实施生猪价格指数保险的难点与制约因素，并提出可操作性的政策建议，为政府提供决策参考。具体内容如下：

第一，通过对北京、山东、四川和大连的生猪养殖户进行问卷调查，了解其对生猪价格指数保险实施效果的评价。

第二，通过对吉林省的生猪养殖户进行问卷调查，了解其对生猪价格指数保险的需求意愿，并据此分析吉林省实施生猪价格指数保险的必要性和可行性。

第三，分析吉林省实施生猪价格指数保险的难点及制约因素，为探讨吉林省实施生猪价格指数保险制度提供依据。

第四，提出可操作的政策建议，旨在解决"猪贱伤农、肉贵伤民"的问题，并为政府提供决策参考。

5.1　生猪价格指数保险制度发展现状与效果评价

中国自 2013 年在北京签订的首单生猪价格指数保险开始，生猪价格指数保险逐步在全国开始试点运行。2014 年的中央 1 号文件首次提出"逐步建立农产品目标价格制度，探索粮食、生猪目标价格保险试点"，2015 年中央 1 号文件提出"积极开展农产品价格指数保险"，2017 年的中央 1 号文件提出"开展农产品目标价格保险"。自此，生猪价格指数保险在江苏、山东、四川、北京、上海、大连、湖北、浙江、河南、天津、贵州等省市运行，并逐步向全国推广。在市场价格风险存在且影响生猪养殖户利益的情况下，生猪价格指数保险可以完善生猪养殖保险的类型，也可以降低生产经营过程中所产生的价格风险。

5.1.1　生猪价格指数保险主要试点地区情况分析

5.1.1.1　生猪价格指数保险的保险期间和约定周期

根据保险合同，保险公司在约定时间内对约定的保险事故负保险责任，该约定的时间称为保险期间，也称保障期，不同的险种有不同的保险期间。生猪价格指数保险的保险期因实施的区域不同而有所差别。实施生猪价格指数较早的北京、山东和四川三地的生猪价格指数保险期分为一年、二年和三年三个档次，由投保人自行选择，具体以保险单载明的起讫时间为准。大连的生猪价格指数保险期间为 1 年。保险期一经确定，在保险期内不得更改。

约定周期是指在保险期内，从起期开始，计算是否发生保险事故所经过的时间。生猪价格指数保险的约定周期因实施区域不同而不同，本节列举的四个试点地区中，北京、山东和四川三地的生猪价格指数保险约定的周期分别为 4 个月、6 个月和 12 个月，由投保人自行选择，并以保险单载明为准，而大连市生猪价格指数保险约定的周期为月度、季度、4 个月、6 个月和年度等。

投保人和保险人在签订生猪价格指数保险合同中，双方会依据合同选择保险期和约定周期。在保险期内，如果猪粮比平均值低于投保人和保险人双方协商的猪粮比，则视为保险事故发生。

5.1.1.2 约定猪粮比情况

中国目前的生猪价格指数保险以"猪粮比"为参照系。四川省约定的"猪粮比"参照值是 5.6∶1，北京、山东及大连约定的猪粮比参照值是 6∶1。在生猪养殖户保险期内，若实际"猪粮比"高于参照值，则养殖户为盈利状态；若实际"猪粮比"等于参照值，则为盈亏平衡状态；若实际"猪粮比"低于参照值，则养殖户亏损，此时视为保险事故发生，保险公司会对参保生猪价格指数保险的养殖户按保险合同约定进行赔付。例如，根据中国银行保险监督管理委员会北京监管局官方网站数据，2014 年下半年北京市顺义区等 4 个区县 241 户规模养殖户及养殖企业投保生猪价格指数保险，共承保生猪 64.2 万头，保费 2 243.1 万元，提供风险保障 7.7 亿元，由于北京市场生猪价格总体呈下滑趋势，半年平均实际"猪粮比"为 5.54∶1，按照北京约定的"猪粮比"参照值 6∶1 的比值，养殖户损失严重，则在此期间内承保生猪价格指数保险的生猪养殖户可以视为保险事故发生。据安华农业保险公司官网数据显示，承保的 63 户养殖户已全部赔付完毕，其中投保数量最大的养殖户获得补偿款 46 万元。2014 年下半年，北京市生猪养殖户在养殖过程中，实际"猪粮比"低于约定"猪粮比"参照值 6∶1，所以参保生猪价格指数保险的养殖户平均每头生猪获得保险公司赔付 92 元，北京市全市累计赔付 815.5 万元。

5.1.1.3 生猪价格指数保险政府补贴情况

生猪价格指数保险虽然不属于政策性生猪保险范畴，但是已经实施生猪价格指数保险的地方政府对生猪价格指数保险的保费也实施了相应补贴。由表 5-1 可以看出，北京市政府承担生猪价格指数保险保费的 80%；山东省试点的地区中，承担的补贴比例不尽相同，最高为 100%，最低为 0；四川省承担了生猪价格指数保险保费的 70%；大连市政府对生猪价格指数保险的补贴力度低于前三个地区，仅承担了生猪价格指数保费的 50%。下文以山东省邹平县为例，具体说明 2013 年开始试点生猪价格指数保险的政府补贴情况。

表 5-1　四个主要试点地区生猪价格指数保险的基本情况

项目	北京	四川	山东	大连
保险期间	1年、2年或3年	1年、2年或3年	1年、2年或3年	1年
约定周期	4个月、6个月或1年	4个月、6个月或1年	4个月、6个月或1年	月度、季度、4个月、6个月和年度
赔付要求	猪粮比6∶1	猪粮比5.6∶1	猪粮比6∶1	猪粮比6∶1
保险金额（元/头）	1 200	1 400	1 200	276
保险费率（%）	1	6	1 或 1.25	4.4
保费（元/头）	12	84	12 或 15	12.14
政府承担比例（%）	80	70	100、80、60、0	50
养殖户缴纳保费（元/头）	2.4	25.2	0、2.4 或 3、4.8 或 6、12 或 15	6.07

　　2013 年 7 月，安华农业保险公司开始在山东省实施并推广生猪价格指数保险产品。2014 年，山东各地的生猪价格指数试点工作逐步实施，济南、临沂、日照、济宁、德州、滨州及莱芜等 7 个市成为山东省的第一批试点地区，首批签单的生猪猪养殖大户达到 102 个，共投保生猪 119 288 头，保费收入为 143.145 6 万元，保障金额为 14 304.5 万元。除滨州的邹平县以外，山东省其他地区参保生猪价格指数保险的养殖户承担 2.4 元/头猪的保费，其余 80% 的保费由省市财政承担。邹平县出台了针对生猪价格指数保险的特殊补贴政策，利用生猪调出大县资金给予生猪出栏量前 50 名的养殖户 100% 的生猪价格指数补贴，保险金额 1 200 元/头，保费 12 元。这项特殊优惠政策鼓励了养殖户稳步发展生猪养殖业，也为生猪养殖户规避了价格风险。

5.1.1.4　生猪价格指数保险的保险费率及保障金额

　　保险费率是根据保险人按照保险金额向投保人或被保险人收取保险费的比

例。保险金额越大，保险费率越高。由于生猪价格指数保险尚未在全国普遍实施，并且其并未被纳入政策性保险，所以实施生猪价格指数保险的各个地区保险费率及保障金额各不相同（表5-1）。北京市的生猪价格指数保险费率仅为1%，即每头生猪的价格指数保险费为12元/头，保障金额为1 200元/头。山东省生猪价格指数保险的保障金额为1 200元/头，但试点的各市费率有所差别，如济南、滨州、滕州等试点地区的保险费率为1%，胶州的保险费率为1.25%。四川省的生猪价格指数保险费率为6%，即每头生猪的生猪价格指数保险费为84元，保障金额为1 400元。大连市的生猪价格指数保险费率为4.4%，但其保障金额低，即每头生猪的价格指数保险费为12.14元，保障金额为276元。

5.1.2 主要试点地区生猪价格指数保险的实施效果评价

自2013年实施生猪价格指数保险以来，已经在全国20个省市得以推广。截至2017年年底，以北京、山东、四川及大连等省市的实施效果最为显著。为了了解生猪价格指数保险的实施效果，本研究基于生猪养殖户层面对现行的生猪价格指数保险实施效果进行评价。采用问卷调查的方式，依据调查数据进行统计分析和计量分析，从而测定生猪养殖户对实施生猪价格指数保险的评价情况。

对北京、山东、四川和大连四个生猪价格指数保险试点地区的生猪养殖户进行了问卷调查，每个地区发放调查问卷100份，共发放调查问卷400份，回收385份，试卷回收率为96.25%。经过后期的统计与整理，剔除关键信息缺失等无效问卷23份，问卷有效率90.5%。

5.1.2.1 生猪价格指数保险实施效果评价指标体系的确定

本章采用李克特（Likert）量表的五级态度作为评价标准，本调查问卷的答案选项中，1＝"非常不满意"，2＝"不满意"，3＝"不确定"，4＝"满意"，5＝"非常满意"。在进行评价计分时，设定问题正向题项＋正向选择计分。统计时分别计为1分、2分、3分、4分、5分，得分越高，测量内容的正倾向越强，评价越高。采用平均分析的方法将各指标得分划分为5个区间：分值处于[1，1.8)时，为非常不满意；分值处于[1.8，2.6)时，为不满意；分值处于[2.6，3.4)时，为一般；分值处于[3.4，4.2)时，为满意；分值处于[4.2，5]时，为非常满意。

通过统计量表中各题的平均分值、众数、标准差及方差的一般特征，进一步分析养殖户对生猪价格指数保险实施效果评价的各项指标。在表5-2中，对生猪价格指数保险实施效果各指标评价分数由高到低依次排序，正向题各评价维度均高于理论中性值。

表5-2 生猪价格指数保险实施效果评价调查结果分析

评价指标	完全不同意（1分）	不同意（2分）	中立或一般（3分）	同意（4分）	非常同意（5分）	均值
对目前生猪价格指数保险的政府补贴额度满意	5	25	193	81	58	3.45
了解生猪价格指数保险的具体购买时间	1	61	157	143	0	3.22
购买后认为购买生猪价格指数保险有必要	0	52	180	94	36	3.31
生猪价格指数保险理赔过程公正公开透明	7	36	191	108	20	3.27
生猪价格指数保险赔款额度为生产提供相匹配的保障	3	31	236	90	2	3.16
相比未购买的养殖户，生猪价格指数保险作用非常大	0	126	108	90	38	3.11
保险公司查勘定损速度及时	0	56	216	90	0	3.09
了解生猪价格指数保险理赔程序	7	83	153	112	7	3.08
对递交的索赔材料等评价	1	115	180	66	0	2.86

数据来源：实地调研的问卷整理。

5.1.2.2 实施效果评价综合分析

通过统计量表中各题的平均分值，进一步分析养殖户对生猪价格指数保险各项指标评价的情况。在表5-2中，从满意度正向题各评价指标均值来看，除一题外，均高于理论中性值3。

在各个指标中，得分最高的指标是"对目前生猪价格指数保险的政府补贴额度满意"（3.45）。换算成百分等级为：［（3.45－1）÷（5－1）］×100％＝61.25％。表示样本观察值平均赞成的百分比为63.75％，说明样本总数中有63.75％的养殖户对目前生猪价格指数保险的政府补贴额度满意。可见，养殖户整体对政府补贴评价较好，较为满意。表明生猪价格指数保险为养殖户提供了基本保障，但仍需优化提高。

从对生猪价格指数保险整体期望来看，评价指标按满意度由高到低排序为："购买后认为购买生猪价格指数保险有必要"（3.31）、"生猪保险理赔过程公正公开透明"（3.27）、"生猪价格指数保险赔款额度为生产提供相匹配的保障"（3.16）、"相比未购买的养殖户，生猪价格指数保险作用非常大"（3.11）。

这 4 个指标换算成百分等级后，分别为 57.75%、56.75%、54%、52.75%。"相比未购买的养殖户，生猪价格指数保险作用非常大"这一指标与其他三个指标相比，分值最低，这可能是因为部分养殖户对生猪价格指数保险的理解相对狭隘。更有个别生猪养殖户希望通过购买生猪价格指数保险能够盈利，但中国目前生猪价格指数保险只能保障其最基本的成本，并非养殖户期望的利润额。在调查中发现，大多数养殖户表示虽然赔款额较少，但对于弥补损失、恢复生产能力起到了一定的作用，如果未购买生猪价格指数保险，则造成的损失全部由自己承担，损失更大。调查发现，养殖规模越大的养殖户越偏好购买生猪价格指数保险来保障其生猪养殖面临的市场风险。

从养殖户对生猪价格指数保险的服务感知质量来看，"了解生猪价格指数保险的具体购买时间"（3.22）、"保险公司查勘定损速度及时"（3.09）、"了解生猪价格指数保险理赔程序"（3.08）3 个指标的评分均值超过了中性值 3，说明样本中有 55.50% 的养殖户认为自己能够了解生猪价格指数保险的具体购买时间，52.25% 的养殖户认为保险公司查勘定损及时，52.00% 的养殖户认为了解生猪价格指数保险的理赔程序。调查中发现，大多数散养和小规模养殖户不了解生猪价格指数的具体购买时间，这部分养殖户认为保险公司专业人员深入农村宣传的次数很少，一般是由村干部组织养殖户开会宣传，所以关注度较低。中大规模的养殖户平时密切关注与生猪产业相关的政策，但在购买生猪价格指数保险之前，对理赔程序不是很关心。对于保险公司查勘定损的速度，养殖户认为比较正常及时。"对递交的索赔材料等评价"（2.86）虽然低于中性值，但也大于 2.6，处于评价的一般水平。目前索赔时保险公司要求提供被保险人的身份证号、生猪价格指数保险的复印件、出险及索赔通知书、损失清单及保险单抄件（保险卡）证明等材料，半数以上的养殖户认为在保险理赔过程中需要递交的索赔材料过于复杂，需要多层的手续签批等，造成理赔过程较长。而生猪作为保险标的物，具有特殊性，保险品种实行"两次"赔付（即出险时先赔付一半，待理赔程序走完后再赔付一半），使保险赔付款到账时间延缓，常常影响了投保人的生产自救和恢复，故评价度较低。

生猪价格指数保险保额可以在养殖户遭受市场风险损失后起到弥补成本恢复生产的作用，养殖户遭受损失后能否拿到全额的保险赔付款对他们恢复下一轮生产经营有重要的作用。被调查养殖户中有 65.75% 的养殖户表示可以拿到全额的保险赔付款。承保后，保险公司会给参保养殖户分发"一卡通"，保险事故认定查验后，赔款直接打到"一卡通"上，但是一部分受访者表示自己只是收到了赔款，没有收到赔款明细，有 75.69% 的养殖户希望可以了解赔款明细（表 5-3）。

评价指标中"会因为村干部的宣传动员购买保险"这一指标是用来衡量养殖者对当地干部的信任度与支持度的。调查时发现两种不同的态度：一是当地村干部如果执行力好，则获得养殖户的信任度就高；二是个别地方的村干部由于平时不作为，由其宣传保险，反而导致养殖户的反感。调查发现，很多养殖户了解到生猪价格指数保险，多数是由朋友推荐，或者是从自媒体上看到相关信息，再或者是行业交流时了解到的。调查中58%的养殖户也表示，自己会把生猪价格指数保险推荐给认识的同行或者朋友。

表5-3　生猪价格指数保险评价指标调查结果分析

项目	选项	频次（户）	频率（%）
遭受损失后是否可以拿到全额的保额	是	238	65.75
	否	124	34.25
收到赔款的同时是否知道赔款明细	是	144	39.78
	否	218	60.22
希望收到赔款的同时知道赔款明细	是	274	75.69
	否	88	24.31
是否会因为村干部的动员购买生猪保险	是	113	31.22
	否	249	68.78
购买后是否会主动向朋友推荐生猪价格指数保险	是	207	57.18
	否	155	42.82
是否会继续购买	是	227	62.71
	否	135	37.29

数据来源：实地调研的问卷整理。

5.1.2.3　生猪价格指数保险实施效果评价的影响因素分析

在实际生猪养殖经营过程中，养殖户面临最重要两类风险是对生猪产量造成冲击的自然风险和对生猪价格造成波动的市场风险。当前农业现代化快速发展，市场机制日益发挥主导作用，市场供需的不均衡和价格波动带来较多的风险，传统的生猪保险只是对养殖过程中突发的疫病、自然灾害提供保障，而生猪养殖现在面临的不仅是自然风险，还延伸到市场风险，也就是目前试点的生猪价格指数保险所涉及的风险。

一般而言，消费者对自己不了解的商品接受程度较低，生猪价格指数保险作为一种特殊的商品，同样具备该特征。随着对生猪保险认知程度的不断深化，养殖者对生猪价格指数保险的保费缴纳、保险责任、赔付标准、责任免除等方面所产生的疑虑、误解甚至偏见也会逐渐降低，将会更加了解生猪价格指数保险的运行机制及其能够发挥的实际作用，因此，对生猪价格指数保险效果的评价可能提高。与一般保险产品相比，生猪价格指数保险有其特殊性，虽然目前尚未被纳入政策性农业保险范畴，但是在实施模式上，已经开展生猪价格指数保险的地区，仍然是参照政策性生猪保险的补贴方式和补贴比率，具有准公共产品性质。可见，生猪价格指数保险的有效推行离不开政府的引导和补贴。政府部门在生猪价格指数保险运行中的作用显而易见，养殖者对政府部门信任程度的提高能够增加其对生猪价格指数保险的接受度和认可度，有助于提高养殖者对生猪价格指数保险效果的评价。

基于以上分析，本研究拟重点考察养殖者面临的市场风险、风险的认知及对生猪价格指数保险的感知质量效果评价等。借鉴已有研究，选取养殖者的个人和家庭特征、经营特征、风险偏好以及地区特征等作为控制变量（表5-4）。

表5-4　变量定义

特征分类	变量	变量含义及赋值
个人特征	年龄	1＝30岁以下，2＝31～40岁，3＝41～50岁，4＝51～60岁，5＝61岁以上
	文化程度	1＝小学及以下，2＝初中，3＝高中，4＝大学，5＝硕士及以上
经营特征	是否参加过技术培训	0＝否，1＝是
	养殖数量	1＝30头及以下，2＝30～100头（含），3＝100～1 000头（含），4＝1 000头以上
	是否参加专业协会	0＝否，1＝是
风险认知	价格风险对生产经营的影响	1＝没有影响，2＝影响较轻，3＝影响一般，4＝影响较大，5＝影响很大
保险服务感知质量	是否知道购买时间	0＝否，1＝是
	能否理解条款意思	1＝不了解，2＝不太懂但是业务人员解释，3＝比较理解，4＝非常理解
	发生损失后能否找到负责人员	0＝否，1＝是
	查勘定损速度	1＝很慢，2＝正常，3＝及时
	理赔过程是否公开透明公正	1＝很差，2＝较差，3＝一般，4＝较好，5＝很好
	对政府补贴额度是否满意	1＝很差，2＝较差，3＝一般，4＝较好，5＝很好

（1）模型构建

本研究要求养殖者对生猪价格指数保险应对风险冲击、恢复生猪养殖的效果进行评价。评价分值为 1～5 分，分别表示没有效果、效果较小、效果一般、效果较大和效果很大。被解释变量属于多分类排序变量，因而构建 Ordered Probit 模型进行分析：

$$y = x'\beta + \varepsilon \qquad (5-1)$$

式中，y 是不可观测的连续变量，称之为潜变量；β 是待估系数；ε 是随机扰动项；x' 表示市场风险、保险认知、政府信任等解释变量和个人与家庭特征、经营特征、风险偏好、地区特征等控制变量。由于 y 无法直接测量，必须通过可观察到的 y^* 来测量，二者存在如下关系：

$$y = \begin{cases} 1, y^* \leqslant \mu_1 \\ 2, \mu_1 < y^* \leqslant \mu_2 \\ 3, \mu_2 < y^* \leqslant \mu_3 \\ 4, \mu_3 < y^* \leqslant \mu_4 \\ 5, y^* > \mu_4 \end{cases} \qquad (5-2)$$

式中，μ_1，…，μ_4 称为切点。养殖者对生猪价格指数保险效果不同评价的概率为：

$$\text{Prob}(y_i = n) = \Phi(\mu_n - x'\beta) - \Phi(\mu_{n-1} - x'\beta) \qquad (5-3)$$

Ordered Probit 模型的系数含义不直观，只能给出解释变量的作用方向和显著性信息，因此需要进一步计算解释变量对被解释变量所产生影响的边际效果。解释变量变化的边际影响可表示如下：

$$\frac{\partial \text{prob}(y_i = n)}{\partial x_k} = \beta_k [\varphi(\mu_{n-1} - x'\beta) - \varphi(\mu_n - x'\beta)] \qquad (5-4)$$

（2）变量选择

本研究设置的市场风险变量包括养殖者面临的市场风险种类和生猪价格风险对生产经营的影响程度。养殖者的个人特征包括养殖者的年龄、文化程度与是否参加过技术培训；经营特征包括总养殖数量、是否参加专业协会；对生猪保险服务感知质量方面包括是否知道购买时间、能否理解条款意思、发生损失后能否找到负责人员、查勘定损速度、理赔过程是否公开透明公正、对政府补贴额度是否满意。

（3）计量结果分析

本调查数据来源于 2016 年 4 月至 2017 年 12 月对北京、山东、四川和大连等生猪价格指数保险主要试点地区生猪养殖户的调查。实证分析养殖户对生猪价格指数保险效果评价的影响因素，模型估计结果如表 5-5 所示。

表 5-5 养殖户对生猪价格指数保险评价影响因素分析结果

影响因素	系数	估计标准误	z 值	P 值	95％置信区间	
					下限	上限
x_1 年龄	-0.262 443 4	0.118 478 2	-2.22	0.027	-0.494 656 4	-0.030 230 4
x_2 文化程度	-0.227 751 6	0.145 789 5	-1.56	0.118	-0.513 493 8	0.057 990 6
x_3 是否参加过技术培训	0.280 092 7	0.255 445 3	1.10	0.273	-0.220 570 9	0.780 756 4
x_4 总养殖数	-0.668 35	0.156 648 3	-4.27	0.000	-0.975 374 9	-0.361 325
x_5 是否参加专业协会	0.416 846	0.224 403 1	1.86	0.063	-0.022 975 9	0.856 668
x_6 自然风险对生产经营的影响	0.380 301	0.148 588 6	2.56	0.010	0.089 072 7	0.671 529 3
x_7 价格风险对生产经营的影响	-0.113 728 3	0.162 913 3	-0.70	0.485	-0.433 032 4	0.205 575 8
x_8 是否知道购买时间	0.456 982 6	0.167 132 2	2.73	0.006	0.129 409 6	0.784 555 6
x_9 能否理解条款意思	0.077 261 6	0.100 911	0.77	0.444	-0.120 520 3	0.275 043 5
x_{10} 发生损失后能否找到负责人员	0.599 939 2	0.266 352 3	2.25	0.024	0.077 898 2	1.121 98
x_{11} 查勘定损速度	0.026 783 4	0.184 456 8	0.15	0.885	-0.334 745 2	0.388 312
x_{12} 理赔过程是否公开透明公正	0.242 373 3	0.143 119 1	1.69	0.090	-0.038 134 9	0.522 881 6
x_{13} 对政府补贴额度是否满意	0.924 063 3	0.144 908 8	6.38	0.000	0.640 047 2	1.208 079

从回归结果可知，影响养殖户对生猪价格指数保险实施效果评价的因素主要包括年龄、是否参加养殖协会、市场风险对生产经营的影响、是否知道购买时间、发生损失后能否找到负责人员、理赔过程是否公开透明公正及对政府补贴是否满意等。具体分析如下：

第一，生猪养殖户的年龄通过了 10％显著水平的 P 值检验，说明养殖户的年龄会影响对生猪价格指数保险实施效果的评价。越年轻的养殖户，对生猪价格指数保险评价越高，即年纪越轻，越容易接受新生事物，则越愿意购买养殖保险，愿意为保障未来不可知的风险而支付保险风险金（即保费），而年龄较大的养殖户较为保守，接受新鲜事物有一定难度，其对生猪价格指数保险高评价的概率低。

第二，生猪养殖规模的模型估计值通过了 1％显著水平的 P 值检验，说明养殖规模会影响对生猪价格指数保险的评价，养殖规模越大的养殖户对生猪价格指数保险实施的效果低评价的概率越高。随着养殖规模的扩大，养殖户面临的风险也随之加大，需要通过投保来规避保险。规模大的养殖户认为目前实施的生猪价格指数保险保障范围太过单一，评价也较低。

第三，养殖户是否参加专业协会的模型估计值通过了 10％显著水平的 P

值检验，说明养殖户是否参与专业协会会影响对生猪价格指数保险实施效果的评价。参加过专业协会培训的养殖户，对生猪价格指数保险实施效果高评价的概率较高。由于在培训过程中会有保险公司的宣传人员去面对养殖户进行宣传，讲解生猪价格指数保险的保险条目、理赔流程、保障范围以及生猪价格指数保险在养殖过程中的作用，养殖户对风险防范的意识也更加浓厚，所以对生猪养殖保险的评价较高。

第四，市场风险对生产经营影响的模型估计值通过了 10% 显著水平的 P 值检验，说明养殖户对市场风险的认知态度会影响对生猪价格指数保险实施效果的评价。认为市场风险对生产经营影响大的养殖户，对生猪价格指数保险高评价的概率较高。市场风险对生产经营影响大的养殖户一般在养殖过程都遭遇过市场风险，发生损失后，生猪价格指数保险帮助养殖户应对了价格波动等市场风险造成的损失，因此其对生猪价格指数保险评价较高，而没有发生过损失的养殖户认为生猪价格指数保险没有效果。自然风险对生产经营的影响呈现负相关的关系。自然风险对生产经营的影响越大，养殖户对生猪价格指数保险的评价越低。当疫病等自然风险造成的损失可能超过价格波动等市场风险造成的损失时，一般养殖户在主观上会觉得购买生猪价格指数保险不能有效地分散风险与稳定生产，从而降低了对生猪价格指数保险的主观评价。

第五，生猪保险服务感知质量的影响因素中，"是否知道购买时间"的模型估计值通过了 1% 显著水平的 P 值检验，说明养殖户对生猪价格指数保险的了解程度越深，对保险的评价越高。"发生损失后能否找到负责人员"的模型估计值通过了 10% 显著水平的 P 值检验。养殖户在购买前会担心保险公司人员宣传有误，发生损失后找不到负责人员，说明养殖户对理赔服务环节较为关注。

第六，理赔过程是否公平、透明、公正的模型估计值通过了 10% 的 P 值检验，说明理赔过程是否公平、透明、公正会影响养殖户对生猪价格指数保险的评价，养殖户自身购买保险目的是为了弥补损失、保障生产，所以更为关注自己能否受到公平公正的待遇。

第七，对政府补贴额度是否满意的模型估计值通过了 1% 的 P 值检验，说明对政府补贴额的满意程度影响养殖户对生猪价格指数保险的评价。对政府补贴额度越满意，对生猪保险评价好的概率越高。相比没有保费补贴的规模养殖户，有保费补贴的规模养殖户做出积极决策的概率更高，这说明政府提供保费补贴对于规模养殖户做出积极的响应决策具有促进作用。

养殖户的文化水平、能否很好理解条款意思与查勘定损速度的 P 值较高，但不能认为这几个因素不影响养殖户对生猪价格指数保险的评价。只是在调查过程中，一个地区的养殖户观点趋于相近或偏差较小，导致数据趋同性严重，影响不显著。

从评价综合得分均值为 3.316 来看，处于一般水平的评价区间，故可以得出以下结论：

第一，四个试点地区的生猪价格指数保险已经取得了一定的成效，保费收入呈现逐年递增的趋势，经营状况也在逐渐变好。但在具体实施过程中，仍然存在宣传不到位、保险条款设置不合理、参保养殖户对生猪价格指数保险一系列服务感知评价较低及保险公司生猪价格指数保险操作监管不到位等问题。

第二，影响养殖户对生猪价格指数保险评价的因素主要包括养殖户年龄、养殖规模、是否参加专业协会、对市场风险的认知、对生猪价格指数保险购买时间的了解、发生损失后能否找到负责人员、理赔过程的公平透明程度及对政府补贴额的满意程度等。首先，养殖户的年龄影响对生猪养殖保险的评价，越年轻的养殖户，对生猪价格指数保险实施效果高评价的概率越高。其次，养殖规模影响对生猪价格指数保险实施效果的评价，养殖规模越大对生猪价格指数保险高评价的概率越低。再次，是否参加专业协会影响对生猪价格指数保险实施效果的评价，参加过专业协会的养殖户则对生猪价格指数保险实施效果的高评价的概率越高。最后，养殖户对市场风险的认知会影响对生猪价格指数保险实施效果的评价，认为市场风险对生产经营影响越大的养殖户，对生猪价格指数保险高评价的概率越高。"是否知道购买时间"与"发生损失后能否找到负责人员"也是影响养殖户评价生猪价格指数保险实施效果评价的主要因素；理赔过程是否公平、透明、公正会影响养殖户对生猪价格指数保险实施效果的评价；对政府补贴额的满意程度也会影响养殖户对生猪价格指数保险实施效果的评价，对政府补贴额度越满意，对生猪价格指数保险实施效果评价好的概率越高。

5.2 吉林省实施生猪价格指数保险的必要性和可行性分析

目前吉林省尚未实施生猪价格指数保险，势必在实施过程中遇到很多问题，本节将先从吉林省实施生猪价格指数保险的必要性和可行性着手，为后续的吉林省实施生猪价格指数保险可能存在的难点及制约因素分析奠定基础。

5.2.1 吉林省实施生猪价格指数保险的必要性分析

在分析生猪价格指数保险的必要性时，考虑到养殖户作为生猪生产的微观主体，也是生猪价格指数保险的重要主体之一，因此本节首先考虑吉林省生猪养殖户对该保险的需求意愿。为更好地了解养殖户的需求意愿，通过对吉林省生猪养殖户的问卷调查，了解养殖户对生猪价格指数保险的需求意愿，并通过梳理数据，进行二元 Logistic 模拟检验。然后结合模型模拟结果对吉林省实施生猪价格指数保险的必要性进行相应分析。

5.2.1.1　吉林省生猪养殖户的需求意愿分析

（1）吉林省生猪养殖户需求意愿的描述性统计分析

本部分选取吉林省东部、中部、西部的生猪养殖户为研究对象，调查时间为 2016 年下半年。为了保证调查数据的真实性及代表性，每个地区各发放 100 份问卷，共发放问卷 300 份，收回有效问卷 258 份，问卷有效率达到 86%，其中，东部地区 81 份，占到样本总数的 31.40%，中部地区 86 份，占到样本总数的 33.33%，西部地区 91 份，占到样本总数的 35.27%。

第一，养殖户基本情况。此次调研有效问卷涉及的养殖户为 258 户。从年龄分布上看，30 岁以下的有 36 户，占 13.96%；31～40 岁的有 73 户，占 28.29%；41～50 岁的有 102 户，占 39.53%；51～60 岁的有 39 户，占 15.12%；61 岁以上的有 8 户，占 3.10%。可以看出，生猪养殖户的年龄大多集中在 41～50 岁和 31～40 岁，养殖户的年龄偏向中年。

从统计结果看，生猪养殖户的文化程度集中在初高中水平。小学及以下的有 23 户，占 8.91%；初中水平的有 129 户，占 50%；高中水平的有 79 户，占 30.62%；大学水平的有 26 户，占 10.08%；硕士学位的只有 1 户，占 0.39%。可见，生猪养殖户的文化程度多集中在初中水平，其次为高中水平。

从养殖户的家庭人口统计结果看，2 人的有 21 户，占 8.14%；3 人的有 79 户，占 30.62%；4 人的有 107 户，占 41.47%；5 人的有 36 户，占 13.95%；5 人以上的有 15 户，占 5.81%。说明本次调查的养殖户家庭人口规模集中在 3～4 人。

第二，养殖户生猪养殖情况。吉林省大力发展生猪产业，在建设发展原有 10 个年养殖生猪超百万头县（市）的基础上，规划和建设好公主岭市、梨树县、农县安、榆树市、九台区等 5 个生猪发展 500 万头以上的大县（市、区），形成以 PIC 配套系和三元杂交为主体、以产业化为特征的良种猪生产带。充分发挥东部山区半山区特有的自然条件，利用本地猪和长白山野猪为种猪资源，生产优质特色生猪，形成具有优质特色猪肉品牌。逐步建设永吉、磐石、桦甸、蛟河、江源、抚松、通化、安图、敦化及和龙等 10 个"森林猪""山黑猪""长白山特种猪"基地县（市、区），形成特色生猪生产带。从本次调研的样本比例来看，东、中、西部调查的样本比例分别为 31.4%、33.33%、

35.27％，样本分布基本均衡。

从生猪养殖的组织方式来看，在258户受访者中，65.5％的养殖户参加了专业合作社或者畜牧业协会，34.5％的生猪养殖户没有参加任何与生猪养殖相关的组织或协会。还发现，许多生猪养殖户除了加入当地的专业合作社（畜牧业协会）外，还通过互联网参加了与生猪相关的各种畜牧业协会。生猪养殖户认为加入专业合作社（畜牧业协会），能够帮助其了解更多的信息，有助于了解生猪养殖技术及更好地应对市场竞争。

生猪养殖规模参照《全国农产品成本收益资料汇编》进行划分，划分标准为：年出栏量在30头及以下的为散养，年出栏量在30～99头（含）的为小规模，年出栏量在100～999头（含）的为中等规模，年出栏量在1 000头以上的为大规模。根据调研数据的统计，散养规模的有111户，占样本总数的43.02％；小规模的有129户，占样本总数的50％；中等规模的有14户，占样本总数的5.43％；大规模的仅有4户，占样本总数的1.55％。可以看出，吉林省生猪养殖是以中小规模养殖户为主、散养为辅。

第三，养殖户家庭收入情况。从统计结果看，养殖户的主要收入来源如下，在258位养殖户当中，以种植业为主的有34户，占13.18％；以养殖业为主的有108户，占41.86％；以种养结合为主的有111户，占43.02％；以加工业、个体经营为主的分别有2户、3户，分别占0.78％、1.16％。从生猪养殖收入占家庭收入比重的情况来看，在258户养殖户当中，有34户生猪养殖收入占家庭收入比重在20％以下，占样本总数的13.18％；养殖收入占家庭收入比重在21％～40％的养殖户有30户，占样本总数的11.63％；养殖收入占家庭收入比重在41％～60％的有37户，占样本总数的14.34％；养殖收入占家庭收入比重在61％～80％的有83户，占样本总数的32.17％；生猪养殖收入占家庭收入比重在81％以上的有74户，占样本总数的28.68％。生猪养殖收入占家庭收入的比重在60％以上的家庭占样本总数的60.85％，说明，吉林省生猪养殖收入占家庭收入比重较高，成为养殖户增加收入的重要来源之一。

第四，养殖户对生猪价格指数保险的认知。调查结果显示，一部分生猪养殖户已经通过其他渠道，如新闻、广播、网络传媒等，了解到了生猪价格指数保险，并且也向当地农业保险公司或当地畜牧局咨询过生猪价格指数保险。在生猪养殖户对生猪价格指数保险重要性的认识方面，认为比较重要和很重要的养殖户分别有74户和48户，分别占样本总数的28.68％和18.60％。在生猪养殖户是否了解生猪价格指数保险相关政策方面，仍有109户的养殖户不了解相关政策，占样本总数的42.25％。在与这部分养殖户进行深度访谈后了解到，"政府和保险公司对其宣传没有深入到每一户"。另外，也有部分养殖户表示不敢相信保险公司。其他养殖户则表示有一点了解、基本了解、比较了解、非常了解的分别有 72 户、41 户、28 户、8 户，分别占样本总数的 27.91%、15.89%、10.85%和 3.10%。从数据统计结果可以看出，了解生猪价格指数保险相关政策的生猪养殖户有 149 户，占样本总数的 57.76%。

第五，生猪养殖户的需求意愿。为了更好地衡量生猪养殖户对生猪价格指数保险的需求意愿，在调查问卷中设计了"是否需要生猪价格指数保险"这一问题。通过统计数据发现，有需求意愿的养殖户为 156 户，占到总样本数的 60.47%，没有需求意愿的养殖户为 102 户，占到总样本数的 39.53%。总体上看，吉林省生猪养殖户对生猪价格指数保险的需求意愿较强。实地调查中发现，有 8 户生猪养殖户以出售仔猪为主，他们表示不需要生猪价格指数保险。因为仔猪的饲养只需 1~2 个月即可出售，没有达到生猪价格指数保险的保期，因此不会购买生猪价格指数保险。而大多数养殖户都希望生猪价格指数保险这一新型保险产品尽快开展落实，保障养殖户的养殖利益。

（2）吉林省生猪养殖户需求意愿的实证分析

第一，研究假设。

养殖户在面对自然风险时，购买保险是规避风险的主要方式之一，同时还可以利用新的品种、新的技术或者改善养殖环境，控制疫病等发生，而发生市场风险时，养殖户则束手无策。

依据经济学的理论，一种产品需求的形成，主要取决于消费者购买欲望及支付能力。购买欲望是产生需求的原动力，有了欲望才会激发需求。可见，生猪养殖户对于生猪价格指数保险的需求意愿是其购买保险产品行为产生的必要条件之一。一般而言，消费者对于某种产品的需求意愿取决于消费者的收入、消费者偏好、产品价格、相关商品的价格以及对产品价格的未来预期等因素。对保险产品的需求意愿不同于一般消费品，保险产品有其特殊性。国外的生猪价格指数保险属于政策性保险，具有准公共物品的属性，有高风险、高赔付的特征。中国政府虽然尚未把生猪价格指数保险确定为政策性生猪保险的内容，但是已实施生猪价格指数保险的试点地区，均是地方各级政府共同补贴一定比例的保费，参保的生猪养殖户支付剩余的保费。可见生猪价格指数保险的实施运作也呈现出了准公共物品的属性，趋向于政策性生猪保险的实施模式。现有的研究中，认为影响农业保险需求的主要因素包括被调查者的性别、年龄、文化程度（Sherrick and Barry，2004；陈妍等，2007）、受访者对保险的认知状况（刘荣多，赵邦宏，2010；夏叶丹等，2012）、政府的保费补贴（Just et al.，1999；Ginder et al.，2009）、政府的公信力（孙香玉，钟甫宁，2009；

彭可茂等，2012）、农户的风险认知（杜鹏，2011；孟阳，穆月英，2013）及受访者的风险偏好（于洋，王尔大，2011；张虎，孔荣，2014），因此，笔者以已有的研究为基础，结合吉林省实际提出假设（表5-6）。

表5-6　研究假设

序号	内　　容	方向
H1	养殖户的年龄对其需求生猪价格指数保险的意愿有显著影响	一
H2	养殖户文化程度对其需求生猪价格指数保险的意愿有显著影响	一
H3	生猪养殖收入占家庭收入比重对其需求生猪价格指数保险的意愿有显著影响	+
H4	生猪价格指数保险的宣传力度对其需求生猪价格指数保险的意愿有显著影响	+
H5	是否加入专业合作社或畜牧业协会对其需求生猪价格指数保险的意愿有显著影响	+
H6	养殖户对生猪价格指数保险的了解程度对其需求生猪价格指数保险的意愿有显著影响	+
H7	生猪养殖规模对其需求生猪价格指数保险的意愿有显著影响	+
H8	生猪价格的未来预期对其需求生猪价格指数保险的意愿有显著影响	+

第二，模型的选择。

利用 SPSS 19.0 软件，运用二元 Logistic 回归模型，进行因素间的相关分析。

因变量为二分类变量，即养殖户对生猪价格指数保险有需求为1、对生猪价格指数保险没有需求为0。取值为0和1的因变量写成如下形式：

$$y_i \begin{cases} 1, \text{第} i \text{个养殖户对生猪价格指数保险有需求} \\ 0, \text{第} i \text{个养殖户对生猪价格指数保险没有需求} \end{cases}, i = 1, 2, \cdots, n$$

$$(5-6)$$

则养殖户对生猪价格指数保险有需求的概率为：

$$p = p(y = 1) = F(a + \beta_i x_i + \mu) \quad i = 1, 2, \cdots, n \quad (5-7)$$

则 $$\text{logistic}(p) = a + \sum_{i=1}^{n} \beta_i x_i + \mu \quad (5-8)$$

式中，y_i 为养殖户对生猪价格指数保险需求意愿；p 为影响养殖户对生猪价格指数保险需求意愿的概率；x_i 为影响因素；β_i 表示影响因素的系数大小；a 为截距项；μ 表示误差项。

Logistic 模型是将逻辑分布作为随机误差项概率分布的选择行为分析，本节从养殖户的需求意愿出发，使用 Logistic 模型可以更好地解释问题。

第三，变量的选择。

选取研究假设的内容为自变量，选取养殖户对生猪价格指数保险是否有需求作为因变量（表5-7）。

表 5-7 变量定义

变量名称	变量定义及单位	预期方向
需求意愿（Y）	没有需求意愿＝0 有需求意愿＝1	
养殖户的年龄（x_1）	30 岁以下＝1，31～40 岁＝2，41～50 岁＝3，51～60 岁＝4，61 岁以上＝5	－
养殖户文化程度（x_2）	小学及以下＝1，初中＝2，高中＝3，大学＝4，硕士及以上＝5	－
生猪养殖收入占家庭收入比重（x_3）	20％以下＝1，21％～40％＝2，41％～60％＝3，61％～80％＝4，81％以上＝5	＋
生猪价格指数保险的宣传力度（x_4）	宣传不够＝1，宣传一般＝2，宣传较好＝3，宣传非常好＝4	＋
是否加入专业合作社或畜牧业协会（x_5）	不是＝0，是＝1	＋
养殖户对生猪价格指数保险的了解（x_6）	不了解＝1，听说过＝2，一般了解＝3，了解＝4，非常了解＝5	＋
生猪养殖规模（x_7）	30 头以下＝1，30～100 头＝2，100～1 000 头＝3，1 000 头以上＝4	＋
生猪价格未来预期（x_8）	降低＝1，不变＝2，提高＝3	＋

第四，计量结果分析。

利用 SPSS 19.0 软件，运用二元 Logistic 回归模型进行回归分析，分析结果见表 5-8。

表 5-8 养殖户对生猪价格指数保险的需求意愿影响因素分析结果

解释变量	系数值	标准误差	卡方值	自由度	相伴概率	变量的优势比	95％的置信区间 下限	上限
x_1	−0.335*	0.187	3.207	1	0.073	0.715	0.496	1.032
x_2	0.267	0.550	0.236	1	0.627	1.306	0.444	3.838
x_3	1.483***	0.252	34.505	1	0.000	4.405	2.686	7.225
x_4	0.777***	0.273	8.108	1	0.004	2.174	1.274	3.712
x_5	0.239	0.501	0.228	1	0.633	1.271	0.476	3.392
x_6	−0.030	0.314	0.009	1	0.923	0.970	0.525	1.795

（续）

解释变量	系数值	标准误差	卡方值	自由度	相伴概率	变量的优势比	95％的置信区间	
							下限	上限
x_7	1.585***	0.493	10.319	1	0.001	4.878	1.855	12.827
x_8	−0.817**	0.401	4.156	1	0.041	0.442	0.201	0.969
常量	−6.102	1.554	15.427	1	0.000	0.002		

注：＊代表在10％水平下显著，＊＊代表在5％水平下显著，＊＊＊代表在1％水平下显著；x_1代表养殖户的年龄，x_2代表养殖户文化程度，x_3代表生猪养殖收入占家庭收入比重，x_4代表生猪价格指数保险的宣传力度，x_5代表是否加入专业合作社或畜牧业协会，x_6代表养殖户对生猪价格指数保险的了解，x_7代表生猪养殖规模，x_8代表生猪价格未来预期。

从回归结果可知，影响养殖户对生猪价格指数保险需求意愿的因素主要包括养殖户的年龄（x_1）、生猪养殖收入占家庭收入比重（x_3）、生猪价格指数保险的宣传力度（x_4）、生猪养殖规模（x_7）及生猪价格未来预期（x_8）。具体分析如下：

生猪养殖户年龄的模型估计值通过了10％显著水平的P值检验，说明越年轻的养殖户，对生猪价格指数保险的需求意愿就越大，即越年轻越能接受新生事物，越倾向于购买生猪价格指数保险。一方面，越年轻的养殖户对生猪养殖的相关政策较为关注，对生猪市场价格走势也比较关心；另一方面，年轻的养殖户对网络信息较为关注，尤其是关注一些关于生猪保险的政策，通过保险政策来保障自身利益。

生猪养殖收入占家庭收入比重的模型估计值通过了1％显著水平的p值检验，说明生猪养殖收入占家庭收入比重越高，养殖户对生猪价格指数保险的需求意愿就越强。这说明生猪养殖收入占家庭收入比重对生猪价格指数保险的需求意愿起着正向的推动作用，这与预测方向一致。

生猪价格指数保险宣传力度的模型估计值通过了1％显著水平的P值检验，说明生猪价格指数保险的宣传力度越大，养殖户对生猪价格指数保险的需求意愿就越强。目前，生猪价格指数保险在吉林省尚未实施，对该保险的宣传力度更是微乎其微，所以加大其宣传力度才能更好普及生猪价格指数保险的相关知识，从而提高生猪养殖户的认知度和理解度。

生猪养殖规模的模型估计值通过了1％显著水平的P值检验，说明生猪养殖规模越大，养殖户对生猪价格指数保险的需求意愿越强。随着吉林省生猪养殖规模的不断扩大，所需承担的风险也就随之加大，养殖户更愿意通过风险机制来分散风险，这就需要风险防范工具来保障自身养殖利益，所以，规模越大的养殖户对生猪价格指数保险的需求意愿越强。

生猪价格未来预期的模型估计值通过了 5% 显著水平的 P 值检验，说明生猪市场价格的未来预期越低，养殖户对其需求意愿的可能性就越大。原因可能是生猪养殖户在养殖过程中，存在饲料成本、医疗防疫成本、猪仔成本等各种支出，若未来价格降低，养殖收入低于成本时，养殖户则亏损，养殖户则需要保险保障。

在选取的 8 个变量中，养殖户文化程度、养殖户对生猪价格指数保险的了解、是否加入专业合作社或畜牧业协会没有通过显著水平的 P 值检验，说明这些因素与养殖户对生猪价格指数保险的需求意愿无明显的相关关系。

5.2.1.2　吉林省实施生猪价格指数保险的必要性

（1）实施生猪价格指数保险是生猪养殖户防范市场风险的必然选择

根据本节前文的统计结果及实证分析可以看出，吉林省生猪养殖户对生猪价格指数保险有较高的认知度，且对生猪价格指数保险有较强的需求意愿。尽管吉林省生猪养殖户对生猪价格指数保险比较了解的占比为 10.85%，比重较低，但是只要是了解生猪价格指数保险的养殖户均对该险种有迫切需求。而不了解此险种的生猪养殖户，在听调研员简单解释之后，也有大部分人对生猪价格指数保险有较强的需求意愿。从前文的实证分析可以看出，影响吉林省生猪养殖户对生猪价格指数保险需求意愿的主要因素包括养殖户的年龄、生猪养殖收入占家庭总收入的比重、生猪价格指数保险的宣传力度、生猪养殖规模及养殖户对生猪价格的未来预期。其中，越年轻的养殖户对生猪价格指数保险的需求意愿越强；生猪养殖收入占家庭收入比重越大，生猪养殖户对生猪价格指数保险的需求意愿越大；生猪价格指数保险的宣传力度越大，养殖户则对生猪价格指数保险的需求意愿越大；生猪养殖规模越大，养殖户对生猪价格指数保险的需求意愿越大；生猪价格未来预期降低，养殖户对生猪价格指数保险的需要意愿越大。作为玉米大省，吉林省的生猪产业发展迅猛，养殖户的生猪养殖规模、养殖收入将趋于增长的趋势。养殖户对生猪价格指数保险的需求意愿也将愈来愈强，说明生猪价格指数保险的实施越有必要。

目前，传统"保产量"的生猪保险能够有效规避因疫病、自然灾害等给养殖户带来的损失，但是生猪价格"过山车"式的市场波动风险难以化解。随着生猪养殖及防疫技术的不断进步，生猪价格波动在某种程度上将是生猪养殖户面临的主要风险，故急需扩大保障范围，丰富生猪产业的风险管理工具。生猪价格指数保险首次将生猪的市场风险纳入农业保险，作为创新型的农业保险产品，它能够稳定生猪生产和养殖户的预期，在一定程度上稳定生猪供给和猪肉价格，避免或缓解"猪贱伤农、肉贵伤民"的问题。

综上所述，吉林省实施生猪价格指数保险是必要的，并且是生猪养殖户防范市场风险的必然选择。

（2）实施生猪价格指数保险是保险公司丰富畜牧业保险产品的重要手段

随着农村金融保险业的不断发展，保险公司的竞争越来越激烈。据中国保监会吉林监管局数据统计，截至 2018 年年底，在吉林省实施财产险的中资保险公司有 23 家、中外合资保险公司 1 家。从事财产险的保险公司要提升自己的市场竞争力，丰富保险产品是重要手段。畜牧业保险是财产险的重要险种之一，作为畜牧大省的吉林省，畜牧业保险是必不可少的。生猪产业又是吉林省畜牧业产业中的支柱产业，因此，生猪保险是吉林省畜牧业保险的重要产品之一。目前作为保产量的能繁母猪保险和育肥猪保险已经发展得较为成熟，但是规避市场风险的生猪价格指数保险并未实施。从保险公司的层面，实施生猪价格指数保险是保险公司丰富畜牧业保险产品的重要手段。

5.2.2 吉林省实施生猪价格指数保险的可行性分析

吉林省的生猪养殖规模越来越大，随着生猪养殖规模不断扩大，生猪养殖需要大量的饲料，饲料的耗粮逐渐增加。吉林省作为粮食大省，能够为生猪产业的发展提供丰富的精饲料资源，这为生猪产业的稳定发展奠定了基础。

吉林省生猪产业在其畜牧业发展中占有重要地位。据《中国畜牧兽医年鉴 2018》的统计数据显示，吉林省 2017 年畜牧业产值为 982.4 亿元，占农林牧渔总产值的 47.59%，而生猪饲养产值为 335 亿元，占畜牧业产值的 34.10%，远远高于其他畜牧产品产值的比重，可见，生猪产业是吉林省畜牧业发展的支柱产业。

生猪的饲养量越大，发生疾病传播的风险就越大。同时，随着生猪养殖规模的扩大，消费者对猪肉的需求也在变动，这就使得猪肉的市场价格也随之波动。生猪市场价格的波动损害了吉林省生猪养殖户的利益，在养殖中发生意外的风险以及猪肉市场价格的风险都需要养殖户自己来承担，这给养殖户带来了很大的压力。

为保障生猪养殖户的利益，稳定生猪养殖户的收入以及稳定吉林省生猪产业平稳发展，需要有新的风险分摊工具来规避市场风险，而生猪价格指数保险是继生猪养殖保险之后的一种市场风险防范工具。生猪养殖户为了规避养殖带来的损失和风险以及市场价格波动的风险，就会提高对生猪价格指数保险的需求。

吉林省生猪产业的健康发展是解决农民增收的重要途径之一，也是保证居民肉食消费的重要来源之一。但是在面对市场风险时，养殖户往往束手无策，所以吉林省实施生猪价格指数保险很有必要。同时，吉林省既是产粮大省，又是畜牧业大省，所以实施生猪价格指数保险是可行的。

5.3 生猪价格指数保险在吉林省实施的难点及制约因素分析

5.3.1 生猪价格指数保险实施的难点

5.3.1.1 生猪价格指数确定难

科学制定生猪价格指数是执行生猪价格指数保险的关键所在。制定的原则是保障养殖户的收入水平。目前来看，猪粮比是一个可以有效代替生猪价格指数的指标。猪粮比是指生猪价格与饲养生猪所需粮食价格的具体比值，其中猪粮主要用玉米代替，这是由玉米在生猪养殖过程中的重要作用决定的。据统计数据显示，玉米在饲养生猪所需粮食中的比重达 70% 以上。可见，对于养殖户而言，饲养生猪消耗的玉米费用成为养殖生猪的主要成本，因此，普遍认为"猪粮比"能够及时反映生猪养殖户的损益状况。但是以猪粮比作为生猪价格指数，仍然存在较多缺陷：第一，当玉米价格变动时，养殖户根据玉米价格变动的多少，来增加其喂养比例，并且对于规模化的养殖场，劳动力、租金、疫病防治这些也是养殖生猪的主要成本，因此，单靠玉米价格的变动也不能够真实反映养殖户的养殖成本。第二，约定周期猪粮比平均值是根据生猪的历史价格波动得出的，缺乏实效性和及时性。试点地区的猪粮比发布平台不统一，有的地区依照发改委发布的猪粮比，有的参考地方价格监测平台发布的猪粮比。国家发改委发布的猪粮比更具有权威性，但是也存在个别数据不符合地方价格波动实际的情况。地方发布的数据更能够反映地方价格波动，但权威性又不够。值得关注的是，如何科学合理地制定生猪价格指数是实施生猪价格指数保险所面临的最大困难。

5.3.1.2 确定合理的保险期限难度大

从生猪的养殖过程来看，每一批次的生猪三个月就可以出栏，而保险公司设计生猪价格指数保险的保障期限为一年、两年甚至三年，由于保障期限过长，保险金额必然增加。政府的补贴政策根据各地区的经济发展水平制定不同的补贴方案，对于地方财政补贴保费较少的地区，必然会严重影响生猪价格指数保险的销售，这种情况下政策性保险功能的发挥受阻。可见，保险期限的缩短更符合三个月出栏的生猪养殖规律。从美国设计的生猪价格指数保险产品看，这款产品的保险期限能够很好地符合养殖规律，保险期限设计为 26 周、21 周、17 周和 13 周，约为 7 个月、5 个月、4 个月、3 个月。与保险期限一年、两年、三年相比保险期限比较短，更能促进养殖户购买保险的意愿，增加有效需求。在设计保险单时，应该结合当地生猪养殖周期，切合生猪养殖和生猪市场的实际情况，同时考虑养殖户的实际需求。可以增加生猪价格指数保的种类，进行多样化设计，也可以增加不同的保障期限，以便养殖户可以根据自身的经济情况和实际需要进行选择。

5.3.1.3 地方政府财政补贴压力较大

生猪价格指数保险风险大、保费高。目前实施生猪价格指数保险的地区均是地方政府给予保费补贴，中央政府并未给予补贴。如果要大范围推广，必须要有中央政府参与，并给予相应的保费补贴，否则地方政府的财力将难以承受。生猪价格指数保险目前未纳入政策性保险范畴，一些试点地区地方财政给予一定比例的保费补贴，资金来源不一，支持力度不同，市场发育差异大。例如，北京市地方财政实力雄厚，市级、区县两级承担保费的80%，养殖户承担20%。山东省试点的地区中补贴比例各不相同，最高补贴比例为100%，补贴比例为80%的试点地区较多，也有地区补贴比例为60%，还有部分地区不给予补贴。大连市财政提供50%的补贴，养殖户承担50%，保险产品推广困难。要发挥生猪价格指数保险的保障作用，仅仅依靠省级财政补贴是远远不够的。从调研中了解到，一些地方政府由于财力不足的原因，对推行生猪价格指数保险并没有很高的积极性。许多生猪养殖大县，包括一些国家生猪调出大县，往往是财政穷县，配套支付能繁母猪和育肥猪保费补贴已显吃力，生猪价格指数保险保费补贴更会加重其财政负担。因此，目前的生猪价格指数保险实施地区均将保险试点限定在有限的范围内，且限定了承保规模，政府补贴总量不大，地方财政压力还不太突出，但如果在较大范围内推进，巨额补贴资金的来源和渠道是需要解决的重要问题。

5.3.1.4 保险理赔触发价格的合理确定具有较大难度

生猪销售具有地域分散性和时间连续性的特点，销售价格波动频繁。目前生猪期货市场尚不完善，因此无法通过期货价格确定理赔触发价格。不同地区生猪交易量、交易价格以及饲料价格存在差异，生猪目标价格也不易确定（王亚辉等，2014）。如何确定生猪目标价格，是采用相对价格指数还是绝对价格指数直接关系到保险理赔。中国生猪价格指数保险试点地区多以国家发展和改革委员会公布的猪粮比为参照，然而，由于地区间养殖水平、经济发展状况不平衡，粮食成本、人力成本、管理费用、防疫成本等存在较大差异，"一刀切"式的保障水平并不能满足不同地区养殖户的需求。受此影响，在吉林省开展生猪价格指数保险的操作难度较大。

5.3.2 生猪价格指数保险实施的制约因素

5.3.2.1 再保险空缺，风险分散机制缺乏

生猪价格指数保险再保险的分出业务运行困难。所谓再保险也称为"分

保"，就是保险人在原保险合同的基础上，通过签订分保合同，将其所承保的部分风险和责任向其他保险人进行保险的行为。相较于传统农业风险，生猪价格风险不仅具有较强的系统性，而且价格变化规律也无迹可寻，风险的突发以及人为的操纵都使再保险问题难以得到有效解决。如果生猪的市场价格下跌，那么几乎所有的养殖户都会受到影响，造成全国范围内的巨灾损失。一旦发生保险事故，保险公司的理赔率将超过100%，甚至超过200%。为了有效减少保险公司损失，必须建立科学的再保险和巨灾风险分散机制。目前生猪价格指数保险的风险分散机制仅仅是养殖户把价格风险从自身转移到保险公司，在缺乏再保险和其他保障机制的情况下，保险公司只能独立承担风险，一旦价格周期性走低，保险公司只能面临连年赔付的局面，导致商业保险公司在产品供给上积极性不高，这也是制约生猪价格指数保险发展的主要原因。

5.3.2.2 生猪价格监测体系尚未建立

全面掌握价格信息是生猪价格指数保险实施的一个重要支撑。生猪价格指数保险究竟应该在多大范围内实行、触发理赔的生猪价格指数该如何确定以及如何对养殖户进行政策性补贴等，均需要一系列数据进行支撑。然而，吉林省乃至全国目前尚未建立系统、全面的生猪价格监测体系。生猪养殖户基础数据、信息采集及发布等内容还不完备。目前中国监测统计体系不完善，基础薄弱，且生猪散户养殖仍占有很大比重，加之诚信意识不强（冷崇总，2015），而且短期之内难以获得有效性和及时性的数据信息（房宁，2015），因此，从短期来看，监测收集、数据核实等工作会受到较大干扰，增加了实施生猪价格指数保险的难度。

5.3.2.3 保障范围不足，保障程度低

生猪价格指数保险存在覆盖面小、保障范围不足的问题。从全国范围来看，实施生猪价格指数保险的区域有限，多数省份只是由个别县、市开展试点，实际保险覆盖区域依然较小。除此之外，生猪价格指数保险在各地运行过程中，出于风险选择的目的，都对投保人进行了限定，一般只能是规模以上的养殖户或者大型生产企业、专业合作社才可以参保，低产量散户自行参保压力很大。因此，在散养和小规模占主导地位的情形下，生猪价格指数保险的保障范围被限制了。同时，生猪价格指数保险还存在保障程度低的问题。从承保品种来说，只有满足养殖规模及养殖年限等条件才可以投保生猪价格指数保险。从承保力度来说，虽然生猪价格指数保险的主旨是为了分散生猪的价格风险，但多数试点地区在制定指数时只是以生猪的物化成本为计算基础，对中间费用如储藏、运输、包装或摊位费等以及利润均不予考虑，这意味着价格指数保险无法对养殖户的全部市场风险进行转移。

5.3.2.4 养殖户保险意识较弱

生猪价格指数保险是一个新生事物，在中国尚处于试点阶段。养殖户的保险意识及风险管理意识还比较淡薄，对于生猪价格指数保险的认识还不到位，严重制约生猪价格指数保险大面积推广。认知不足的原因与生猪价格指数保险在农村的宣传力度不够有关。在调研中了解到，很多养殖户表示政府相关部门并未在农村进行宣传，因此，这部分生猪养殖户也不了解生猪价格指数保险。

5.3.2.5 生猪价格指数保险立法及相关法律法规缺失

目前，吉林省农业保险正处在发展阶段，至2018年年底，仅有安华、人保和安盟三家保险公司在实施生猪养殖保险业务，2019年又招标了太平洋、中华联和国寿财三家保险公司，但是2019年开办畜牧业保险业务的只有安华、人保、安盟、太平洋和国寿财五家公司。安华农业保险公司作为专业的农业保险公司，其生猪保险的市场占有份额一直最高。随着畜牧业快速发展，专业的生猪保险需尽快加入农业保险行列当中。为了促进生猪保险快速而稳定的发展，必须把建立生猪保险的法律体系放到首要位置，只有确立了立法保障，在提高保险公司规范化运作与其承保能力的同时，养殖户才有投保信心，在减少道德风险、保障保险公司收益的同时，也维护了养殖户的利益。

5.3.2.6 生猪期货市场不健全不完善

众所周知，生猪期货是规避生猪价格波动风险的重要手段，通过利用期货市场即可锁定远期价格。想要实行生猪期货，必须要满足以下两点要求，其一是期货要求标准化合约，其二是参与期货的生猪养殖户要具有一定的相关知识技能。但是，吉林省生猪产业的标准化程度并不高，而且从事生猪养殖的农户受教育程度及与养殖相关的专业技能普遍偏低，仅这两点就令吉林省养殖户对生猪期货望尘莫及。截至2020年10月，中国尚没有健全完善的生猪期货市场，致使在保障价格的确定方面不能以期货价格作为依据。生猪价格指数保险在产品设计的过程中，大多直接将国家发展和改革委员会公布的6∶1设置为约定猪粮比价。然而这一做法则很容易导致逆选择问题的出现，例如，在生猪价格下跌时期，生猪养殖户很可能积极地购买生猪价格指数保险产品，而在生猪预期价格提升阶段，则纷纷选择不投保。生猪期货市场的缺失，在很大程度上制约了吉林省生猪价格指数保险科学化设计与理赔操作。

5.4 结论及政策建议

5.4.1 结论

第一，中国试点地区的生猪保险已经取得了一定的成效，并且试点范围逐步扩大，经营状况逐渐变好，但在具体实施过程中，仍然存在宣传不到位、保险条款设置不合理、参保养殖户对生猪价格指数保险一系列服务感知评价较低及监管部门对生猪价格指数保险操作监管不到位等问题。第二，吉林省生猪养殖户对生猪价格指数保险有较高的认知度，且对生猪价格指数保险的需求意愿较强。第三，吉林省实施生猪价格指数保险有其必要性和可行性。第四，当前在吉林省实施生猪价格指数保险的主要难点为生猪价格指数的科学确定、保险期限的合理确定、生猪价格指数保险理赔触发价格的合理确定及地方政府财政补贴压力等。生猪价格指数保险实施主要受再保险空缺、风险分散机制缺乏、生猪价格监测体系尚未建立、保障范围不足、保障程度低、养殖户保险意识较弱、生猪期货市场缺失、生猪价格指数保险立法及相关法律法规缺失等因素的制约。

5.4.2　政策建议

对吉林省实施生猪价格指数保险提出如下政策建议。

5.4.2.1　要结合地方实际设计生猪价格指数保险产品

目前，中国实施的政策性生猪保险主要是能繁母猪保险及育肥猪保险。生猪价格指数保险仅仅在全国的 20 个省（市）进行试点，尚未全面推广，也未被纳入政策性生猪保险范畴。吉林省实施的能繁母猪保险、育肥猪保险，险种单一，已经不能满足多元化养殖生猪的需求。为了满足养殖户的需求，同时保障养殖户的利益，需要通过构建多元的、多层次的生猪保险制度，完善生猪保险体系，以降低和分散风险。完善吉林省生猪保险制度需要在能繁母猪保险及育肥猪保险的基础上拓宽保险责任及保险范围，利用政策性保险的优势，丰富生猪保险的险种，所以，实施生猪价格指数保险是必要的。

第一，加强政府对生猪保险的监管制度。在生猪保险实施的过程中，政府要对保险相关部门进行监管，以避免由于监管不力导致保险运行出现偏差。与此同时，银保监会需要制定统一的监管原则及标准，各部门协调监督并管理，既避免出现监管不力的现象，又可以强化监管。

第二，拓宽政策性生猪保险范围及丰富保险险种。目前政策性生猪保险主要是育肥猪保险和能繁母猪保险，其保障范围主要是自然灾害和疾病。自然灾害如暴雨、洪灾、暴雪等，而生猪疫病如猪瘟、猪链球菌、蓝耳病、口蹄疫等重大病害等。随着生猪养殖业的不断发展，其面临的风险也呈现多样化。除了政策性生猪保险的保障范围之外，生猪养殖业还会面临市场风险，因此，应该将市场价格波动造成的风险纳入政策性生猪保险范畴，以适应生猪养殖需要。

政府应通过宏观调控如财政补贴、税收优惠等政策，鼓励农业保险公司根据生猪产业链上各个不同环节开发相应的生猪保险品种，并制定相关保险条款，拓宽生猪保险业务范围。同时，可以借鉴和学习西方发达国家的相关生猪保险经验，推广牲畜强制性保险，实施政策性生猪保险，逐步将生猪保险发展完善。

第三，生猪保险的理赔要更加规范化。生猪保险的理赔包括查勘、定损、理赔等。调查发现，生猪养殖户在发生灾害损失后，理赔鉴定的方式是打电话给保险公司进行报备，保险公司则会派保险专员去灾害发生地进行查勘、定损。但是由于生猪养殖户较为分散，常常出现保险专员不能及时到达查勘地点或错过查勘的最佳时间的问题，从而导致查勘过程中出现证据不全面、及时性资料无法采集等问题，损害了养殖户的利益。保险公司应该在投保人投保时签订双方关于诚信理赔的相关条款，明确养殖户的责任、政府和保险公司履行的责任义务，并通过政府监管及法律保障使理赔过程规范化。

第四，制定不同的保险期限。制定保险期限时，应根据不同养殖户的养殖情况及特点创新不同保险期限的产品。如果保险期限按照季度或者半年来计算，这样保险期限低于一年，保险期限比较灵活，确实能够提高养殖户投保生猪价格指数保险的意愿。但是，当期生猪市场价格的走势很容易被预测，这样养殖户可以根据当期或者上期的价格来决定是否投保，这也无形中增加了保险公司的理赔压力及风险，缩减了保险公司的盈利空间。如果保险期限过长，比如将保险期限定为 24 个月、36 个月、72 个月等，这样虽然可以减少保险公司的赔偿压力，增加保险公司的利润空间，但是较长的保险期限使得农户不能准确预测生猪市场价格，不利于养殖户判断是否进行投保，大大削弱了养殖户的投保热情，既不利于生猪价格指数保险的宣传与推广，也不能实现利用生猪价格指数保险来降低养殖户受市场价格影响的初衷。因此，合理设计保险期限至关重要。科学合理的保险期限应既能保障保险公司的盈利水平，又能调动养殖户投保的积极性。

第五，开发不同保障水平的保险产品。由于养殖户经营规模不同，一旦出现险情，其造成的损失也不同，要结合养殖户的养殖规模及需求，评估养殖户生猪养殖可能造成的损失，针对不同程度的损失设计不同的保障模式。但是，目前仅有安华、人财、中华安盟和锦泰等保险公司开设了生猪价格指数保险，而且保险产品单一，理赔情况也比较简单，仅仅依靠猪粮比价来确定农户是否发生保险事故，按照保险合同约定进行赔偿。保险公司应该根据实际情况制定不同保障水平的保险产品。例如美国，在生猪价格指数保险的推广过程中，根据不同养殖户的规模与实际情况设计了多种保险产品，这样既使得保险公司的保险产品多样化，又保障了生猪养殖户的需求，同时也降低了保险公司在赔偿方面的经营风险。

第六，细化保障范围，分散保险责任。若保险事故发生，认定是保险公司需要赔偿的保险责任时，保险公司一般将生猪养殖户的盈亏平衡点与国家提供的猪粮比价进行比较。若猪粮比价低于盈亏平衡点，那么认定保险事故发生，保险公司依照保险合同的规定对养殖户进行赔偿。由于生猪价格指数保险在中国刚刚起步，发展并不成熟，保险的保障范围尚未结合生猪养殖业的具体情况进行细分，所以，应根据不同的养殖情况与规模，制定相应的赔偿条件和对应保费标准，如此才能适应养殖户的投保需求，使其选择不同的条款与保障范围。例如，安华农业保险公司制定的《大连市生猪价格指数保险综合条款》，将猪粮比的波动范围分为不同的比例，根据猪粮比与盈亏平衡点的不同比值设计赔偿责任。保险公司将保险责任细化分为三类，相应地将保障责任也分为三种模式。在第一种模式下，保险公司认定猪粮比低于6：1时，同时也低于盈亏平衡点，此时保险公司对养殖户进行保险赔偿；第二种模式下，猪粮比低于盈亏平衡点6：1但高于5.5：1时，保险公司按照第二种条款进行赔偿；第三种模式下，低于盈亏平衡点5.5：1但高于5.0：1时，按照第三种条款进行赔偿。盈亏平衡点为国家规定的猪粮比6：1。由农民自行选择的赔偿条件和对应的保费，既可以激发养殖户投保生猪价格指数保险的热情，同时可以让保险公司有效控制风险，增加保险公司的盈利空间。其他具有生猪价格指数保险产品的保险公司，也可以根据实际情况制定不同的盈亏平衡点和不同理赔条件，将保险责任风险进行化解，并在此基础上进行保险产品及分散风险方式的创新，使得养殖户与保险公司共同受益，将生猪价格指数保险在全国推广。

5.4.2.2 建立健全生猪价格指数保险立法及相关法律法规

目前，生猪价格指数保险的专门法律法规并未出台，执行的法律法规为2015年修订的《保险法》和2012年颁布的《农业保险法条例》。专门的畜牧业保险法律法规尚未出台，这就使得专门立法滞后于生猪价格指数保险的实施，将导致一系列问题。例如，参保主体不明确、农业保险公司运用机制不规范、道德风险严重及生猪养殖户对生猪价格指数保险意识不强等。这些问题已经成为吉林省发展生猪价格指数保险的阻碍。因此，吉林省应尽快出台适合地方生猪产业发展的保险法规和细则，使生猪保险真正落实到养殖户关心的问题上，为吉林省生猪价格指数保险的发展提供法律保障。

5.4.2.3 加大政府的扶持力度，逐步建立完善财政保费补贴标准

吉林省生猪价格指数保险的发展需要政府加大扶持力度。政府扶持生猪保险的发展，生猪保险供给就会增加；政府对生猪价格指数保险扶持力度不够，生猪保险供给则会降低。在财政补贴方面，吉林省政府应对生猪保险加强财政

补贴力度，对受到市场风险影响较严重的生猪养殖户，要根据其受损程度，进行勘察、定损后，合理地给予财政补贴。在保险公司方面，政府对保险公司的扶持力度表现在生猪价格指数保险制度和资金上的扶持。要向已经实施生猪价格指数保险的试点地区学习并借鉴经验，同时政府需加大对生猪保险的扶持力度，有效减少或分散生猪养殖户的损失，从而进一步增加生猪养殖户的数量。

生猪价格指数保险如果得不到财政的补贴，仅依靠商业保险公司来自行运作，将难以维系。因此，应该将生猪价格指数保险列入农业政策性保险范畴，由中央政府及地方政府共同给予财政补贴。要根据各地的经济发展，对生猪价格指数保险给予不同的补贴，对于经济发达地区适当减少补贴额度，对于经济发展比较落后的地区适当增加补贴比例。以江苏省为例，江苏省在实施生猪价格指数保险过程中，在经济发达的苏南地区，保险的保费由政府财政与农户各承担 50%；在苏北地区，农户只需承担 20% 的保费，剩下的 80% 由财政进行补贴。因此，吉林省可以江苏省补贴模式为参考，逐步加大对生猪价格指数保险的补贴额度。在发展生猪价格指数保险的同时，要处理好生猪市场、生猪养殖户以及政府财政之间的关系。可根据其他生猪保险的补贴模式，为生猪价格指数保险制定科学合理的保费补贴比列。比如参考育肥保险和能繁母猪保险，两者的补贴比例都为保费的 80%。制定科学合理的补贴标准及保险模式，为生猪价格指数保险提供给一个良好的发展环境，才能推广生猪价格指数保险。从而保障生猪产业健康发展，帮助养殖户走出"猪贱伤农，肉贵伤民"的怪圈。

5.4.2.4 加大生猪价格指数保险的宣传力度，提高养殖户的风险意识

宣传手段只是一种传播媒介，目的是让新思想或新鲜事物得到推广，使广大群众得以熟悉。吉林省生猪养殖户大多分散在农村或者城乡接合部，且养殖户的文化水平整体不高，接触新的思想难免速度较慢，尤其是对生猪保险的相关政策并不是很了解。所以，加大生猪保险的宣传，尤其是生猪价格指数保险的宣传，可以为实施生猪价格指数保险做前期的推广基础。可以采用"互联网＋""政府相关部门＋专业农业保险公司"和养殖大户现身说法等方式宣传购买生猪价格指数保险的重要性。

吉林省畜牧业的发展一直受传统农耕思想的影响，要想改变传统农耕思想，必须从改变养殖户的思想开始，提高养殖户保险意识是重中之重。首先，要从学历教育出发，以思想观念引导为导向，以专业的科技培训为核心，逐步形成完整的综合性强的教育培训体系。其次，可以从加大对养殖户养殖业技术培训方面入手，使养殖户掌握科学、规范标准，学习现代的养殖业技术。再次，要充分发挥专业农业院校的人才培养，与专业农业院校联合，实行"专业

人才＋养殖业"的养殖模式，促进养殖业的现代化、科学化以及养殖专业知识的传播与应用。最后，要派专家对养殖户进行指导，使养殖户既接受了科学合理的养殖方法，也更新了思想观念，对生猪保险的发展发挥促进作用。

5.4.2.5 建立生猪价格指数保险巨灾风险分散制度

巨灾风险分散制度一般由巨灾风险基金和再保险制度两种方式组成。关于生猪价格指数保险的巨灾风险基金可以由政府和保险公司共同筹措。一般而言，可以由政府牵头，在政府财政设立生猪价格指数保险的巨灾风险专项基金。资金由政府和保险公司共同承担，这样既能够保障资金有稳定的来源，又能够使巨灾风险基金只在行业内公平使用。所以，建立政府主导的生猪价格指数保险巨灾风险基金尤为重要。从国家而言，由中央出资建立国家巨灾风险基金，当农业保险公司在遭遇巨灾损失时，直接由中央出资建立的国家巨灾风险基金给予补偿；从地方政府而言，由政府出资建立生猪价格指数巨灾风险基金，当生猪产业遭遇生猪价格下跌等市场风险导致经济损失时，经保险公司科学查勘、定损后，由当地政府生猪价格指数巨灾风险基金提供一定的补偿。再保险制度是指投保生猪价格指数保险的公司再向其他保险公司进行投保，以其他公司的保险能力来分散本公司理赔风险，提升本公司的赔付能力。再保险既能保障生猪价格指数保险公司的赔付能力，也能带动其他保险公司的经济效益。建立巨灾风险分散制度，能够形成国家和地方政府的双重保护，是对保险公司的保障，更是对养殖业的保障，可以大大促进生猪价格指数保险的发展，调动养殖户参加生猪价格指数保险的积极性。

5.4.2.6 建立并完善生猪期货市场

如何规避生猪市场价格带来的价格风险，必然会联系到生猪期货市场，生猪期货市场可以锁定生猪远期价格，可以规避或分散风险。据相关专家预测，生猪期货上市伊始可能会有诸多不确定性因素，建议各大猪企谨慎入市。对于吉林省生猪产业而言，一方面，必须使期货产品符合标准化合约，提高生猪产业的标准化程度；另一方面，要提高吉林省生猪养殖户的文化程度，符合生猪期货市场对完备知识技能客户的需要。目前，已实施生猪价格指数保险的试点地区多数仍是以国家发展改革委员会公布的"猪粮比"与保险合同约定的标准相比较，来确定保险事故是否发生，很容易造成养殖户"逆向选择"心理。因此，首先，需要丰富生猪期货市场的交易品种，适时推出生猪期货期权交易，逐步推出自然风险、道德风险、市场价格风险等诸多因素的期货，并不断完善生猪期货品种体系，提供更多可以供养殖户利用的套期保值工具。其次，需要建立和发展期货市场的信息中介，宣传期货市场的优势，通过各种宣传媒介，及时为养殖户传递相关的生猪期货市场行情等。最后，完善生猪期货市场法律体系，逐步完善《期货交易管理条例》，为养殖户提供保障。

5.4.2.7 健全生猪市场价格监测体系

认定生猪价格指数保险是否发生保险事故的一个标准就是约定周期内的平均猪粮比价，因此，权威部门及时准确地发布猪粮比价至关重要，猪粮比价是保险公司对养殖户是否赔付的依据。生猪价格指数保险在国外已经实施多年，已经是一种很成熟的保险品种。以美国和加拿大为例，美国的畜牧价格保险、加拿大的生猪价格保险等保险金额及其他销售价格，都是由政府机构通过完善的价格监控体系计算得出的。我国完善的生猪期货市场尚未建立完成，所以，对全国的生猪价格走势不能准确预期，各省市的价格预测更是难上加难。猪粮比都是国家发展改革委员会及地方政府相关部门给出的，且国家发展改革委员会公布的数据缺乏地方适用性，因此，应建立完善的生猪产业发展社会化服务体系，建立信息化服务平台，对生猪产业的养殖及生猪价格进行监控，并及时在服务平台上发布价格信息。在信息化服务平台中，养殖户可以发布生猪购销信息、批发与零售信息和生猪价格、生猪养殖规模、饲料价格等信息。同时也可以根据信息服务平台上的数据，对当期的生猪价格及饲料价格进行监控，强化对猪粮比价的监督与预测，制定科学合理的盈亏平衡点。在此基础上，联合统计部门、农业相关部门、商务部等多个部门一同对生猪价格及猪粮比进行研究，及时调研，根据实际情况为生猪价格指数保险在制定、实施、查勘、定损及赔偿等方面提供可靠科学的依据。

5.5 本章小结

本章运用大样本抽样调查的数据，评价中国实施生猪价格指数保险制度较早的北京、四川、山东和大连等试点地区的实施效果，据此分析吉林省实施生猪价格指数保险制度的必要性和可行性，并探讨吉林省实施生猪价格指数保险可能会遇到的难点及制约因素，从而得出结论，提出吉林省实施生猪价格指数保险的对策及建议。

6 │ 国内外生猪保险制度实施经验对吉林省生猪保险制度创新的启示

一项制度的改革与创新需要总结国内外的相关制度发展经验，为其提供借鉴，给以启示。近年来，吉林省生猪保险制度取得了长足的发展，目前正处于改革创新的关键时期。本章从生猪养殖保险和生猪价格指数保险两个层级，基于国内国外两个视角，对不同国家、不同地区政策性生猪保险设计的异质性进行比较分析，明晰生猪保险制度的不同之处，同时归纳总结出可供借鉴的经验启示，这对如何推进吉林省生猪保险制度创新具有重要借鉴意义。

6.1 国内外生猪养殖保险制度发展经验借鉴

开展生猪养殖保险是稳定生猪生产、解决生猪养殖中存在诸多问题的关键一环。本节选取畜牧业保险发展较成熟的三个国家（以美国、加拿大和日本作为发达国家的典型代表）和三个国内生猪养殖保险发展较好的省（以四川省、江西省和河北省作为国内的典型代表）作为分析对象，在大量阅读政策文件、文献资料的基础上，深度梳理了不同国家、不同地区生猪养殖保险的试点情况，力图把握生猪养殖保险制度的发展特征，总结归纳出不同经营模式的实践经验，为进一步优化吉林省生猪养殖保险提供可借鉴、有价值的参考依据。

6.1.1 国外生猪养殖保险制度发展经验借鉴

自 20 世纪 30 年代以来，美国、加拿大、日本等国先后开展了政策性农业保险。从各个国家的实践来看，大多都停留在种植业保险中。随着畜牧业的发展，各国将保险对象逐步转向畜牧业。本节通过梳理文献资料，着重探究美国、加拿大、日本畜牧业保险的发展历程，明晰其对吉林省生猪养殖保险发展的启示与借鉴。

6.1.1.1 国外生猪养殖保险制度的发展历程

美国是世界生猪生产大国，其生猪存栏量、出栏量和猪肉产量居于世界第二位，仅次于中国。作为全球最大的农业保险市场，美国农业保险发展历史悠久，制度设计较为完备，至今已有 70 多年的发展历程。美国政策性农业保险主要以政府引导为主，由商业保险机构运作，联邦政府给予补贴。美国农业保险主要特点是：第一，组织形式灵活，可自行确定具体保险操作。第二，投保方式灵活多样，包括自愿保险、强制保险和利益诱导相结合的方式。第三，保险具有非营利性。美国的农业保险由公司赔偿 75％，剩下的 25％ 由农民自己承担。第四，保险覆盖面广。1995 年，农作物保险覆盖率就达到了 82％，目前已基本实现了全覆盖。但美国畜牧业保险发展较为缓慢，1999 年，在提出的全农场收入保险产品（ARG）中，才把牲畜养殖风险包含其中，生猪养殖保险正式诞生。随后，2000 年美国国会正式将动物纳入农业保险的险种范畴。

加拿大畜牧业较为发达，其中生猪养殖业发展更加成熟。1960 年，加拿大开始展开政策性农业保险。为保障养殖户养殖收益，加拿大逐渐对畜牧业进行保险。加拿大的政策性畜牧业保险采用分级负责的方式，由农业部和省级保险局两个主体负责。其畜牧业保险险种较多，覆盖面较为广泛。同时，加拿大通过立法制定的了《农场主收入保护法令》，以保障保险的顺利实施。在美国推出生猪价格指数保险不久，加拿大也开始实施生猪价格保险计划。

日本的农业生产由个体和分散的小农主导，与中国较为相似。虽然日本的农业生产是小规模，但是日本政府十分重视对小农经济的保护与扶持，积极发展政策性农业保险来保证农业的发展。日本的政策性畜牧业保险采取强制投保与自愿投保相结合的方式，对于关系国计民生和对养殖户收入影响较大的牲畜，国家实行强制保险方式。养殖数量超过一定规模的养殖业必须参加保险，其余养殖户可自行选择是否投保。政府为了减少养殖户的保险压力，对于参加畜牧业保险的养殖户给予保费补贴。日本的畜牧业保险建立了风险分散与安全保障机制，政府是畜牧业保险的后盾。

6.1.1.2　国外生猪养殖保险制度的经验启示

综合来看，国外发达国家的畜牧业保险经过长期的摸索与修正，已经日趋完善，在促进本国畜牧业稳定发展方面发挥了重要的作用。基于对国外政策性生猪养殖保险的梳理与归纳，得出以下几点经验启示。

（1）构建完整的法律法规体系

完整的法律法规体系是政策性农业保险有效实施的关键所在。通过法律形式建立起的保险合同关系，是政策性农业保险稳定有效发展的基石。纵观农业保险开展较好的发达国家，无一例外地重视保险的立法工作。例如，1938 年美国颁布了《联邦农作物保险法》，至 1980 年共修改了 12 次。2000 年，美国颁布了《农业风险保护法》，为美国政策性农业保险的顺利实施提供了良好的法律环境。日本相对于其他国家则侧重于养殖业保险的立法，于 1929 年颁布了《牲畜保险法》，1938 年颁布了《农作物保险法》，1947 年将两个保险法修改为《农业灾害补偿法》。并在此后对该法律进行了多次修改与完善，从而为日本畜牧业保险发展提供了强有力的"软件"条件支撑。目前来看，中国农业保险的法律法规一直处于缺位状态。虽然中国已经制定了《保险法》和《农业保险条例》，但是前者的作用对象是商业性保险，并不适合政策性生猪养殖保险，后者在财政补贴、巨灾风险转移机制等方面还没有形成较为细致的规定或实施细则。可见，中国在保险立法方面，与制定了明确法律规定的美国、加拿大、日本等发达国家之间具有较大差距。因此，应参考美国、加拿大、日本等，结合中国实际，加快《农业保险法》的出台，完善与农业保险尤其是生猪养殖保险相关的法律法规体系，明确保险责任和保护水平，使生猪养殖保险的发展与实施实现有法可依。

（2）建立完善的巨灾风险转移机制

巨灾风险转移机制是推动畜牧业养殖保险稳定发展的重要一环。只有建立完备的巨灾风险转移机制，才能有效保障保险机制的利益，提高养殖户的承保积极性。美国是一个自然灾害频发的国家。为应对灾害风险，美国在《农作物保险法》中提出，保险公司可以进行再保险以最大程度规避巨灾风险。加拿大和日本两国也在规避巨灾风险方面出台了相应的法律法规，设立了较为完备的再保险和救济基金制度，有效降低了农民面临的巨灾风险。作为世界上受到巨灾影响最大的国家之一，中国目前尚未建立完备的农业巨灾风险转移机制，再保险也仅仅处于初级阶段，农民在巨灾面前往往束手无策。因此建立农业巨灾风险转移机制，成为当务之急。

（3）扩大生猪保险品种种类

目前在中国生猪保险只有育肥猪保险、能繁母猪保险和生猪价格指数保险（试验阶段）三种常见保险险种。但育肥猪保险和能繁母猪保险属于政策性农业保险内容，而生猪价格指数保险并未列入政策性生猪保险范畴。对于育肥猪投保有一定的体重限制，一般情况下 15 千克（有些省份规定 20 千克）以上才可以投保，这样 15 千克以下的小猪处于裸保的状态。其实小猪在刚出生时，很容易感染疾病，造成死亡，给养殖户造成较大损失。美国、加拿大、日本等发达国家生猪保险品种多样化，能够全面有效地保障生猪养殖者的利益，并且早已将重点放在了价格保险方面。与传统型的保产量的生猪保险产品相比，防范市场风险的生猪保险产品具有非常明显的优势，这也是对传统生猪保险产品的补充，可以避免逆向选择、降低经营成本，且理赔迅速，有效保障养殖户的生产收益。因此，在稳步推行政策性生猪养殖保险的同时，应扩大生猪保险种类，创新生猪保险体系。

6.1.2 国内生猪养殖保险制度发展经验借鉴

2007 年，国家宏观经济波动导致玉米、饲料等生猪饲养所需的原料价格大幅度上涨。同时，各类重大动物疫病频发，生猪价格低位徘徊，导致生猪出栏量急剧下降，猪肉供应量大幅度减少，养猪风险骤增。在严峻的形势之下，为调动生猪养殖户的养殖积极性，促进生猪产业稳定发展，从根本上解决生猪产业存在的结构性矛盾，国家于 2007 年 7 月出台了《关于促进生猪生产发展稳定市场供应的意见》（以下简称《意见》）。《意见》中指出，中央财政共支出 11.5 亿元资金用于能繁母猪保险保费补贴，并在四川省、吉林省、内蒙古自治区、江苏省、湖南省、新疆维吾尔自治区等六省区率先推行能繁母猪保险。2008 年，财政部颁布《财政部关于开展育肥猪保险保费补贴试点工作有关事项的通知》，决定在四川省、湖南省和吉林省进行育肥猪保险保费补贴工作试点。在此情况下，江西省和河北省自发加入政策性生猪保险行列，并在试点县开展了能繁母猪保险和育肥猪保险。2012 年，国家决定将育肥猪保险保费补贴扩展为全国实施。本节以率先进行保险试点的四川省和自发进行保险试点的江西省、河北省作为研究对象，深度探究三个省份在政策性生猪养殖保险方面的探索，归纳总结有益的经验启示。

6.1.2.1 国内生猪养殖保险制度的发展历程

（1）四川省生猪养殖保险制度的探索

生猪养殖是四川省农村经济发展中的重要组成部分，四川省素有"川猪安天下"之称。其生猪出栏量、生猪存栏量、猪肉产量稳居全国前列。1982 年，中国农业保险制度恢复正常，四川省成为重点试办地区，遵循"不赔不赚、收支相抵、略有结余、以备大灾之年"的原则，先后出台了生猪保险、耕牛保险、奶牛保险、大牲畜保险和农作物保险等多元化险种。作为生猪养殖大省，2007 年国家将四川省纳入了能繁母猪养殖保险试点区域，2008 年将四川省纳入了育肥猪保险试点区域。

四川省能繁母猪的保险费率为 6%。但其保险金额因猪种不同，而有所区别。其中，外种母猪和外种杂交母猪（含配套系母猪）的保险金额为 1 000 元/头，而本地母猪和含本地猪血缘的杂交母猪的保险金额为 800 元/头。2019 年 5 月 1 日至 2020 年 12 月 31 日，国家把能繁母猪保险的保障金额暂时调整为 1 500元/头。四川省的能繁母猪保险保费由中央财政、地方财政和养殖户共同承担。其中中央财政补贴 50%、地方财政补贴 30%、养殖户承担 20%。这意味着若发生赔付，对于保险期间在 2019 年 5 月 1 日以前承保的养殖户，仅需支付 9.6 元或 12 元便可获得 800～1 000 元/头的补偿，而保险期间在 2019 年

5月1日至 2020 年 12 月 31 日之间的，可以获得 1 500 元/头的赔偿。四川省的育肥猪保险费率为 3.6%，保险金额为 500 元/头。2019 年 5 月 1 日至 2020 年 12 月 31 日，国家把育肥猪保险的保障金额暂时调整为 800 元/头。四川省的育肥猪保险保费亦由中央财政、地方财政和养殖户共同承担，但是承担的比例与能繁母猪不同。其中中央财政负担 25%、地方财政负担 45%、养殖户负担 30%。这意味着若发生赔付，对于保险期间在 2019 年 5 月 1 日以前承保的养殖户，仅需支付 6 元便可获得 500 元/头的补偿，而保险期间在 2019 年 5 月 1 日至 2020 年 12 月 31 日之间的，可以获得 800 元/头的赔偿。在政府的引导与支持之下，四川省资阳市联合金融机构、农业担保公司、饲料企业、种猪场、协会农户及加工企业等六个主体，探索了"六方合作＋保险"的新型生猪养殖经营模式。

综合来看，四川省政策性生猪养殖保险的推行较为顺利。根据中国保监会发布的数据，2007 年四川省生猪承保数量为 2 161.9 万头，共获得保费收入 42 903 万元，保险金额 110.3 万元。其中，能繁母猪承保数量为 489.7 万头，保费收入 26 371 万元，保险金额 442 418 万元。至 2008 年 9 月 30 日，全省已对 153.18 万头能繁母猪、396.1 万头育肥猪进行政策性养殖保险，保费收入首次突破 1 亿元，能繁母猪和育肥猪承保数量均位列全国首位。

（2）江西省生猪养殖保险制度的探索

生猪产业是江西省农村经济的重要产业，同时也是东南沿海地区重要的生猪供应基地，在全国养猪业中起着重要的作用。江西省生猪产业的产值约占畜牧业产值的 70%，约占农业总产值的比重为 20%。2007 年，在国家开展政策性生猪保险试点之际，江西省并未纳入试点范畴。作为生猪调出大省，江西省农业厅、财政厅、保监局等部门高度重视，积极推进生猪养殖保险政策的落地，并与中国人保江西分公司协同推进生猪养殖保险的试点工作。试点县市主要包括上高、定南、樟树、南康等县市。2007 年 9 月 8 日，江西省第一单能繁母猪保单被签下，成为江西省政策性生猪保险的起点。2009 年，江西省颁发了《江西省种养业政策性农业保险试点方案》，方案中提出将在江西省全省推行能繁母猪保险工作，并明确了育肥猪保险在上高县和吉安县进行试点的工作安排。2013 年，江西省将育肥猪保险的实施范畴扩大至全省，这意味着能繁母猪保险和育肥猪保险在全省全面铺开。

根据相关文件，江西省生猪养殖保险的保险责任为因有关自然灾害、意外事故、重大病害及难产所导致的保险标的直接死亡，其中不包括因人为故意、管理不善或过失故意行为导致标的死亡的情况。保险标的的要求如下：第一，投保的生猪必须在当地饲养一年以上，能繁母猪是 8 月龄以上 4 周岁以下。第二，生猪存栏量必须达到 30 头以上方可投保，或者以乡镇、村或者专业合作社为单位统一参加。第三，投保的生猪饲养圈舍必须干净卫生，有能识别身份的统一标识。第四，提供经畜牧兽医部门验证无伤残、无疾病的证明，在当地防疫部门有免疫接种记录。江西省根据省内养殖业实际情况，将能繁母猪的保费分为两类：第一类是每头能繁母猪的保险金额为 1 000 元，保险费率为 6%。第二类是每头能繁母猪的保险金额为 880 元，保险费率为 6%。每头育肥猪的保险金额为 500 元，保险费率为 4%。在能繁母猪和育肥猪的财政补贴比例方面，中央财政负担 50%、省财政负担 20%、县（市、区）财政负担 10%、养殖户负担 20%。2019 年 5 月 1 日至 2020 年 12 月 31 日，国家把能繁母猪保险的保障金额暂时调整为 1 500 元/头，育肥猪保额暂时调整为 800 元/头。

根据中国保监会发布的数据，2007 年江西省生猪承保数量为 12 064 头，共获得保费收入 71.94 万元，保险金额 5 368.39 万元。2009 年，江西省生猪承保数量为 98 万头，共获得保费收入 5 751 万元，保险金额 1 999.4 万元。

（3）河北省生猪养殖保险制度的探索

自 2007 年以来，河北省响应国家号召，开始尝试政策性生猪养殖保险试点。2007 年，为指导政策性养殖保险落地与推行，河北省财政厅出台了《河北省能繁母猪保险保费补贴管理暂行办法》，在全省范围内开展能繁母猪保险。能繁母猪保险的期限为一年，因自然灾害、意外事故和各类疾病等导致能繁母猪死亡，保险公司提供相应的赔偿。根据保险条款，能繁母猪品种必须在当地饲养一年以上，畜龄在 8 月以上 4 周岁以下，存栏量必须达到 30 头以上，同时需要提供畜牧兽医部门提供的无伤残疾病、养殖场管理状况良好且在非蓄洪、行洪区等证明，生猪具有免疫证明和统一身份证明。能繁母猪保险的保险费率为 6%，保险金额为 1 000 元/头。2019 年 5 月 1 日至 2020 年 12 月 31 日，国家把能繁母猪保险的保障金额暂时调整为 1 500 元/头。省直管县无市级财政补贴，享受中央财政补贴 50%、省级财政补贴 25%、县级财政补贴 5%、农户自缴保费 20%；非直管县享受中央财政补贴 50%、省级财政补贴 15%、市级财政补贴 10%、县级财政补贴 5%，农户自缴保费 20%。2011 年，河北省加快能繁母猪保险工作的推进进程，在《河北省政策性农业保险试点工作实施方案》中提出将全省的能繁母猪纳入保险补贴品种，能繁母猪保险单位保险金额提高为 1 050 元，保险费率保持不变。

2012 年，根据国家政策要求，河北省政府下达关于开展育肥猪保险的指示，试点地区选取为石家庄市，承保公司为人保财险公司。2017 年，河北省在《河北省农林业保险保费补贴专项资金管理办法》中对育肥猪保险比例进行了较为详细的规定。按照尸长和体重的不同赔偿标准，河北省将育肥猪保险条款划分为育肥猪 A 条款和育肥猪 B 条款。育肥猪 A 条款对育肥猪的要求是畜龄在 1 月龄及以上且体重在 15 千克及以上，育肥猪 B 条款对育肥猪的要求是须在当地饲养一年及以上。育肥猪保险的保险金额为 500 元/头，2019 年 5 月 1 日至 2020 年 12 月 31 日，国家把育肥猪保险的保障金额暂时调整为 800 元/头。育肥猪保险 A 条款保险费率为 5％，育肥猪保险 B 条款保险费率为 4.5％。育肥猪保险 B 条款中规定若生猪养殖为自繁自育类型，则保险数量不低于当年养殖能繁母猪数量的 20 倍；若生猪养殖为非自繁自育类型，则保险数量不低于投保时生猪存栏数量的 2.2 倍，此项条款对投保数量的下限做了严格规定。育肥猪保险补贴情况如下：省直管县无市级财政补贴，市级补贴由直管县本级财政承担，补贴标准为中央财政补贴 50％、省级财政补贴 15％、县级财政补贴 15％、农户自缴保费为 20％；非直管县补贴标准为中央财政补贴 50％、省级财政补贴 15％、市级财政补贴 10％、县级财政补贴 5％、农户自缴保费也为 20％。经过多年发展，河北省生猪养殖保险日趋成熟。

6.1.2.2 国内生猪养殖保险制度对吉林省的启示

基于对国内政策性生猪养殖保险的梳理与归纳，借鉴四川省、江西省和河北省的实践经验，得出以下几点经验启示。

（1）创新生猪养殖保险模式

四川省资阳市统筹兼顾生猪产业链上多方利益主体的需要，积极开展"六方合作＋保险"的新型生猪养殖经营模式，将金融支持、良种推广、政策保障、技术服务、订单收购、风险防范融为一体。其基本流程是：政府向饲料加工企业下达饲料粮储备计划；农业担保公司为饲料加工企业、种猪场和合作社提供信贷担保；金融机构向饲料加工企业发放储备粮贷款，向种猪场和合作社发放担保贷款；饲料加工企业以优惠价向合作社直接赊销、配送；种猪场向合作社配送质优价廉的良种仔猪或合作社自建的种猪场向农户直接配送优质仔猪；合作社社员按标准化要求饲养绿色生猪，并按订单交售给肉食品加工企业；肉食品加工企业"优质优价"收购绿色生猪，并代扣饲料、种猪赊销款；合作社饲养的生猪全部参加政策性农业保险。

在"六方合作＋保险"的产业框架中，农户赊销饲料价格每吨低于市场价格 100 元，赊销或者配送的仔猪价格低于市场价格 3％～5％，食品加工企业以高于市场价格每吨 600 元回收商品猪。依托这种模式，四川省龙头企业与养殖户之间构建了互利共赢的利益联结机制，形成了集金融支持、良种推广、政策保障、技术服务、订单收购、风险防范于一体的产供销链条，助推了农业产业化的成长与发展。因此，在对吉林省生猪养殖保险进行创新发展时，要发挥地区优势，结合当地畜牧业生产经营情况，因地制宜地发展新的保险形式，鼓励保险公司开发适应不同农户需求的保险运行模式，以促进吉林省生猪产业的良性发展。

（2）加大政府支持与配合

纵观四川省和江西省生猪养殖保险的发展历程，两个省份生猪养殖保险的顺利发展离不开政府相关部门的支持。自 2007 年以来，江西省相关部门积极响应国家对农业农村工作的号召，不断建立健全政府支持的农业保险制度。在尚未纳入保险试点的情况下，与中国人保江西分公司全力落实，不断完善，有序推进了生猪养殖保险的试点工作，在助推生猪养殖保险健康发展的道路上发挥了重要作用。四川省相继出台了《四川省政策性农业保险试点财政补贴资金管理办法》《政策性生猪养殖保险条款》等多项政策性法规，为能繁母猪保险和育肥猪保险的有效运行提供强有力的实施环境。2007 年，为指导河北省政策性养殖保险落地与推行，河北省财政厅出台了《河北省能繁母猪保险保费补贴管理暂行办法》，2011 年，河北省人民政府制定了《河北省政策性农业保险试点工作实施方案》。上述政策文件的出台，对河北省开展农业保险的总体思路、试点政策和保障措施进行了界定和规范，为农业保险工作提供了基本的制度框架。上述政策文件成为河北省进行农业保险工作的基本依据。四川、江西和河北在实施政策性生猪保险时，除了享受中央财政统一补贴的 50% 之外，地方政府各级财政通力合作，相互支持、配合。例如江西省财政补贴 20%，县（市、区）财政补贴 10%；而河北省则由省财政补贴 15%，市级财政补贴 10%，县级财政补贴 5%。可见，上述三省政策性生猪保险能够得以健康有序发展，与地方各级政府的支持配合密不可分，这为吉林省发展政策性生猪保险提供了借鉴和启示。

（3）加大农业保险的宣传力度

政策宣传是政策落实与推广的重要途径。从四川省、江西省和河北省生猪养殖保险的发展来看，各级政府非常重视生猪养殖保险的宣传与组织。例如，四川省利用两种方式进行宣传，一是向生猪养殖户发放宣传单，二是保险公司工作人员与当地政府工作人员亲临养殖户家中进行投保流程和补贴政策的宣传。其宣传方式使农户能够深入了解投保程序和补贴政策，增强保险意识。吉林省各级政府要充分利用官方媒体平台，积极宣传生猪养殖保险的作用，使养殖户体会到政策性保险带来的价值与利益，培养养殖户抵抗风险的意识与理念。

6.2 国内外生猪价格指数保险发展经验借鉴

制定实施生猪价格指数保险制度，用市场作为价格的形成机制，将有利于稳定生猪价格，对促进生猪产业健康发展，保证生猪养殖者的基本利益，保障中国食物安全具有重要意义。生猪价格指数保险制度在中国尚处于初级发展阶段，只在 20 几个省份试点实施，目前在吉林省尚未实施。总结借鉴国外国内生猪价格指数保险发展经验，可以给吉林省创新生猪价格指数保险制度以启示。本节将通过梳理国外国内生猪价格指数保险制度的实施经验，为吉林省生猪价格指数保险制度的创新提供借鉴和参考。

6.2.1　国外生猪价格指数保险发展经验借鉴

在全世界的农业保险发展过程中，美国和加拿大农业保险体系经过不断充实和完善，无论在制度改革、政策拓宽、法律完善还是产品改良创新方面都形成了其具有本国特色的发展模式。本章以美国和加拿大为例，通过总结分析美国和加拿大生猪价格指数保险的设计及运作模式，对吉林省的生猪价格指数保险以启示和借鉴，在此基础上，对吉林省生猪价格指数保险制度进行完善与健全。

6.2.1.1　美国生猪价格指数保险的设计及运作模式

美国是最早实行生猪价格指数保险的国家。2000 年，美国农业部风险管理局决定为牲畜养殖场提供价格风险保障。2002 年，美国农业部风险管理局先后推出了两款价格指数保险，分别是生猪价格指数保险和生猪毛利保险。两者最主要的区别在于是否对生猪饲料成本的玉米和大豆进行风险对冲。目前美国市场上的生猪保险中 87％ 为生猪毛利保险。生猪毛利保险则是在生猪价格保险的基础上将饲料价格波动风险也纳入保障范围，是对生猪市场价格与饲料（玉米和大豆）成本价格波动导致生猪养殖户收益损失所提供的一种风险管理工具。它相当于为生猪养殖户提供了一个组合期权，即"生猪看跌期权＋饲料看涨期权"，以保障生猪收益不因单一价格波动而受影响。该款产品承保的是投保人生猪市场价格与饲料成本之差的毛利风险，当投保人的生猪毛利低于预先确定的标准时，投保人就能获得赔付；反之，则不能获得赔付，与投保人是否发生真实的损失无关。从保障水平的角度看，生猪毛利保险与生猪价格指数保险相比，它能为投保人提供更高效、全面的风险保障，能实现一张保单覆盖生猪养殖的主要价格风险，因此，其深受生猪养殖户的欢迎。

在美国所有开办生猪价格保险（LRP - Swine）业务的州，其辖区内任何从事生猪养殖的养殖户都可以申请购买该款保险产品，但一个农场每年最高承保的生猪头数不能超过 32 000 头，每个保单不能超过 1 000 头。投保时，养殖户首先必须根据自己的实际生产情况在 4 个保险期间（13 周、17 周、21 周和 26 周）内进行选择，同时选定 LRP 保险的保障水平（70％～100％）。然后，美国农业部风险管理局根据芝加哥商品交易所瘦猪肉保单到期日期货价格、固定膘重比 0.74 和农民选择的保障水平计算得到该 LRP 保险合同的保障价格，即保障价格＝保障水平×瘦肉期货价格×固定膘重比。在保险到期日，如果市场实际价格等于或者高于该保障价格，则养殖户仍可按照实际市场价格进行交易并获得收益。一旦市场价格低于保障价格，投保人便可从该项保险中获得相应补偿。LRP 的实际销售价格数据以美国农业部农业市场服务局监测的生猪销售价格为准。

美国的生猪毛利保险（LGM-swine）是对生猪售价下跌或饲料价格上涨引起的养殖收入降低进行承保的一种保险产品，当生猪养殖的实际收益（生猪养殖收入减去饲料成本）低于保障的"期望收益"时，保险公司就对差额部分进行赔偿。投保时农户需要根据自身实际情况确定免赔额（0～20 美元/头）。在 LGM 产品中，期望总收益和实际总收益的计算，都是参考期货市场的相关价格数据进行确定。其中，期望总收益＝（猪肉期货价格×固定膘重比×2.6－饲料成本）×投保生猪头数，实际总收益＝（生猪实际价格×固定膘重比×2.6－饲料成本实际价格）×投保生猪头数，其中 2.6 为每头猪的重量即260 磅，生猪实际价格和饲料成本实际价格也是以当月芝加哥商品交易所期货市场价格为依据确定，在得到各月生猪实际收益以后，结合各月生猪出栏数量，就可以得到该保险期间内的实际总收益。

6.2.1.2 加拿大生猪价格指数保险的设计及运作模式

1959 年，加拿大联邦政府正式颁布了《农作物保险法》，在其发展拓宽的过程中，根据其自身的特点建立政策性农业保险制度。目前加拿大已初步形成以农业风险管理计划为重心、非风险管理项目为添补的农业支持保护政策体系。农业保险制度其中一项是加拿大西部家畜价格保险的保险计划，保险标的物包括肉牛和生猪，为其提供价格风险保障。2009 年提出肉牛价格指数保险，2011 年推出了生猪价格指数保险。生猪价格指数保险是由阿尔伯塔省农业金融服务公司首先提出的，现已覆盖很多省份。

第一，加拿大生猪价格指数保险的实施机构及其运作模式。在加拿大执行生猪价格指数保险的保险机构是联邦政府与省政府共同创办的保险公司，经营成本由联邦政府和省政府共同承担。联邦政府、省政府还为其提供保费补贴、管理费用补贴，保费收入及其盈余只用来支付赔款和购买再保险，但对养殖户不提供保费补贴，养殖户自愿选择购买。在这个过程中，联邦政府扮演"监督者"的角色，监管保险保障水平、保险费率和保险价值。还会对农业保险有一个持续检测，包括经审计的财务报表、合规审计和精算审计。联邦政府与省政府还建立了交换工作的平台，即成立了农业保险工作组。该部门主要负责制定农业保险指导原则、评估项目参数和解决项目运行过程中发生的问题等。

第二，加拿大生猪价格指数保险的保险标的和保险期限。任何在阿尔伯特省从事生猪养殖持续 20 天以上的养殖户都可以向保险公司购买生猪价格指数保险。但是对养殖户的承保量会加以限制，最多不可以超过 2 000 头，购买时间选择比较灵活，农户可以根据自己的实际情况选择保险期限。

第三，加拿大生猪价格指数保险的保险责任。加拿大生猪价格指数保险主要针对生猪市场价格下跌来分担养殖户的市场风险。保险合同到期，如果实际销售价格比预期价格低，保险公司会赔偿投保户，养殖户就可以在生猪没有销售的情况下得到赔偿。

第四，加拿大生猪价格指数保险的保险费率和保险赔付。加拿大生猪价格指数保险可以为投保养殖户提供一站式的在线承保理赔服务。保险费率的确定，主要根据补偿和操作的安全性，并采用标准方法测定的精算要求，依照货币与当地基数调整后，将获得认证的期货价格改换为保险费率，索赔是基于局部地区拍卖市场价格计算现金指标得出。合同到期后，如果市场价格低于保障价格，投保的养殖户就可以获得现金理赔款，基本相当于销售了一份远期合约，对于小规模的养殖户来说，生猪价格指数保险解决了他们参与金融衍生品的规模障碍问题。

加拿大还具备成熟的政策性巨灾保险模式，由于加拿大农业发展现状及其自然条件，其农业巨灾模式逐渐发展成政策性保险模式，在 2008 年，联邦政府制定了"农业未来成长计划"，明确了农业巨灾保险是农业风险管理工具，强化了财政支持力度与政府责任。风险分散方式主要是再保险及再保险基金，还包括灾害年份的巨灾补贴金、无息贷款支持等。

6.2.1.3 国外生猪价格指数保险对吉林省的启示

中国近期开始推广的生猪价格指数保险，实现了生猪保险的"保自然风险"到"保市场风险"新的飞跃。针对生猪价格典型的周期性与季节性等特点，中国已经将生猪价格指数保险作为分散和转移生猪市场风险的有效手段及措施。但是在试点推广的过程中，投保的养殖户较少。因此，如果吉林省要实施生猪价格指数保险制度，借鉴国外生猪价格指数保险发展经验，将会对其有重要启示。通过梳理美国和加拿大生猪价格指数保险的发展模式和经验，对吉林省未来实施生猪价格指数保险有如下启示。

（1）因地制宜地探索生猪价格保险发展道路

美国和加拿大的农业保险公司由联邦政府与省政府联合设立开办，属于政府操纵性的农业保险业务。联邦政府和省政府的农业保险保费补贴，主要是企业管理和支持再保险，并且依照法律、法规的有关规定，负责监督审查预算、监管农业保险公司经营活动和维护农民利益。除此之外，政府不妨碍农业保险公司的具体经营活动，农业保险保费收入单独结存，不需要上缴税款，不参与农业保险公司工作人员的工资收入分配，保费的滚存仅仅作为将来遇到大灾损失时赔付的准备。目前像美国和加拿大这种由公共部门提供农业保险的国家并不多，并且它们已根据本国国情进行了创新和完善。

目前大多数的国家采用的不是美国和加拿大的模式，而是选择政府市场合作模式。中国生猪价格指数保险也是通过政府有关部门的支持加以联合保险公司共同开展业务的，在实践过程中也存在一些问题。例如，一些地方政府对保险公司生猪价格指数保险业务的干预，使业务在微观管理的基本知识和规则方面一定程度上违背了商业运作，某些市场参与者也没有能够遵照市场逻辑，在市场竞争中没有起到提高效率的作用，虚假理赔、虚假承保的形式日趋多样化。

从美国和加拿大的经验来看，不同的国家和地区推广生猪价格指数保险应根据当地条件，探索符合当地特征的生猪价格指数保险管理模式。正视国家或者地区的制度差异、经济发展水平差异等，应根据实际对生猪价格指数保险现状加以改进。应该在实践中逐渐明确政府、公司各自正确的角色。将各自权利和义务的界线标记清楚，实现政府的供给和政府的需求有效隔离。即政府的参与，仅是按照法律、法规规定对保险公司的预算补贴等进行审查，成为被保险人与保险公司之间有效沟通的桥梁，不干涉农业保险公司日常具体经营运作，更好地达到政府满足农民需求、保护农民利益的目标。

（2）创办专业的工作小组或政府机构

美国及加拿大政府已经建立了一个比较完整的农业保险组织管理体系和专业工作组，提供农业保险方案，指导农业保险中的问题解决相关事宜。虽然中国各地区都成立了政策性农业保险工作协调部门，例如北京市农委、山东省农业厅等，来配合当地政策性农业保险日常工作的需要，但是中国目前却缺乏这种在中央层面管理全国农业保险问题的专门政府机构，这也是制约生猪价格指数保险进行产品创新，制度完善的原因之一。

根据经验，应该在中央政府的层面建立专业农业保险办事处，聘请有专业经验的工作人员，也可与相关高校教师合作，主要是负责设计和完备生猪价格指数保险产品的开发与创新。同时，要承担对保险公司的监管工作，即作为第三方来监管协调和保护双方的责任与权利。

（3）避免养殖户逆向选择问题

目前中国生猪价格指数保险推广过程中一个较为棘手的问题就是怎样合理避开投保养殖户逆向选择的问题，这与保险的理赔标准和投保期限相关。加拿大的生猪价格指数保险的理赔价格是以规定月份的期货价格数据计算得来，建立了"期货＋保险"或"期货＋保险＋其他金融工具"的生猪期货与生猪保险互动发展模式。这也是其特色和优势，打破了传统的发展模式，即时间、类型和灾害损失的数据采集限制。因为所有的数据都可以在期货市场得到，减少有效的运营成本。但由于中国标准化生猪养殖不成熟，没有统一的市场，缺乏统一的国家标准，所以，截至2020年10月，尚未建立完善的生猪期货市场。目前各地均使用猪粮比作为赔付标准，养殖户普遍关注的是，险种所依据的猪粮比该以哪种口径为准，一些地区是以国家发展改革委员会每周公布的猪粮比价，还有一些地区是根据当地的相关统计数据，如果猪粮比再提高一点，养殖户投保的积极性会随即提高。

但是许多养殖户认为，猪粮比不能充分、准确地反映生猪养殖的利润水平。饲养生猪需要玉米饲料、豆粕、麸皮、添加剂等，这些费用也占据一部分经营成本，因此，建议使用猪料比作为赔付标准。猪料比旨在反映生猪养殖损益趋势，并为养猪业提供早期预警信号。该指数对仔猪和饲料、猪价数据进行精确计算，得出各阶段的综合指标，可以反映该农业地区当前生猪养殖环节的成本，也可以提供及时和可靠的政策依据。

除了猪粮比的问题，保险期限也会导致有经验的养殖户出现逆向选择的情况，具有一定的可预测性的被保险人在短期内会预测生猪市场价格。只有当实际价格低于预期价格，养殖户会选择购买，这不利于实施生猪价格指数保险。因此，保险期限可以给出多样化的选择。目前试点地区生猪价格指数保险的保险期限通常被限制在1年，应根据生猪养殖的特点灵活设定保险期限，还可以制定一些优惠来鼓励养殖户投保，例如养殖户第1年没有理赔的需要，之后可以采取降低保费之类的措施来避免逆向选择情况的出现，保障保险公司的利益。

（4）建立完善的巨灾风险分散体系

美国和加拿大农业巨灾风险分散系统并不是一个独立的主体，而是嵌入在国家农业政策管理体系中。在该系统中，政府高度重视其相关研究、应用及管理的政策和法规。在农业保险经营管理的框架内增加法律的束缚，减少随机性，提高了农民的积极性和对政府的信任。在农业生产补贴方面，政府进行灾害风险的补偿支付方式是以现金直接支付给农民，中间环节少，这样可以减少腐败，缩短付款时间，以增加农民对政府的信心。

在中国农业现代化快速发展的同时，中国的农业保险起步较晚，基础单薄，农业基础信息管理体系更新速度较慢，保险公司的保障程度和服务能力与美国和加拿大保险公司业务相比较为逊色，保险公司无法满足农民多样化需求。

生猪价格指数保险目前只是在中国试点范围内推广。在未来全面推行的时候，如果出现市场价格急剧下滑，保险公司将难以承担。为了保障生猪价格指数保险可以成功推行及可持续发展，鉴于价格风险可能具有的系统性风险特征，传统分散风险的转换机制难以发挥作用。因此，应积极提倡和推进管理体制创新的综合风险防范机制，加强关键技术的研究和工程示范。积极发展巨灾风险的数据资源，探索建立一个科学的评价分析平台。制定相关政策和法规，研究巨灾保险债券基金的建设，获得来自金融市场和各种社会力量的有效支持。积极建立适合中国国情的生猪价格指数保险巨灾风险分散体系。

（5）运用新技术手段，进行产品创新，提高产品吸引力

目前美国和加拿大农业保险针对大型商业生猪养殖规模经营条件，在实践中探索使用新技术如无人驾驶飞机、地理信息系统等进行保险标的的监控检查及损失识别。中国农业保险面临的信息不对称和经营成本较高等问题，可以学习美国和加拿大的经验，灵活运用新兴技术，使生猪保险的科技含量不断提高。可以为生猪价格指数保险的承保和理赔工作提供管理支持和空间数据分析保障，缓解农业保险中信息不对称的问题，提高农业保险的运算速度。

美国和加拿大的农业保险历史相对比较早，其保险体系也经历了一个试错的过程，针对相继出现的问题和缺陷，先后进行了修正和改进，在不断的实践中积极总结经验教训。

美国和加拿大在发展生猪价格指数保险的过程中，积极的试错过程、试错态度、磋商机制，值得中国生猪保险工作的借鉴。一方面，必须加强宣传和推广工作，提高农户的参保率；另一方面，必须进一步修正和创新产品，提高保险产品的吸引力。

6.2.2 国内生猪价格指数保险发展经验借鉴

2013年5月，中国第一张生猪价格指数保险生成，之后在全国试点推广实施。下面以北京市和四川省为例，分析这两个试点生猪价格指数保险的实施情况，为吉林省生猪价格指数保险的发展提供经验借鉴。

6.2.2.1 主要试点地区生猪价格指数保险发展模式

北京市是中国第一个实施生猪价格指数保险的地区。2013年5月，北京市启动了生猪价格指数保险。

以国家发展改革委员会每周发布一次的"猪粮比"为参照，把生猪生产的盈亏平衡点确定为"猪粮比"6∶1。如果国家发展改革委员会发布的猪粮比低于6∶1时养殖户亏损，保险公司将按保险合同给予养殖户赔偿。2013年，生猪价格指数保险在北京运行后，生猪养殖户将享受来自市级财政给予 50％的保费补贴，区县给予 30％的保费补贴，剩余 20％的保费由养殖户自己承担。自 2014 年开始，北京市财政加大了对生猪价格指数保险的支持力度，市级财政补贴由 2013 年的 50％上涨到 2014 年的 60％，涨幅 10％，各区县根据财政实际情况再承担 10％～40％的保费补贴，市县两级财政对生猪养殖户的保费补贴共承担 80％左右。北京市的生猪价格指数保险在 2014 年生猪产业的"寒冬"中帮助养殖户有效规避了市场风险，并且经过 2015—2016 年的两次升级，发展得更加合理、完善。北京市农委也与保险公司更多地协调，以促进生猪价格指数保险的推广。该保险对减缓生猪价格的周期性波动、保障生猪养殖户的利益、维护生猪产业健康发展具有重要意义。但是，2014—2015 年猪粮比一直低位运行，安华农业保险公司在北京承保的生猪价格指数保险收取保费 2 100 多万元，而赔款 5 600 万元，赔付率高达 260％，这限制了保险公司保险规模的扩大。

四川省是继北京实施生猪价格指数保险后全国第二个开展该保险的省份。四川省主要以成都为例，2013 年 8 月 13 日，成都市彭州市签署了全省第一张生猪价格指数保险，政府对保单上的保险理赔标准进行了严格的制定。四川省的生猪价格指数保险有目标价格指数和猪粮比指数两种生猪保险产品。2013年，承担四川省彭州市生猪价格指数保险的保险机构是中航安盟。该保险公司对彭州市生猪养殖户所签订的保险期限是 1 年，理赔周期是 1 个月，约定"猪粮比"是 5.6：1，保险金额是 1 400 元/头，保险费率是 6％，保费是 84 元，政府补贴 70％，生猪养殖户自己缴纳保费 25.2 元/头。生猪养殖户签订的保险合同是由中航安盟和地方政府协定的保险合同，生猪养殖户签订的生猪价格指数保险合同到期后要求续保时，育肥猪的出栏量超过上期承保数量的 10％时，保险费率上涨 20％，且超出部分不享受补贴；续保时育肥猪出栏量超过上期承保数量 30％时，保险费率上涨 50％，且超出部分不享受补贴。也就是说，由政府和保险公司通过费率上涨幅度和补贴政策调整来调控生猪养殖市场。

6.2.2.2　国内生猪价格指数保险对吉林省的启示

第一，保险公司应对生猪价格指数保险设置不同的理赔周期。理赔周期越长，保险公司的赔付可能性越小，对保险公司来说就更为有利。不仅如此，为农户提供可选择的不同期限理赔周期，还能提高农户的投保意愿，从而促进价格指数保险的推广。

第二，中国应尽快启动和建立生猪期货市场。尝试改变猪粮比 6：1 的赔付标准，重视地域间的差异，结合地区的实际价格波动情况，合理测算出符合当地实际的"猪粮比"。另外，为改善理赔启动困难的现状，吉林省可以对当前的"猪粮比"计算方式进行优化。重视生猪养殖中的其他成本，并尝试使用收益率和毛利润为新的衡量指标，进一步区分养殖户类型，设置不同定价及理赔方式。

第三，政府部门鼓励金融创新，完善保险补贴体系及对保险公司的风险分散方式，提供合理的保费补贴比例。并可尝试通过信贷捆绑帮助农民贷款，增加贷款人对低收入农民信贷的意愿。保险公司可进行再保险，把承保的风险通过分保分散出去，避免过大的损失。

第四，政府部门以及保险公司要对农户进行适当宣传和教育，纠正养殖户对于保险的认识误区，及时进行信息公布，加强对于保险赔付的监管。另外，完善农产品市场价格体系，加强监管，建立健全专业的农产品市场价格检测体系。

6.3 本章小结

本章第一部分梳理了美国、加拿大、日本等发达国家和四川省、江西省、河北省等国内地区的生猪养殖保险制度的演变历程和实施情况，对吉林省生猪养殖保险制度的创新具有以下启示：从国外生猪养殖保险制度发展历程看，要构建完整的法律法规体系，建立完善的巨灾风险转移机制，扩大生猪保险品种种类；从国内生猪养殖保险制度的发展历程看，要创新生猪养殖保险模式，加大政府支持与配合，加大农业保险的宣传力度。本章第二部分梳理了美国和加拿大等发达国家和北京市、四川省等国内主要试点地区的生猪价格指数保险实施情况，对吉林省生猪价格指数保险的创新发展具有以下启示：从国外生猪价格指数保险制度的发展历程看，要因地制宜地探索生猪价格指数保险发展道路，创办专业的工作小组或政府机构，避免养殖户逆向选择问题，建立完善的巨灾风险分散体系，运用新技术手段进行产品创新，提高产品吸引力；从国内生猪价格指数保险制度的发展情况来看，要设置不同的理赔周期，尽快启动和建立生猪期货市场，政府部门要鼓励金融创新，完善保险补贴体系，提供合理的保费补贴比例，政府部门以及保险公司对农户进行宣传和教育等。

7 | 吉林省生猪保险框架设计

能繁母猪保险和育肥猪保险均属于规避养殖风险、保障产量的风险分摊工具，因此在保险框架设计时相同点颇多，故把二者结合起来进行生猪养殖保险框架设计；而生猪价格指数保险属于规避市场风险的范畴，主要是保障利润的市场风险分摊工具，有其特殊性，故把其单列出来进行生猪保险制度框架设计。综上，本章将分为生猪养殖保险框架设计和生猪价格指数保险产品的框架设计两节来进行阐述。

7.1 吉林省生猪养殖保险框架设计

根据前文的分析，吉林省生猪养殖保险制度在发展过程中存在诸多问题，生猪价格指数保险虽然具有必要性和可行性，但是尚处于探索阶段，存在一定的难点与制约。在梳理国内外生猪保险制度的发展历程和经验教训的基础上，本章立足吉林省实际并结合生猪产业特征，对能繁母猪保险、育肥猪保险和生猪价格指数保险的保险标的、保险责任、保险金额、保险的投保流程及依据、理赔流程及原则等内容展开科学讨论，并着重探讨推动生猪保险制度实施的保障举措。

生猪养殖过程中时有疫病发生，特别是特大疫病的发生，会给生猪生产者带来严重的经济损失。政策性生猪保险的提出是为了转移分散风险和分摊经济损失。生猪保险是以商品用猪为保险标志的，由保险人对生产者（被保险人）在生产过程中因自然灾害和意外事故造成的损失，承担赔偿责任的保险，是市场经济背景下养猪业规避风险的有效手段。生猪保险对增强养猪业抵御风险能力，提高产品竞争力，促进农村经济发展和社会主义新农村建设具有重要意义。

7.1.1 吉林省能繁母猪保险制度框架设计

在现存的能繁母猪保险框架基础上，进行了创新设计。

7.1.1.1 保险对象与保险标的

（1）保险对象

吉林省政府鼓励生猪养殖大户、农业龙头企业、专业合作组织等新型经营主体参保。鼓励龙头企业自建基地或建设与农户紧密联系的生产基地实行统一投保，鼓励农业专业合作组织为其成员统一投保，鼓励散户以村为单位联户投保。其中，全省各地符合保险条件的能繁母猪全部纳入保险范围，原则上承保面达到出栏数的20%。

（2）保险标的

吉林省关于能繁母猪保险标的的规定如下：要求能繁母猪要满足规定的饲养时间、饲养规模及圈舍地点等特殊要求方能作为保险标的进行投保，需要投保的能繁母猪必须在投保地饲养6个月以上（含6个月），并且在办理保险时，所投保的能繁母猪年龄须在8~48个月。若猪龄小于8个月或大于48个月的可以增加附加险，保险金额和费率另行规定。

关于投保数量规定如下：每一单能繁母猪存栏量应在10头以上，散养户不足10头的，可以几户联合，以村为单位联户投保。饲养母猪的圈舍应有健全的管理制度，饲养场所应建立在当地划定的禁养区外，并且在当地洪水线以上的非蓄洪区、行洪区，圈舍卫生应保证饲养质量。需要投保的能繁母猪必须经畜牧兽医部门验明无伤残，无本保险责任范围内的疾病，营养良好，饲养管理正常，能按所在地县级畜牧防疫部门审定的免疫程序接种并有记录，且猪只必须具有能识别身份的统一标识方可投保。

7.1.1.2 保险金额与保险期限

（1）保险金额

每头保险母猪的保险金额由投保人与保险人协商确定，双方需要在保单签订之前在保单上对投保数量、保险金额做详细说明，要求保费最高不超过其市场价格的80%。具体计算公式如下：

保险金额＝每头保险金额（以双方协商价格为准）×保险数量（以保险单载明为准）

若投保人分批为能繁母猪投保，按照保险公司规定，保险数量按照每批投保时能繁母猪的存栏数确定。若投保人按年为能繁母猪投保，保险数量按照保险期间内的预计累计出栏数确定，同时需要确定投保时存栏数。

保险费＝保险金额×保险费率（保险费率根据保险人规定的保险费率计收）

（2）保险期限

保险公司规定，投保的能繁母猪保险的保险期为一年。自保单签订时起365天之内为保险有效期。

保险合同签订之后，保险公司将设置15天疾病观察期。保险人与被保险人双方签订保险单，保单生效之日零时起至第15日24时止。如果观察期内，投保的能繁母猪无任何疾病或病故，则保险生效；若保险的能繁母猪在疾病观察期内因保险责任范围内的疾病导致死亡，保险公司不负责赔偿；保费退回给承保养殖户。保险期间届满续保的母猪，免除观察期，保险自保单签订之日起生效；如果上一保险期间未发生保险事故，则保险费率降低 0.5%。

7.1.1.3 能繁母猪保险赔付与免责

（1）保险赔付情况

在保险期限内，如果出现一些意外情况，保险公司按照合同约定，根据保费及理赔条例对养殖户进行理赔。具体情况如下：如果养殖户在养殖能繁母猪过程中发生火灾、爆炸（非人为）、中毒、难产等意外情况时，保险公司对养殖户进行赔付；养殖户在养殖过程中遇到特殊自然灾害时（如雷电、暴雨、洪水、大风冰雹、地震、冻害、山体滑坡、泥石流等），保险公司对养殖户进行赔偿；养殖户在养殖过程中，被保险的能繁母猪感染猪丹毒、猪肺疫、猪水泡病、猪链球菌、猪乙型脑炎、附红细胞体病、伪狂犬病、猪细小病毒、口蹄疫、猪瘟、高致病性蓝耳病及其强制免疫副反应等疾病和疫病时，保险公司对农户进行赔偿。如果患病猪被政府实施强制捕杀导致死亡时，保险公司仍然要对养殖户进行赔偿，但保险公司进行赔付时应将政府捕杀专项补贴金额从赔付额中剔除。

（2）保险责任免除情况

保险期限内，如果出现故意人为、战争或一些不符合保险公司赔偿规定的情况时，保险公司有权终止保险合同，拒绝赔偿。具体情况如下：养殖人员及其家庭成员、饲养员在养殖过程中存在较大管理过失、恶意破坏行为等，造成保险母猪死亡，保险公司不进行赔偿；养殖户要给保险母猪做好标识，如果耳号标识脱落，要联系保险公司及时补佩，并在发生意外后第一时间联系保险公司，不要毁坏投保猪的标识，并且不要移动发生意外的猪，否则保险公司有权不赔偿。

7.1.1.4 能繁母猪保险的流程分析

（1）投保流程分析

符合投保条件的养殖户自愿向保险公司申请投保保险，保险公司在养殖户申请之后对养殖户的申请材料进行审核，并对养殖情况进行现场核实；保险公司对符合条件的投保母猪进行耳标佩戴，并将投保母猪的猪脸录入猪脸识别系统，同时登记专用档案信息；保险公司对投保母猪的数量进行核实，形成投保清单；养殖户根据保险清单缴纳保费；双方签订保险合同，保险公司出具保单，保单签订 24 小时后生效（图 7-1）。

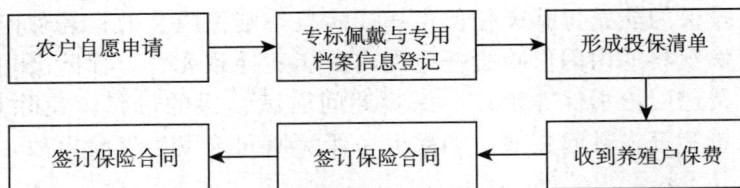

图 7-1　能繁母猪保险的投保流程

(2) 理赔流程分析

保险事故发生后，保险公司将启动理赔程序，主要包括报案、查勘、定损、立案审查、赔款支付五个主要环节（图 7-2）。具体理赔程序如下：

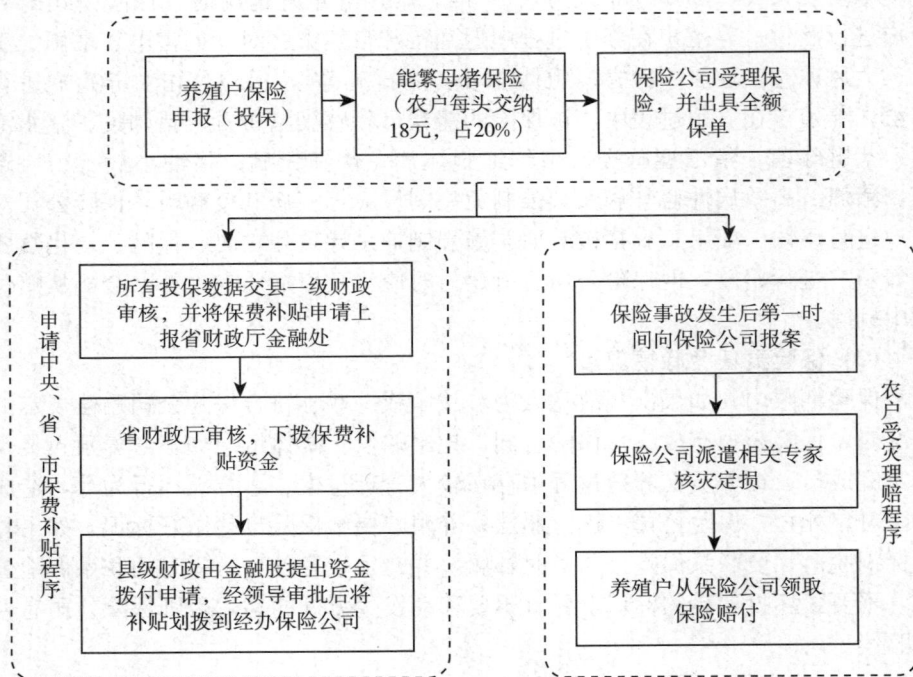

图 7-2　能繁母猪保险的理赔程序及保费补贴程序

第一，保险事故发生后，养殖户要第一时间拨打电话进行报案，并做好无害化处理准备。

第二，保险公司派查勘人员及兽医部门相关人员到保险案发现场查勘。赶赴现场后，认真核对死亡标的体征，猪脸、耳标、畜龄、死亡原因等重要信息。扫描死亡标的的猪脸与投保时的猪脸进行比对。养殖户要核实投保能繁母猪的数量和实际存栏数量，拍摄能够反映死亡标的全貌、标识、体征等基本特征的查勘照片。查勘报告应详细叙述被保险母猪的诊疗过程、死亡症状、损失原因以及损失情况等基本信息。

第三，根据查勘报告，保险公司对保险事故进行定损，计算赔偿金额。保险公司应按照以下方式计算赔偿：

赔偿金额＝死亡数量×每头保险金额，即将保险母猪的死亡数量乘以保险合同约定的每头母猪的保险金额之积为保险公司的赔偿金额。

如果遇到政府扑杀，赔偿金额按照以下公式计算：

赔偿金额＝死亡数量×（每头保险金额－每头母猪政府捕杀专项补贴金额），即保险合同约定的每头母猪的保险金额扣除政府给予扑杀死亡母猪的补贴金额后再乘以能繁母猪的死亡数量作为保险公司的赔偿金额。

如果保险母猪每头保险金额低于或等于出险的市场价格，则每头能繁母猪的保险金额按照合同中要求的每头保险母猪保险金额计算；如果每头保险母猪的保险金额高于出险时的市场价格，每头保险金额按照市场价格计算。

第四，理赔人员对保险事故立案审查，相关人员要严格核实死亡证明和防疫证明，做好留样取证工作，严密防止重复索赔。

第五，公布理赔记录结果，保险公司按照赔偿要求对投保养殖户进行赔款支付。

7.1.1.5 保费补贴拨付和划转

能繁母猪保险是国家重要的政策性生猪保险。根据国家关于能繁母猪养殖保险保费补贴的规定，吉林省财政要根据全省能繁母猪承保的数量，按照每头能繁母猪省财政和地方财政补贴保费总计 30％的规定，对投保的养殖户、合作社及大型养殖企业给予保费补贴。具体流程为：各保险公司（营销服务部）分别负责所辖能繁母猪承保数量的汇总和市财政补贴资金的统计工作；各保险公司要按时完成保险合同的签订；各市（县）政策性农业保险领导小组负责财政补贴配套资金的协调工作（图 7-2）。补贴标准：能繁母猪的保险金额规定为每头 1 500 元，费率为 6％，保费每头 90 元，其中中央财政补贴 50％、省财政补贴 10％、市财政补贴 20％、养殖户（场）承担 20％。

7.1.1.6 风险管控

各乡（镇）、街道及畜牧站、村委会必须坚持实事求是的原则，认真核清养殖户（场）的能繁母猪数量，做到符合条件的能繁母猪全部参加保险。无死角宣传，确保养殖户对保险政策明晰。防疫人员必须将参保的能繁母猪全部进行猪脸识别，并录入猪脸识别系统，同时配打耳标。对于参保户不同意进行猪脸识别和配打耳标的，防疫人员要告知参保户出险后不予赔偿，并签订协议书。对于有特殊情况（孕期、临产期）不能配打耳标的要进行猪脸识别，要列清产期明细表及时上报经办机构，等产期过后及时补打耳标。如因虚报、漏报和瞒报或因未给保险母猪进行猪脸识别和配打耳标的，或未给配打标识的，抑或标识号不符导致出险拒赔而引起上访的，由畜牧站、村防疫员按照工作职责分别负责。对于配打耳标后脱落或丢失的，参保农户应及时上报防疫人员和畜牧站，由畜牧站组织村防疫员依据猪脸识别记录，对其配打新耳标，并及时把新耳标号上报经办机构。市畜牧局和经办机构要设立举报电话，开展电话回访，监督查勘人员服务情况，对于吃拿卡要的查勘人员经举报查实，将严肃处理。绝不允许参保母猪发病后或死后配打耳标，坚决打击弄虚作假骗取国家惠农资金行为，一经发现情节严重的要追究当事人的法律责任。

7.1.1.7 助推能繁母猪保险实施的保障措施

上文已经针对吉林省能繁母猪保险运作框架与形式进行了全面细致的分析，吉林省若要高质量发展能繁母猪保险，就要构建新型能繁母猪保险的运作模式。在创新型能繁母猪保险运作模式中，首要任务是发挥政府的监督引导作用，辅以市场运行的规则与规律。新模式要秉承自愿原则，建立保费低、辐射范围广、保障程度高的保险思路。根据吉林省生猪产业发展的实际情况与特色积极开展符合本省省情的保险品种，从而引领生猪保险机构向更强、更专业、更高效的方向迈进。构建符合吉林省能繁母猪发展的保险运作模式，需要跟随吉林省生猪产业发展的基本思路与实际情况，养殖户、保险公司、政府三个相关利益主体权衡考虑，从以下四个方面进行探索。

(1) 发挥政府的引导作用

虽然能繁母猪保险在吉林省范围内已经普遍实施，但是该险种目前的发展仍存在一些问题，而且养殖户对该保险的认知与接受程度也十分有限。因此需要政府加大对能繁母猪保险的补贴力度，最大限度地降低保费中养殖户支出的部分，降低保费水平，让更多的养殖户能够买得起保险，让他们切身感受到保险给养殖户带来的实惠与红利。政府应加强对保险公司的监管力度，避免保险公司为了追求利润最大化而盲目提高保费，也避免对能繁母猪保险发展造成负面影响。

(2) 拓宽保险责任和承保范围

为更好解决保障程度和保额不足问题，吉林省应注重升级改造现有能繁母猪保险产品，合理制定保险条款，扩大保险责任，加强能繁母猪保险产品有效供给。在能繁母猪养殖保险的基础上，创新开发生猪全生命周期养殖保险、猪瘟保险等产品。应增加可承保标的和可保数量，例如将不足7千克的仔猪纳入可保范围。无法纳入可保范围的，可针对特殊猪种适当增加保费，令不同生长阶段及不同畜龄猪种均可承保，真正做到保险惠农，使得社会效益更加显著。

还可以根据不同风险水平的猪种、不同风险偏好和保险需求的农户开发更有针对性的保险产品，例如特种养殖品种保险，不断推动生猪保险差异化费率和品种多样化。

（3）自愿投保与强制投保相结合

由于吉林省能繁母猪保险还存在不足之处，养殖户对能繁母猪保险的认同相对较低，保险在全省的覆盖范围也相对较小，因此实行自愿投保与强制投保相结合的推广方法，不仅能让更多的养殖户参与到能繁母猪保险的运行中来，并能够在受灾时让更多的养殖户感受到保险对自身利益的保障。设计投放更多自愿投保与强制投保相结合的险种，能够最大限度地维护养殖户的利益，让能繁母猪保险的作用最大化地体现。

（4）充分保障养殖户的基本利益

能繁母猪保险运作的根本目标就是维护广大养殖户的根本利益。推进能繁母猪保险的目的是在养殖户遇到风险时将损失降到最低，因此，降低保费、提高赔付率、增加赔付额等都是减少养殖户损失的重要举措。只有能繁母猪保险在实际运行过程中维护了养殖户的切身利益，才能让能繁母猪保险快速平稳地推进下去，并得到广大养殖户的支持。

7.1.2　吉林省育肥猪养殖保险产品的框架设计

育肥猪养殖保险作为国家政策性生猪保险的另一内容，补偿了在遭受重大病害、自然灾害、意外事故和政府扑杀导致的育肥猪死亡损失，从而大大减轻养殖户的养殖风险，促进生猪产业的健康稳定发展。本书结合吉林省区域特色及生猪产业发展特征对育肥猪保险框架进行如下设计。

7.1.2.1　保险投保人及投保条件

（1）保险投保人

育肥猪养殖保险的投保人通常是从事生猪养殖的养殖户或规模化养殖场，农业生产经营组织和村民委员会等也可以成为保险投保人。保险经办机构为育肥猪保险的保险人，被保险人可以是参保的养殖户、龙头企业、养殖协会、养殖场、养殖小区或村委会。由投保人组织辖区内养殖户向当地保险经办机构统一投保。标的查验工作由保险经办机构和代办人员共同开展。对散养户的投保标的进行抽查验标，对于年出栏 1 000 头以上的养殖户（养殖小区、养殖场）要逐一验标，并登记在案。协办部门人员负责收取参保养殖户自筹部分的保费，并填报投保明细表，被保险人在投保明细表上签字确认。

（2）投保条件

在育肥猪保险条款中规定，所要投保的养殖场地及设施必须要符合卫生防疫规范且位于当地洪水警戒水位线以上的非蓄洪区、行洪区，非传染病疫区及非禁养区。参保的育肥猪营养必须良好，健康无疾病，无伤残，饲养管理规范，按免疫程序规定预防接种并应有详细有记录。投保育肥猪须具有能识别身份的统一标识；投保时育肥猪体重须在 15 千克（含）以上，且育肥猪品种必须在当地饲养一年以上。

7.1.2.2 承保方式

根据育肥猪养殖实际情况，分以下四种方式承保。

（1）按月度承保

对于年出栏育肥猪 100 头（含）以下的自繁自养户（养殖小区、养殖企业）、外购仔猪育肥的养殖户（养殖小区、养殖企业），按月度进行承保，每年承保 12 批次，每个月一批次，每批承保标的的数量按承保时实际存栏数量确定。

（2）按季度承保

对于年出栏育肥猪 500 头（不含）以下的自繁自养户（养殖小区、养殖企业）、外购仔猪育肥的养殖户（养殖小区、养殖企业），按批次进行承保，每年承保四批，每季度一批次，每批承保标的的数量按承保时实际存栏数量确定。

（3）按批次承保

对于年出栏育肥猪 1 000 头（不含）以下的自繁自养户（养殖小区、养殖企业）、外购仔猪育肥的养殖户（养殖小区、养殖企业），按批次进行承保，每年承保三批，每 4 个月一批次，每批承保标的的数量按承保时实际存栏数量确定。

（4）按年度承保

对于出栏 1 000 头（含）以上的自繁自养户（养殖小区、养殖企业）、外购仔猪育肥的养殖户（养殖小区、养殖企业），均按年度承保，承保标的数量参照上年实际出栏数量确定，且对于自繁自养的，承保数量不得低于承保时实际存栏能繁母猪数量的 15 倍；对于外购仔猪育肥的，承保数量不得低于承保时实际存栏育肥猪数量的 2.5 倍。

7.1.2.3 保险金额、费率、保险费、保险期间

每头育肥猪保险金额参照投保时体重达到出栏标准重量的育肥猪市场价格的一定比例，由育肥猪投保人与保险公司协商确定，并在保险单上载明，最高不超过市场价格的 80%。具体公式如下：

保险金额＝每头保险金额×保险数量（出栏标准重量、保险数量以保单载明为准）

每头育肥猪养殖保险金额参照投保时体重为 100 千克育肥猪市场价格的一

定比例，保险金额确定为 800 元/头，费率为 5%，保险费为 40 元/头。

保险期间自保险标的入栏时起至出栏日止，月度承保按 30 天计算，季度承保按 90 天计算，批次承诺最长不超过 120 天，年度承保由投保人与保险公司相关人员协商确定，以保险单载明的时间为准。

7.1.2.4　保险责任与责任免除

（1）保险责任

保险期间内若养殖户发生意外造成投保的育肥猪在保单固定圈舍内死亡，并且死亡时体重在 15 千克以上，且符合保险公司规定的条件，此时保险公司要按照保险合同的约定对养殖户进行赔偿。主要分为以下四种重要情况：

第一，大灾风险。界定大灾风险的标准有多种，从灾种角度看，育肥猪养殖业的大灾风险是由地震、台风、暴雨等产生巨大损失的系统性风险，目前这也是获得中国保险业广泛认同的一种界定标准。当育肥猪投保养殖户遇到暴雨、洪水、暴风、雷击、冰雹、冻害、地震、泥石流、山体滑坡等自然灾害时，保险公司对养殖户进行赔偿。第二，疫病风险。生猪疫病具有突发性的特点，新型瘟疫的出现更难以控制，当育肥猪在养殖过程出现重大疫病，如近几年较为流行的病种例如蓝耳病、猪瘟、猪肺炎、猪丹毒、猪流感等疫病出现导致投保的育肥猪死亡时，保险公司进行赔偿。第三，扑杀风险。生猪养殖业还面临政府扑杀的风险。在猪瘟疫情发生时，实施扑杀政策是国际公认的有效截断非洲猪瘟传播途径的方式，这给生猪养殖户造成严重的经济损失。保险公司明确规定，在保险期间内，由于发生高传染性疫病，政府实施强制扑杀导致保险育肥猪死亡，保险公司同样负责对养殖户进行赔偿，但赔偿金额以保险金额扣减政府扑杀专项补贴金额的差额为限。第四，其他风险。保险育肥猪发生被盗、中暑、中毒、被野兽伤害等事故时，保险公司同样负责赔偿。

（2）责任免除

如果出现以下情况造成被保险的育肥猪死亡，保险公司不负责对养殖户进行赔偿。如果养殖户或其家庭成员、饲养员、雇用人员对育肥猪管理不当或故意违法、犯罪等过失行为造成死亡时，保险公司不进行赔偿。保险的育肥猪在养殖过程中违反防疫规定或发现疫病不及时治疗导致死亡并造成重大影响时，保险公司不进行赔偿。保险育肥猪发生摔跌、走失、饥饿以及在保险单载明的固定圈舍外发生事故时，保险公司不进行赔偿。

7.1.2.5　育肥猪养殖保险的理赔流程及赔付标准

（1）理赔流程

保险的育肥猪出现保险事故后，养殖户应在 24 小时内向经办机构客户服务部报案。报案人应详细告知案情信息，并保护第一现场。

保险公司在接报案后 24 小时内要对保险事故现场进行查勘。第一现场查勘率必须达到 100%。现场查勘小组由经办机构查勘员和各乡（镇）、街畜牧站或指派村级防疫员共同组成。到达现场后，全面了解、翔实记录查勘过程和损失情况，并进行现场拍照。对属于保险责任应予以赔偿的，查勘组负责告知被保险人索赔程序及相关手续；对于无耳标、在 10 天疾病观察期内因病死亡的以及条款规定的其他不属于保险责任的不予赔付。为切实加强动物卫生防疫工作，确保食品安全，根据《动物防疫法》的规定，查勘小组在完成现场查勘后，养殖户必须在经办机构查勘员和畜牧站或授权的村级防疫员共同监督下，按照规定对死亡标的物进行无害化处理，由经办机构查勘员进行现场拍照，存档备案。养殖户、畜牧站或村级防疫员、经办机构查勘员共同在相关单证上签字确认后，视为有效。对于进行无害化处理的养殖户，由相关部门给予一定无害化处理费用的补助；对于不进行无害化处理，没有签字确认的，经办机构不予赔付。

（2）赔付标准

保险育肥猪发生保险责任范围内的事故时，若每头保险金额低于或等于出险时出栏标准重量育肥猪的市场价格，以死亡育肥猪的重量、每头保险金额及出栏标准重量为赔偿计算标准。

赔偿金额＝每头死亡育肥猪重量×每头保险金额/出栏标准重量×死亡数量。若死亡育肥猪重量超过 100 千克，按 100 千克计赔，即赔偿金额＝100×每头保险金额/出栏时标准重量×死亡数量。

如果每头保险金额高于出险时出栏标准重量育肥猪的市场价格，则以死亡育肥猪的重量、出险时出栏标准重量、育肥猪的市场价格及出栏标准重量为赔偿计算标准。

赔偿金额＝每头死亡育肥猪重量×出险时出栏标准重量育肥猪的市场价格/出栏标准重量×死亡数量

保险的育肥猪因发生高传染性疫病，政府实施强制扑杀造成的损失，保险人的赔偿金额以扣减政府扑杀专项补贴金额的差额为限。

赔偿金额＝计算的赔偿金额—高传染性疾病政府扑杀专项补贴金

7.1.2.6 育肥猪养殖保险实施的保障措施

（1）加大财政支持，提高保障水平

目前政府对生猪保险的财政支持，主要以保费补贴的方式进行。保费补贴能够直接地使养殖户感受到财政支持，可以增加养殖户的投保积极性，可以起到增加生猪保险需求的作用。美国对生猪保障水平可达 90% 以上，也就是说保险可以弥补养殖户 90％的损失。而中国目前处于成本保险阶段，现阶段保障水平较低，通过保险也只能得到 60％左右的赔偿，对养殖户是较大的损失。国家层面应该着力提高生猪保险保障水平，提高保障水平的关键就是提高保障额度，这就要求在投保时提高保费。进一步提高保障水平，提高保费，就要求政府加大对生猪保险的财政支持力度。

（2）加大无害化处理投入

目前，国家已经成立无害化处理与保险联动机制。涉及农业农村部、卫生部、食品安全部、保监会、保险公司等各方机构，无害化处理已经取得初步成效。但是在一些偏远地区，无害化处理厂仍然较少，"主动报案难、组织运输难、规范处理"成为一些地区面临的主要问题。为了使无害化处理到位，保障食品安全，政府应加大无害化投入。同时加大无害化处理的财政投入力度，设置专项资金或拨款用于建设无害化处理厂，提高无害化处理的覆盖率。加大对无害化处理各流程的补贴力度，对生猪尸体暂存冰柜、生猪尸体运输冷藏车和无害化处理机器进行财政补贴，并设置税收减免政策，降低无害化处理成本。在适当地区可建立大型冰库，对散户养殖报案尸体进行收集，然后定期集中到无害化处理厂进行处理，从而提高理赔效率，提高无害化处理效率。提高无害化处理补助，现阶段 80 元的补助较低，对养殖户可能没有太大吸引力。政府应根据国民经济发展水平，逐步提高无害化处理补贴水平，吸引养殖户主动进行无害化处理。同时建立相应的奖惩机制，对主动举报违规违法的居民予以奖励和肯定，对未按规定进行无害化处理的相关人员进行罚款。在全社会形成主动上报、主动收集、主动监管的氛围，提高广大人民群众参与无害化处理的积极性。

加强无害化处理与保险联动机制的建设与完善，规范各方行为，各部门各司其职，保障畜产品质量和公共卫生安全。

（3）改善工作流程，推进保险联动

在保险工作流程设计上，可将生猪保险与无害化处理、防疫、屠宰、补贴各方面结合起来，形成全闭环管理，一条龙服务。首先，建立保险公司、防疫部门、屠宰场、农业局、国家财政信息共享的平台。保险公司建立灵活的保险费率调节机制，对饲养管理条件好、出险率低的养殖场予以减免保费优惠政策；对于饲养管理条件差，报案率高、出险率高的养殖场，予以增加保费、减少赔款等惩罚政策。其次，将承保、查勘等工作和畜牧部门的防疫工作联系起来。在现场查勘时，只要无害化处理厂将生猪尸体拉走，便可进行理赔，无需等待处理结果。在免疫过程中将兽医体系也加入其中，节省保险公司在承保、查勘、理赔等各环节的运营成本，实现生猪从养殖到餐桌全流程动态闭环可追溯管理流程。

（4）运用"互联网＋"，进行现场闪赔

核赔工作理赔慢的原因是案件量巨大。现阶段，各保险公司规定只有省级保险公司才具有核赔权限。对于养殖业数量大的省份来说，仅仅靠省级分公司来审核案件是远远不能满足快速理赔的要求的。因此，建议保险公司，简政放权，推进查勘和核赔相结合。对查勘人员进行专门培训，提升查勘人员专业技能和素质。这样，在现场查勘时，便可决定是否理赔，节约人力物力。中华联合保险公司正在进行"闪赔"的试验。通过和互联网公司合作，开发专门的手机端 App 进行查勘拍照。当查勘人员将标的照片、标的重量（或长度）照片上传，系统自动进行后台审核。当发现此耳标号处于承保状态，且免疫记录完善，系统便会自动通过审核，进行理赔。"互联网＋保险"是未来保险业发展的趋势，利用互联网技术，改善内部流程，提高承保、理赔工作效率。运用互联网，进行现场闪赔，生猪保险便会有光明的未来。

（5）学习养猪专业技能，科学养殖

大部分养殖户受教育程度较低，需要不断提高其科学养殖和经营管理水平。生猪养殖面临很高的养殖风险，养殖户管理技能的高低直接关系生猪的死亡率。当养殖户普遍重视科学养殖、科学管理，生猪死亡率则会降低，进而相应降低了养殖风险，提高了保障水平。因此，建议养殖户多参加生猪养殖的相关知识培训，学习养殖生猪专业知识和技能，科学养殖。同时学习先进养殖公司的管理经营，进行科学化管理，改善生猪养殖环境，提升硬件环境，减少疾病危害。形成饲养、防疫、配种科学的管理体系，降低生猪死亡率，促进生猪保险的整体发展，实现保险公司和养殖户双方利益最大化。

（6）增强保险观念，减少道德风险

养殖户要学习和了解生猪保险的相关知识，提高对保险的认识水平，亦是社会整体进步的体现。当养殖户对保险足够了解，认识到保险是进行风险转移的一种方式，而不是牟取利益的工具，便会使保险环境得到整体改善。养殖户应多学习养殖业保险相关知识，认识到自身在生猪养殖中潜在的风险。同时养殖户应增强对生猪保险产品的了解，并结合生猪养殖可能面临的风险进行投保，增强投保人的自主选择性。生猪保险的发展离不开社会各界的支持，各方共同努力，才可促进生猪保险的整体健康、稳定的发展。

7.2 吉林省生猪价格指数保险产品的框架设计

为全面、细致地了解生猪价格指数保险的具体操作步骤及情况，本节接下

来将从参保条件、保险金额、保险期限、保险责任与责任免除以及保险理赔流程五个方面对吉林省未来开展生猪价格指数保险产品的框架进行设计。

7.2.1　参保条件

生猪价格指数保险的参保对象主要包括生猪养殖企业、生猪专业合作社以及规模生猪养殖户。想要参保生猪价格指数保险，养殖户需要满足特定的规模，并且所投保的生猪要同时具备以下条件：第一，养殖户在当地必须持续生猪养殖，且养殖期限必须超过一年。第二，投保生猪的品种必须在当地有农户养殖且养殖时间超过两年；养殖户必须只能投保生猪价格指数保险一种，不得再从事订单生产或后买生猪期货产品。为了尽量确保养殖户有长期养殖生猪的意愿，降低道德风险和逆向选择，保险公司对投保人也做了相应的要求，养殖户必须在当地从事生猪养殖业满一年，并在一年以内需连续从事生猪养殖，要求养殖户不得从事订单交易和期货交易。因为订单交易和期货交易本身可以降低市场风险，所以养殖户必须再用期货手段来规避风险，只能具有生猪价格指数保险这种单一的风险管理工具。

7.2.2　保险金额

保险金额就是根据保险合同的规定，当保险事故发生时，保险公司应该给养殖户赔付的最高金额。生猪价格指数保险的基础保险金额为各个约定周期保险金额之和，具体按照下列公式计算：

基础保险金额＝约定周期基础保险金额之和

约定周期保险金额＝约定猪粮比值×约定玉米批发价格（元/千克）×单猪平均重量（千克/头）×约定周期保险数量（头）

约定周期保险数量＝保险期内生猪出栏数量（头）/约定周期数

7.2.3　保险期限

保险期限是指签订保险合同的双方应当遵守合同权利以及履行合同义务的起止日期，也就是保险合同的有效期限。各地保险合同规定的保险期限不同，但最短的期限都为1年，不同地区的保险公司根据当地生猪养殖情况制定了不同的保险期限，共分为1年、2年、3年三种类型。

保险期限定义为一份保险合同从生效日开始到终止日结束这一时间范围，作为保险合同的有效期限，也是双方当事人行使权利和履行义务的责任期限。只有在合同规定期限内出现保险事故，保险人才负有相应赔偿责任。生猪价格指数保险规定保险期限通常为1年，投保时约定年出栏批次，具体以保险单载明为准。保险数量以每户能繁母猪存栏数 20 倍以内为基数计算预计年出栏数量。以往进行试点的生猪价格指数保险有的设置一年分 12 个批次，有的不划分批次，在年底统一进行理赔。然而这两种情况都有一定的弊端。前者将一年分为 12 个批次，每月底进行核算理赔。这样能够缩小生猪价格的变动范围，更加贴近生猪市场价格变动实际情况，防止出现某月的损失无法得到赔偿的现象。例如，某一月猪粮比价低于约定猪粮比价，而其他月份均相反，如果不划分 12 个批次，则经全年平均后，总的结果却等于或高于约定猪粮比，就会出现该月的损失不能得到补偿的情况。但是，如果一年要进行 12 次的核算理赔，也大大增加了人力成本。而后者不划分批次，在年底统一进行理赔，虽然在很大程度上起到了节约人力成本的作用，但是却不能切实反映生猪市场价格变动的实际情况，容易出现某月平均猪粮比价低于保单载明的约定猪粮比价，并没能得到补偿，或是某月猪粮比价高于约定猪粮比价，但因其他月份情况相反，最终得到了补偿。

考虑到生猪价格波动频率大、季节性差异明显以及保险理赔人力成本等因素，综合以上两种分批方案的优缺点，应当将一年的保险期限划分三或四个批次进行核算理赔，每个批次为总承保数量的 1/3 或者 1/4，预计出栏时间分别为起保日后第 4、8、12 个月底或者 3、6、9、12 个月底。这样既能够较贴切地反映生猪市场价格变动的实际情况，又在一定程度上减轻了保险公司人力成本的负担。

7.2.4 保险责任与责任免除

在保险合同规定的期限内，按照保险合同的规定，如果约定周期猪粮比平均值低于保险合同中约定猪粮比值时，则此时定义为保险事故发生。保险公司按照合同约定，根据保费及理赔条例对养殖户进行理赔。此处需要注意的是，当出现保险合同规定以外的情况对养殖户造成损失时，保险公司不进行赔偿，该情况被视为保险责任免除。

保险公司规定，由于政府行为和司法行为、战争、军事行动或暴乱以及任何原因导致的生猪死亡等原因造成约定周期猪粮比平均值低于约定猪粮比值，保险公司视为保险责任免除，不对养殖户进行赔偿。

7.2.4.1 保险责任

保险责任定义为合同中规定的保险人需要对被保险人承担赔偿责任的范围。生猪价格指数保险规定进行赔付的保险责任应当包含：根据约定，投保的每批生猪出栏时，若约定周期内的平均猪粮比低于保险合同中约定的猪粮比，则认定保险事故发生。此时保险人须按照约定对投保农户由于生猪价格波动引发的市场风险造成的损失提供经济赔偿。约定周期内的平均猪粮比等于约定周期内的各月猪粮比的算术平均值。每月的猪粮比等于吉林省每月生猪出场单位价格除以当月吉林省二等玉米的单位批发价格。价格信息按照合同约定的发布平台查阅。

7.2.4.2 责任免除

责任免除指在投保前告知投保人并于合同中列明的不予承保和赔偿的风险与损失范围。它与保险责任相对应，事实上，凡是在保险责任范畴之外的情况皆属于责任免除。但实际操作中通常在条款内列明，以便更明确地划分保险责任和责任之外的界限。既能防止因保险条款未提及或界定模糊而造成的理解偏差，又能防止出现不必要的纠纷。生猪价格指数保险规定，当出现下列原因导致生猪价格下降所造成损失，不承担赔偿责任：①行政行为或司法行为；②战争、军事行动、恐怖行动、敌对行为、武装冲突、民间冲突、罢工、骚乱或暴动；③地震以及其次生灾害、大气或水或核污染、核爆炸或辐射、核子辐射以及其他放射性污染；④其他保险责任范畴以外发生的损失和费用。

7.2.5 保险的管理和理赔流程

生猪价格指数保险的实施由政府发挥主导作用，在提供财政补贴的基础上负责选取保险公司，确定合理的保险金额。保险公司按照商业保险的准则与方式进行运作，并发挥其人才、管理和服务等优势设计保险产品的理赔流程。走访事故现场进行查勘定损，政府和保险公司共同拥有保费收入和承担保险赔付责任。

第一部分为承保管理，主要包含投保、承保、核保、收费出单四个环节（图7-3）。投保阶段，由保险公司向生猪养殖户说明生猪价格指数保险条款中的重要内容，在条件允许的情况下，农业生产经营组织或村民委员会可组织规模养殖户召开宣传说明会，向养殖户讲解保险条款中重点内容。

第二部分为理赔管理，主要包括报案、查勘定损、立案、理赔公示、核赔、赔款支付六个环节。以安华农业保险公司为例，理赔流程见图7-4。

当约定周期内的猪粮比平均值低于合同约定的猪粮比时，养殖户可立即拨打安华农业保险公司电话95540进行报案，保险公司接到报案后立刻组织人员赶赴现场进行勘察、定损。投保养殖户需要向保险公司提供相关生猪出栏、养殖等证明材料，保险公司对养殖户提供的证明进行核查。如果情况属实，确实在保险责任范围内，保险公司将进行定案估损，并且及时赔付养殖户。如果情况不属实，保险公司有权在做出核定之日起三日内向投保养殖户发出拒绝赔偿

投保	在当地从事生猪养殖 1 年，所养殖的生猪品种在当地养殖 2 年以上；非从事订单和期货交易。
承保	保险公司对投保养殖户的生猪品种、数量进行核查并保留影像资料；定制投保清单。
核保	对投保清单、保险标的权属及数量、实地验标、承保公示等关键信息进行审核。
收费	保险公司在收到养殖户保费之后出具保险单并将保险单发放到户。

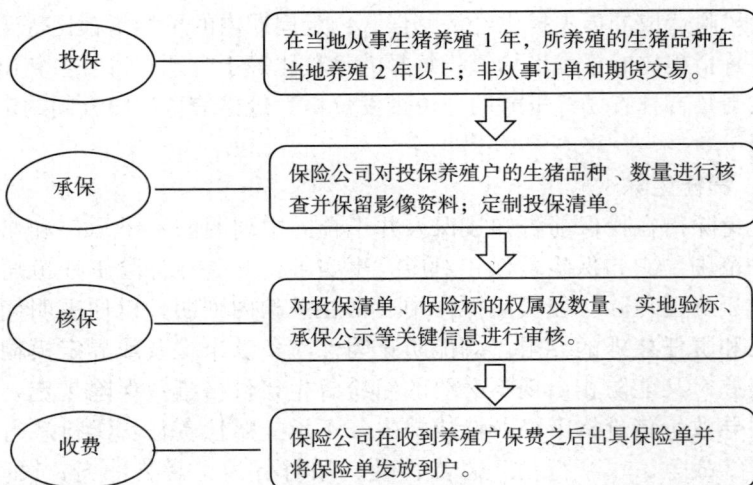

图 7 - 3　承保管理流程图

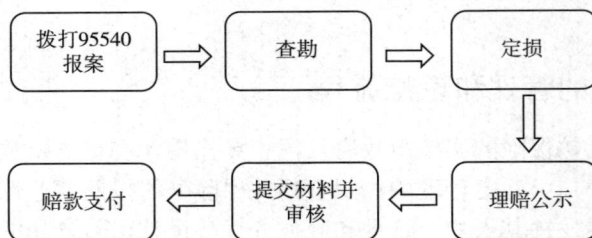

拨打95540报案 ⇒ 查勘 ⇒ 定损 → 理赔公示 ⇐ 提交材料并审核 ⇐ 赔款支付

图 7 - 4　生猪价格指数保险理赔流程

保险金通知书，并说明理由。在进行定案估损时候，保险公司需要在村级或农业生产经营组织的公共区域，对相应查勘定损结果进行不少于三天的公示。理赔结果公示之后，保险公司需要对相关材料进行审核。审核结束后，保险公司按照赔偿要求对投保养殖户进行赔款支付。

7.2.6　基于吉林省现状构建更优的约定猪粮比条款

目前中国实施的生猪价格指数保险，通常是将保险价格参考现行猪粮比。当保险期间内的平均猪粮比低于盈亏平衡（保险合同中约定的猪粮比）时，认定养殖户亏损，保险公司对养殖户进行保险金补偿。然而，全国各地经济发展程度有高有低，物价水平不尽相同，生猪饲料粮食价格也不尽相同。例如，东北三省是玉米等粮食作物的主产区，价格要比非主产区低 400 元/吨左右。因此，应当在参考现行猪粮比的基础上，结合各试点实际情况得出适用于本地区的最佳盈亏平衡点，作为生猪价格指数保险合同中约定的猪粮比，而不是简单地把猪粮比固定为 6∶1。

平均数是一项表现数据集中趋势的指标，在统计学中算术平均数不仅可以进行不同组数据之间比较，寻求不同组之间差异，也可以用来反映同组数据的平均水平和一般情况，具体操作方法为：用一组数据中所有数据之和除以该组数据个数。计算平均猪粮比价最理想的情况是综合各种影响生猪市场价格变动的因素计算加权平均数，但是由于吉林省生猪价格和玉米价格的公布数据并不是以"日"为单位，并且很多影响因素不能量化衡量，无法分配权重比例，所以本研究采用算术平均数的方法计算平均猪粮比价。

算术平均数的计算公式为：

$$A_n = \frac{\sum\limits_{i=1}^{n} \alpha_i}{n}$$

式中，A_n 是所求算数平均数，是数据值也即猪粮比值；n 是月份数也即猪粮比值的个数。根据公式可以得出表 7 - 1，同时得出 2012—2016 年吉林省猪粮比平均值为 7.074∶1，较高于其他省份约定的 6∶1。

表 7 - 1　2012—2019 年均吉林省猪粮比值

年份	猪粮比
2012	6.52
2013	6.65
2014	5.64
2015	6.75
2016	9.81
2017	9.98
2018	6.92
2019	11.03

注：猪粮比的基数为 1。

对于开展生猪价格指数保险业务的保险公司来讲，当实际猪粮比值越低，低于约定猪粮比值时，保险公司对投保农户的损失进行经济补偿；相反，若实际猪粮比值高于约定猪粮比价时，那么保险事故没有发生，保险公司也就无需承担赔付责任。根据表 7 - 1 得出，8 年中仅有 2014 年的 12 个月平均猪粮比小于普遍规定的 6∶1；其中有 5 个月小于国家发改委当前合理"猪粮比"的下限 5.5∶1。不难得知，吉林省目前尚未发展生猪价格指数保险的原因之一，即生猪价格指数对于保险公司而言较小，可能是因为吉林省作为产量大省，粮食价格不高，所以猪粮比可能会较高。但是，结合 2015 年 6 月颁布的《缓解生猪市场价格周期性波动调控预案》不难发现，2016 全年均值为 9.81∶1，其中全年 12 个月的猪粮比均超过"猪粮比"绿色区域内的，即猪粮比超过 8.5∶1，这表明吉林省未来的生猪市场价格可能会出现一定程度的异常波动现象。所以，研究团队在 2017 年年初完成的吉林省社会科学基金项目中提出，根据中国农业保险"低保障、广覆盖"原则，中国未来生猪价格指数保险具体的保障价格水平，应该是"猪粮比"在（5.5∶1）～（8.5∶1）的区间范围内。不同的保障水平对应不同的保险费率，投保人可自愿选择不同的保障水平和保险费率。2018 年 8 月非洲猪瘟疫情在中国暴发，而吉林省的生猪产业也受到了严重冲击。从 2018 年 9 月吉林省第一起非洲猪瘟疫情发生到 2018 年 12 月末，吉林省的生猪调运受到了严重限制，猪价大跌。吉林省的猪粮比也随之下滑，2018 年 11 月，吉林省的猪粮比一直在（5.81∶1）～（6.4∶1）区间运行，2018 年吉林省全年的年均猪粮比下降至 6.92∶1。2019 年 7 月全国猪价开始猛烈上涨，在不到一个月时间，超越了 2016 年的历史最高价 5.29 元/千克，到了 10 月猪价加速攀升屡创新高，最高达到 10.40 元/千克，较 2016 年最高价高出近两倍。2019 年吉林省年均猪粮比达到了 11.03∶1。农业农村部副部长于康震于 2020 年 1 月 8 日在北京举行的新闻发布会上强调，2020 年非洲猪瘟防控形势依然复杂严峻。2019 年全年全国共报告发生了 63 起非洲猪瘟疫情，共扑杀生猪 39 万头。从 2018 年 8 月 3 日，中国确诊发生第一例非洲猪瘟疫情，到 2020 年 1 月全国共报告发生了 162 起非洲猪瘟疫情，共扑杀近 120 万头染疫生猪。截至 2020 年 1 月，全国除云南省 1 起疫情尚没有解除封锁，其余 30 个省区市疫情已经全部解除封锁。从 2019 年 7 月开始猪价一直在高位运行，截至 2020 年 8 月 8 日，吉林省当日生猪价格达到了 35.48 元/千克，而 2020 年 8 月 8 日吉林省的猪粮比达到了 11.49∶1。结合表 7-1 计算出 2012—2019 年 8 年的猪粮比均值为 7.912 5∶1，高于普遍规定的 6∶1。综上所述，吉林省实施生猪价格指数保险，参照的猪粮比要立足于吉林省实际，把参照猪粮比确定在（5.5∶1）～（8.5∶1）区间。

7.3　本章小结

　　本章立足于吉林省地方实际及吉林省生猪产业特征，对能繁母猪保险、育肥猪保险和生猪价格指数保险的保险标的、保险责任、保险金额、保险的投保流程及依据、理赔流程及原则等内容进行了探讨与分析。为助推吉林省能繁母猪保险制度的有效实施，提出相应的保障措施：①能繁母猪保险实施过程中发挥政府的引导作用；②保险公司应拓宽保险责任和承保范围；③推行自愿投保与强制投保相结合的新型投保方式；④保险的制定、实施过程中应充分保障养殖户的基本利益。为助推育肥猪养殖保险，从政府层面、保险公司层面及养殖户层面提出如下措施：①从政府层面来看，要加大财政支持，增加保险的补贴额度，提高育肥猪养殖保险的保障水平；加大无害化处理投入，保障畜产品质量和公共卫生安全。②从保险公司层面，保险公司要改善工作流程，推进保险联动；运用"互联网＋"，进行现场闪赔，提高赔付效率。③从养殖户层面，应学习生猪养殖专业技能，科学养殖，增强养殖户的保险观念，提高养殖户的整体素质，减少道德风险发生。为促进吉林省生猪价格指数保险制度的实施，本章基于吉林省现状，设计了吉林省生猪价格指数保险制度框架，提出要构建更优的猪粮比条款，以助推生猪价格指数保险在吉林省的顺利落实与实施。

8 | 研究的主要结论、政策启示及未来的研究方向

8.1 研究的主要结论

本书从能繁母猪保险、育肥猪保险到生猪价格指数保险对吉林省的生猪保险问题进行了深入探讨，得出如下四个方面的结论。

8.1.1 关于能繁母猪保险

第一，吉林省能繁母猪保险工作开展的情况并不乐观。2013—2019 年，吉林省能繁母猪保费收入与承保情况都呈下降的趋势，能繁母猪保险的宣传工作与养殖户投保途径方面都存在较大的问题。第二，吉林省能繁母猪保险的条款尚不能满足现有养殖户的需求，也很难符合生猪养殖的生产规律和现状，存在着对能繁母猪猪龄的规定、对能繁母猪存栏的规定、赔付金额的规定、对承保范围的规定不合理等问题。第三，吉林省生猪养殖户的参保意愿远远大于实际的参保率，其中参保的养殖户之所以选择参保的原因主要是政府的宣传及亲友推荐、规避养殖风险、购买保险后可以得到政府补贴及购买保险可以享受国家政策，而未参保的养殖户拒绝参保的原因主要是自认为可以承担风险、不了解能繁母猪保险及周围养殖户都拒绝参保的示范效应等。第四，吉林省生猪养殖户参加能繁母猪保险的行为主要受其参保意愿、对能繁母猪保险的了解程度、是否参加养殖协会或合作社等专业合作组织、近五年是否发生过能繁母猪死亡情况、对自身防疫能力的评价、养殖收入占家庭年收入比例、从事能繁母猪饲养的时间以及家庭人口数等因素的影响。通过实证检验发现，对能繁母猪保险的了解程度、是否参加养殖协会或合作社、近五年是否发生过能繁母猪死亡情况、对自身防疫能力的评价、从事能繁母猪饲养的时间、家庭人口数和养殖收入占家庭年收入的比例六个因素对养殖户参保能繁母猪保险的行为有较强的影响。

8.1.2 关于育肥猪保险

第一，吉林省育肥猪保险未来发展前景看好，但仍然存在着保险条款设置

的可操作性差、参保的生猪养殖户逆向选择和道德风险以及认识不足等问题。第二，从养殖户对育肥猪保险满意度的调查数据来看，满意度仅为 38.75%，说明吉林省育肥猪保险仍然存在诸多问题，亟待进一步解决。第三，影响养猪户对育肥猪保险满意程度的主要因素包括养殖户的文化程度、养殖年限、对育肥猪保险的了解程度，政府对育肥猪保险的宣传力度及育肥猪保险的流程操作等，上述因素均具有正向推动作用。

8.1.3　关于生猪价格指数保险

第一，中国试点地区的生猪价格指数保险已经取得了一定的成效，有效保障了参保生猪养殖户的市场风险。但在具体实施过程中，仍然存在宣传不到位、保险条款设置不合理、参保养殖户对生猪价格指数保险的服务感知评价较低及保险公司生猪价格指数保险操作监管不到位等问题。第二，吉林省生猪养殖户对生猪价格指数保险有较高的认知度，且对生猪价格指数保险的需求意愿较强。第三，吉林省实施生猪价格指数保险有其必要性和可行性。第四，当前实施生猪价格指数保险的主要难点在于合理的生猪价格指数的确定、保险期限的确定和保险理赔触发价格的确定以及地方政府财政补贴的压力等，而实施生猪价格指数保险主要受再保险空缺、风险分散机制缺乏、生猪价格监测体系尚未建立、保障范围不足、保障程度低、养殖户保险意识较弱、生猪价格指数保险立法及相关法律法规缺失和生猪期货市场不健全不完善等因素的制约。

8.1.4　结合吉林省地方实际设计生猪保险制度框架

设计生猪保险制度框架，要立足于吉林省地方实际，并借鉴国内外生猪保险实施的经验，以吉林省生猪产业特征为基础，对能繁母猪保险、育肥猪保险和生猪价格指数保险的保险标的、保险责任、保险金额、保险的投保流程及依据、理赔流程及原则等方面进行设计。要构建完整的法律法规体系、建立完善的巨灾风险转移机制、扩大生猪保险品种种类；要因地制宜地探索生猪保险发展道路、创办专业的工作小组或政府机构、避免养殖户逆向选择；运用新技术，进行产品创新，提高产品吸引力；要创新生猪养殖保险模式、加大政府支持与配合、加大农业保险的宣传力度。

8.2　政策启示

基于本书的研究，提出如下政策启示。

8.2.1　吉林省要创新生猪保险制度，丰富生猪保险产品

　　吉林省生猪保险发展过程中，要创新生猪保险制度，保险条款的设计要适应生猪产业发展的需要。同时要丰富生猪保险产品，可以借鉴车险等其他财产险的保障模式，增加生猪保险的附加险，使得生猪养殖户的养殖风险能够得到全面保障。要改变单一的养殖保险制度，建立生猪价格指数保险制度，并且把生猪价格指数保险纳入政策性生猪保险内容，使生猪保险制度集规避产量风险和市场风险为一体，做到既能分担产量风险又能分担市场风险，产量保障和市场保障共存。这样一方面能够为养殖户生猪养殖提供分担自然灾害、疾病等风险分担工具，另一方面能够为养殖户规避生猪市场风险，也能更加充分发挥WTO的"绿箱"政策功能，促进生猪产业的高质量发展。

8.2.2　建立健全生猪保险立法及相关法律法规

　　随着畜牧业快速发展，专业的生猪保险制度需尽快加入农业保险行列当中。为了促进生猪保险制度快速而稳定的发展，必须把建立生猪保险制度的法律体系放到首要位置，只有立法保障，在提高保险公司规范化运作与其承保能力的同时，养殖户才有投保信心，也能在减少道德风险保障保险公司收益的同时，维护养殖户的利益。政策性生猪保险自从 2007 年试点以来，能繁母猪保险和育肥猪保险的实施已有取得了一定成效，在生猪产业发展过程中对风险防控发挥了重要作用，但一直是以《保险法》和《农业保险法条例》作为法律依据，既没有专门的《畜牧业保险法条例》可参照，也没有专门的生猪保险条例及法规细则可依据，这就使得生猪保险在实施过程中常常出现法律缺位现象。因此，国家应该尽快出台与畜牧业保险相关的法律法规，而吉林省应尽快出台适合吉林省生猪产业发展的保险政策文件、条例或细则，使生猪保险在实施过程中有地方法规可依循，为吉林省生猪保险制度的发展提供法律保障。

8.2.3　加大政府监管与扶持力度，逐步建立完善财政保费补贴标准

　　吉林省生猪保险制度的发展需要政府加大监管力度和扶持力度。吉林省银保监会若加大对保险公司的监管力度，生猪保险就会健康良性发展；反之，则会阻碍生猪保险的发展。监管部门应该制定监管细则，并依据细则对保险公司加大监管力度，促进生猪保险的良性有序发展。吉林省政府若加大对生猪保险的扶持，生猪保险供给就会增加。在财政补贴方面，吉林省政府应对生猪保险制度加强财政补贴力度，对受到灾害影响较严重的生猪养殖户，根据受灾程

度，进行勘察、定损，给予财政补贴；对于保险公司，政府也应给以资金上的扶持，减少或分散生猪养殖户的损失。

如果对生猪保险制度财政补贴力度不足，生猪保险将难以维系。对于经济发展比较落后的地区应适当增加补贴比例，吉林省可以借鉴国内生猪保险发展较好的四川、江西、河北等地的补贴模式，逐步加大对生猪保险的补贴额度，并处理好生猪市场、生猪养殖户以及政府财政之间的关系。可根据其他农业政策性保险的补贴模式，为生猪保险制度制定科学合理的保费补贴比例、补贴标准及保险模式。保障生猪保险制度的创新发展，从而保障生猪产业健康发展。

8.2.4　加大生猪保险的宣传力度，提高养殖户的风险意识

加大生猪保险的宣传，有利于生猪保险制度的创新发展。结合吉林省省情及生猪产业发展的特点，在生猪保险宣传方面，可以从以下三个方面加大宣传力度。

一是利用"互联网＋"的优势进行宣传。以往的报纸、收音机、展板、墙体标语等宣传方式虽然简便易行，但已缺乏了新意，不能引起广大养殖户的注意。在智能手机全民普及的时代，保险宣传也要充分利用自媒体平台，通过现在较为流行的网络直播、微视、微信、微博及网络论坛等方式宣传生猪保险的相关讯息，对生猪保险的条例、保险责任、保险理赔方式等进行多形式、全方位、深层次地宣传，使养殖户能够对生猪保险制度进一步深入了解。

二是"政府相关部门＋农业保险公司"共同宣传。由于养殖户对保险的逆反心理，不会去主动了解生猪保险，但调查显示，养殖户对政府的信任度相对较高，对保险公司的信任度相对较低，如果政府与农业保险公司联合起来，共同宣传，则会收效很大，能够极大地激发生猪养殖户的购买欲望。对政策性生猪保险，政府相关部门如农业、畜牧等部门可以协同乡镇进行主导宣传。专业农业保险公司可以在与农户签订种植业保险时，同时走访生猪养殖户，对生猪保险的相关险种进行介绍和宣传，或者保险公司的保险专员在查勘风险时，同时进行宣传，总之，要充分利用各种时机进行生猪保险的宣传。通过"政府相关部门＋专业保险公司"的宣传方式，加大宣传力度，加深广大养殖户对生猪保险的认知。

三是发挥养殖大户的带动作用。一般而言，生猪养殖大户相较于规模较小的养殖户在接受新的思想方面较快，且不断学习养殖的政策动态。农业保险公司要先与生猪养殖大户签订生猪保险合同，形成成功的生猪保险案例，逐步向规模较小的养殖户推广。养殖大户可以通过其在当地群众中的影响力，与其他养殖户形成学习交流的平台，让更多的养殖户了解生猪保险。

8.2.5 建立生猪巨灾风险分散制度

生猪巨灾风险分散制度不仅能提升保险公司的赔付能力，提高企业信誉与形象，同时也能激发养殖户投保生猪保险的热情，增加生猪保险销量。建立生猪巨灾风险分散制度，可以实现保险公司与养殖户的双赢，从而形成良性循环。巨灾风险分散制度一般包括巨灾风险基金的建立和再保险制度。无论是能繁母猪保险、育肥猪保险还是生猪价格指数保险，巨灾风险基金的筹措均可以通过以下两种方式进行：首先，由各级政府牵头，为巨灾风险分散制度提供政策支持，在省级财政设立专项资金来保障资金有稳定的资金来源。其次，各保险公司共同出资，不仅包括涉及生猪保险的农业保险公司，同时也鼓励其他财产性保险公司共同出资，保证巨灾风险仅在行业内公平使用。生猪的再保险制度则是由投保生猪保险的公司再向其他保险进行投保，以其他公司的保险能力来分散本公司理赔风险，提升本公司的赔付能力。生猪的再保险既能保障生猪保险公司的赔付能力，也能带动其他保险公司的经济效益。

单一再保险机制仅仅是政策性农业保险公司的自身风险控制，已不适用吉林省养殖业的承保，而应建立政府主导的巨灾风险基金。从国家而言，由中央出资建立国家巨灾风险基金，当农业保险公司在遭遇巨灾损失时，直接由国家巨灾风险基金给予补偿；从地方政府而言，由省政府出资建立当地政府巨灾风险基金，当养殖业遭遇巨灾损失时，在科学查勘、定损后，由当地政府巨灾风险基金提供一定的补偿。国家和地方的双重保护，是对保险公司的保障，更是对养殖业的保障，可以大大促进生猪保险的发展。

8.2.6 建立并完善生猪期货市场，健全生猪市场价格监测体系

养殖户的养殖收入决定着养殖户的参保行为，而生猪市场稳定对稳定养殖户收入具有重要作用，也是促进生猪产业高质量发展的关键所在，也能促进生猪保险健康发展。但是生猪现货市场对生猪价格"过山车"似的波动也常常力不从心，如何规避生猪市场价格带来的价格风险，必然要联系到生猪期货市场。期货市场可以锁定生猪远期价格，来规避或分散风险。因此，要建立并完善生猪期货市场，丰富生猪期货交易品种，适时推出生猪期货期权交易，并不断完善生猪期货品种体系，提供更多可以供养殖户利用的套期保值工具；建立和发展期货市场的信息中介，宣传期货市场的优势，通过各种宣传媒介，及时为养殖户传递相关的生猪期货市场行情等，使养殖户受益；完善生猪期货市场法律体系，逐步完善《期货交易管理条例》的法律条例，为养殖户提供保障。

健全的生猪市场价格监测体系是实施生猪价格指数保险的必要前提。研究

团队认为，应建立完善的生猪产业发展社会化服务体系，建立信息化服务平台，对生猪养殖及生猪价格进行监控，并及时在服务平台上发布价格信息，从而健全生猪市场价格监测体系。在信息化服务平台中，养殖户可以发布生猪购销信息、批发与零售信息以及生猪价格、生猪养殖规模、饲料价格等信息。同时也可以根据信息服务平台上的数据对当期的生猪价格及饲料价格进行监控，强化对猪粮比价的监督与预测，制定科学合理的盈亏平衡点。在此基础上，联合统计、农业、商务等多个部门一同对生猪价格及猪粮比等进行研究。及时调研，根据实际情况为生猪价格指数保险在制定、实施、查勘、定损、赔偿等方面提供可靠的科学依据。

8.2.7 加强农险人才的培养，提高保险公司的管理水平

生猪保险隶属于农业保险范围，其中能繁母猪保险和育肥猪保险是政策性生猪保险的内容。生猪保险业务的宣传、实施均需要农险业务人员与生猪养殖户进行沟通方能完成。保险业务人员与生猪养殖户能够有效沟通，则有利于生猪保险的发展；反之，则会阻碍其发展。保险公司的管理水平对生猪保险业务的实施与发展具有重要作用，提高保险公司的管理水平能够促进生猪保险的发展水平。投保生猪保险的主体多是分散在农村的生猪养殖户，与其沟通需要农险业务人员既要熟悉农村，又要深入了解养殖户的接受能力，同时还要求保险业务人员能熟练地向养殖户介绍生猪保险的详细情况，使养殖户能够理解领会生猪保险的产品投保条件及赔偿等各项事宜，这对保险业务人员的素质、保险公司的管理均提出了新的要求及挑战。因此，要加强农险人才的培养，使其既要保险业务素质过硬，又要擅于与生猪养殖户沟通，这样才能提升生猪养殖户对保险业务员的认可度和信任度。同时，要提高保险公司的管理水平，提升保险业务人员的素质，提升保险公司的形象，增强生猪养殖户对保险公司信任度，从而促进生猪保险的良性有序发展。

8.3 本书的研究不足及未来的研究方向

8.3.1 本书的研究不足

在研究过程中，虽然做了大量的调研工作，但是生猪保险的宏观数据获得难度很大，遇到了诸多困难。生猪保险属于畜牧业保险范畴，其中能繁母猪保险和育肥猪保险属于政策性农业保险范畴，而生猪价格指数保险则属于商业保险。从政府相关职能部门查阅到的仅是农业保险宏观数据，难以获得生猪保险的准确数据。在对保险公司进行调研和访谈的过程中，得到了安华、人保和中

华联三家保险公司的大力支持，依据三家保险公司在吉林省市场占有的份额计算出了有关吉林省生猪保险的宏观数据。获得的宏观数据可能与政府的统计数据有偏差，但是也能够反映吉林省生猪保险的总体趋势和基本情况，然而，仍有部分数据无法获得，在本书中则避开了与其相关内容的研究，这给本书的研究留下了遗憾和不足。

8.3.2　未来的研究方向

目前，中国的生猪保险主要包括能繁母猪保险、育肥猪保险和生猪价格指数保险，其中能繁母猪保险和育肥猪保险是中国政策性保险的重要内容之一，而生猪价格指数保险属于商业保险。生猪保险的健康发展是发展生猪产业的关键所在。

2018年以前，吉林省开展政策性生猪保险的保险公司仅有安华、人保和安盟，其中安华农业保险公司在吉林省的生猪保险市场占有份额一直在87%以上。2019年又增加了太平洋、中华联和国寿财3个保险公司开展政策性农业保险，承担吉林省政策性农业保险的保险公司由3个增加到了6个。2019年，安华农业保险公司在吉林省生猪保险的市场占有份额下降至66.05%。

2021年生猪期货将正式在大连商品交易所上市交易，这将填补中国生猪期货市场缺失的空白。生猪期货上市交易后，必然为生猪保险制度提供新的机遇和挑战。

面对新的竞争形势，生猪保险的未来研究方向可以归纳为以下五个方面。

第一，在吉林省的保险市场上，承办生猪保险的公司增多，保险人竞争越发激烈，因此，需要从全新的视角，解析生猪保险的参与主体（养殖户、保险公司、政府部门）的特点及功能定位，探讨各主体的目标诉求及主体间关系，分析各主体行为特征及驱动因素。

第二，分析各保险公司竞争优势和劣势，定位各保险公司的优势区域和品种，预测承保生猪保险的保险机构扩容前后，市场需求变化及竞争形势的变化。

第三，分析各参与主体的诉求，特别是各保险公司的业务开展诉求和政府监管诉求，提出新形势下政府部门关于政策性保险的职能定位。

第四，研究设定政府调控目标，提出新形势下政府介入吉林省政策性生猪保险市场监管的主要模式和运行机制，并且从政策支持、行为管控、绩效评估等方面提出推动吉林省政策性生猪保险市场有序发展的对策建议，从而规范生猪保险竞争行为的政府介入机制。

第五，研究中国的生猪期货交易对生猪保险发展的影响，尤其是对生猪价格指数保险的影响。将是关于生猪保险未来研究的第五个方向。

2021 年是国家"十四五"的开局之年，"提高农业质量效益和竞争力"是十四规划中关于"优先发展农业农村，全面推进乡村振兴"的主要目标之一。生猪产业的高质量发展也是提高农业质量效益的主要内容，而生猪保险制度的创新与发展能够为生猪产业高质量发展提供重要保障。笔者将在本书研究的基础上，围绕上述五个方面开展关于生猪保险的后续研究。

附录 1　养殖场（户）生猪养殖保险调查问卷

您好！非常感谢您能在百忙之中参与我们的调研。为了了解吉林省生猪养殖户对能繁母猪、育肥猪保险的投保意愿与投保行为，分析影响吉林省养殖户投保能繁母猪、育肥猪保险的因素，并参考调研数据进行分析，特组织此次调研。问卷将采取不记名的形式，我们将为您所填写的内容保密。

再次衷心感谢您的帮助与支持！

被调研者电话：

调研时间：

一、基本信息调查

1. 您的性别是（　　　）

①男　②女

2. 您的年龄是（　　　）

①30 岁以下　②31～40 岁　③41～50 岁　④51～60 岁　⑤61 岁以上

3. 您的文化程度是（　　　）

①小学及以下　②初中　③高中　④大学　⑤硕士及以上

4. 您是否为党员？（　　　）

①是　　②否

5. 您的家庭有几口人？（　　　）

①2 人　②3 人　③4 人　④5 人　⑤5 人以上

6. 您家庭的年收入（　　　）元。

①100 000 元以下　②100 001～130 000 元　③130 001～160 000 元
④160 001～200 000 元　⑤200 000 元以上

7. 您家庭生猪养殖收入（　　　）元。

①100 000 元以下　②100 001～130 000 元　③130 001～160 000 元
④160 001～200 000 元　⑤200 000 元以上

8. 您家庭的主要收入来源。

①种植业　②养殖业　③加工业　④种养结合　⑤个体经营

9. 您是否参与过农业技术培训？（　　　）是否参加过非农业技术培训？（　　　）您的家人是否参加过农业技术培训？（　　　）您的家人是否参加过非农业技术培训？（　　　）

①是　②否

二、生猪养殖情况

1. 您从事能繁母猪（育肥猪）养殖的时间＿＿＿＿＿＿＿年。

2. 当前生猪存栏一共＿＿＿＿＿＿＿头，其中能繁母猪＿＿＿＿＿＿＿头，育肥猪＿＿＿＿＿＿＿头

3. 近五年来您在饲养能繁母猪的过程中发生死亡的数量为＿＿＿＿＿＿＿头，死亡的主要原因是＿＿＿＿＿＿＿，死亡所造成的的损失大概＿＿＿＿＿＿＿元。饲养育肥猪的过程中发生死亡的数量为＿＿＿＿＿＿＿头，死亡的主要原因是＿＿＿＿＿＿＿，死亡所造成的的损失大概＿＿＿＿＿＿＿元。

4. 养殖场占地＿＿＿＿＿＿＿亩，其中租入面积为＿＿＿＿＿＿＿亩，是哪年租入的？＿＿＿＿＿＿＿年，租入期限为＿＿＿＿＿＿＿年，租入价格为＿＿＿＿＿＿＿元/亩。

5. 您是否参加了农业专业合作社或者养猪协会等？

①否　②是

如果是，您参加的是何种类型的组织？

①农民专业生产合作社　②农业产业化龙头企业　③供销合作社　④资金合作社　⑤养猪行业协会　⑥其他，如＿＿＿＿＿＿＿

您在合作社中的身份是？

①普通成员（一般农户）　②核心成员（生产大户、运销大户、供销社、龙头企业等）

三、关于能繁母猪（育肥猪）自身与政府保护

1. 您是否定期给能繁母猪（育肥猪）注射疫苗？（　　　）

①是　②否

2. 您是否接受过政府的疫苗？（　　　）

①是　②否

3. 您觉得自己对生猪疫病的预防和控制能力怎么样？

①几乎无法控制　②控制较差　③基本能控制　④控制比较好　⑤控制非常好

四、关于对保险的认知与信任程度

1. 您对能繁母猪（育肥猪）保险的了解程度（　　）?

①没听说过　②听说过，但不了解　③有一点了解　④比较了解　⑤很了解

2. 您是否愿意购买能繁母猪（育肥猪）保险?

①不愿意买　②考虑中　③愿意买　④说不清

3. 您对其他农业保险的了解程度?（　　）

①没听说过　②听说过，但不了解　③有一点了解　④比较了解　⑤很了解

4. 您是否加入过其他商业保险?（　　）

①是　②否

5. 您对生猪养殖的相关政策的了解程度?（　　）

①没听说过　②听说过，但不了解　③有一点了解　④比较了解　⑤很了解

6. 两种不同的补贴方式：①政府帮您交一部分生猪保险保费；②直接给您发放相等价值的补贴，您更想要哪一种_____? 两种不同的良种补贴方式：①每头能繁母猪补贴 40 元；②提供相等价值的优质种猪精液，您更想要哪一种_____?

五、对于能繁母猪（育肥猪）保险的认知

1. 您是否购买过能繁母猪（育肥猪）保险?（　　）如果您选择是请答4、5、6题，如您选择否，请答第7题

①是　②否

2. 您对能繁母猪（育肥猪）保险政府的补贴额度是否满意（目前保费大约 80％由各级政府补贴，农户自己承担 20％）

①不满意　②中立或一般　③满意　④非常满意　⑤说不清

3. 您对目前保险公司所能提供的保额对遭受损失看法（　　）?（目前保额约为 1 000 元/头）

①没有作用　②有点作用　③一般　④作用比较大　⑤作用非常大　⑥说不清

4. 您购买过能繁母猪（育肥猪）保险主要原因是_____，您具体购买了多少头_____。

①政府号召　②村干部或乡镇干部动员　③相信农业保险公司　④购买农

业保险政府给予补贴　⑤买农业保险才能享受政府的一些优惠政策　⑥自家农业生产需要　⑦亲友或村里人推荐　⑧其他，如＿＿＿＿

5. 您对能繁母猪（育肥猪）的理赔程序了解程度（　　）？

①没听说过　②听说过，但不了解　③有一点了解　④比较了解　⑤很了解

6. 您在养殖能繁母猪（育肥猪）过程中遭受损失后拿到保险公司补贴程度（　　）？

①拿不到保额　②能拿到，但不能全额拿到保额　③可以拿到全额保额

7. 如您没有购买过主要原因是＿＿＿＿

①想买，但达不到参保要求　②自己可以承担风险，没必要买　③保费太高，不划算　④保障水平太低　⑤承保范围太窄　⑥政府补贴太少　⑦不了解农业保险　⑧理赔程序复杂　⑨理赔不公平　⑩村里人都不买　⑪遇到灾害政府会给予救济　⑫要求全栏保　⑬没人宣传，不知道这个保险　⑭其他，如＿＿＿＿

附录 2　养殖户生猪保险实施效果评价调查问卷

您好！非常感谢您能在百忙之中参与我们的调研。为了了解生猪养殖户对生猪保险实施效果的评价，分析影响养殖户对生猪保险实施效果评价的因素，特组织此次调研。问卷将采取不记名的形式，我们将为您所填写的内容保密。

再次衷心感谢您的帮助与支持！

一、基本信息调查

1. 您的性别是（　　　）

①男　②女

2. 您的年龄是（　　　）

①30 岁以下　②31～40 岁　③41～50 岁　④51～60 岁　⑤61 岁以上

3. 您的文化程度是（　　　）

①小学及以下　②初中　③高中　④大学　⑤硕士及以上

4. 您是否为党员（　　　）

①是　②否

5. 您的家庭有几口人（　　　）（请生猪养殖年均存栏量小于 100 头的家庭经营主体的受访者回答此题）

①2 人　②3 人　③4 人　④5 人　⑤5 人以上

6. 您家庭的年收入（　　　）（请生猪养殖年均存栏量小于 100 头的家庭经营主体的受访者回答此题）

①30 000 元以下　②30 001 - 60 000 元　③60 001～90 000 元　④90 001～120 000 元　⑤120 000 元以上

7. 您家养殖生猪的头数（　　　）

①30 以下（含）　②30～100（含）　③100～1 000（含）　④1 000 以上

8. 您生猪养殖收入（　　　）（请生猪养殖年均存栏量小等于 100 头的家庭经营主体的受访者回答此题）

①20 000 元以下　②20 001～40 000 元　③40 001～60 000 元　④60 001～80 000 元　⑤80 000～100 000 元　⑥100 000 元以上

9. 您家庭的主要收入来源（　　　）（请生猪养殖年均存栏量小于 100 头的家庭经营主体的受访者回答此题）

①种植业　②养殖业　③加工业　④种养结合　⑤个体经营　⑥外出务工

10. 您是否参与过农业技术培训？

①是　②否

是否参加过非农业技术培训？

①是　②否

您的家人是否参加过农业技术培训？

①是　②否

您的家人是否参加过非农业技术培训？

①是　②否

二、生猪养殖情况

1. 您从事生猪养殖的时间_____年。当前生猪存栏一共_____头。

2. 下一年您是否计划扩大生猪养殖规模？

①是　②否

若选择"是"，那么促使您扩大生猪养殖规模的原因是（　　）（多选）

①生猪价格较合理　②饲料价格较合理　③制度较完善　④政府扶持

⑤有益于家庭收入　⑥生猪保险保障

若选择"否"，那么促使您做出这一选择的原因是（　　）（多选）

①饲养成本高、效益低　②传染病、疫情突发　③粪污处理困难

④技术人员缺乏、生猪产出率低　⑤生猪市场价格变动大　⑥其他

3. 您是否参加了农业专业合作社或者养猪协会等？

①是　②否

如果是，您参加的是何种类型的组织（　　）

①农民专业生产合作社　②农业产业化龙头企业　③供销合作社　④资金

合作社　⑤养猪行业协会　⑥其他，如_____

4. 您在合作社中的身份是（　　）

①普通成员（一般农户）　②核心成员（生产大户、运销大户、供销社、

龙头企业等）

5. 您加入合作社后是否会统一安排购买保险？

①是　②否

没有购买保险的合作社能够提供什么保障服务_____

三、风险认知情况

1. 生猪疾病、疫病对生产经营的影响（　　）

①没有影响　②影响较轻　③影响一般　④影响很大

2. 以前有没有遭遇过自然风险？

①是　②否

都包括什么风险_____

3. 是否遭遇过市场风险？

①是　②否

除了价格波动还有其他什么风险_____

4. 生猪价格市场波动对生产经营的影响（　　）

①没有影响　②影响较轻　③影响一般　④影响很大

5. 您觉得自己对生猪疫病的预防和控制能力怎么样（　　）

①几乎无法控制　②控制得不怎么好　③基本能控制　④控制得比较好

⑤控制得非常好

四、对生猪保险的认知情况

1. 您对生猪养殖保险的了解程度（　　）

①没听说过　②听说过，但不了解　③有一点了解　④比较了解　⑤很了解

2. 什么渠道了解了生猪保险（　　）

①互联网　②电视　③报纸　④政府宣传　⑤保险公司宣传　⑥朋友介绍

⑦其他方式

3. 您对其他农业保险的了解程度（　　）

①没听说过　②听说过，但不了解　③有一点了解　④比较了解　⑤很了解

4. 您是否加入过其他商业保险（人身保险等）（　　）

①是　②否

5. 您对生猪养殖相关政策的了解程度（　　）

①没听说过　②听说过，但不了解　③有一点了解　④比较了解　⑤很了解

五、养殖户对生猪保险感知服务质量评价情况

1. 您对目前生猪保险政府的补贴额度是否满意（目前保费大约80%由各级政府补贴，农户自己承担20%）（　　）

①不满意　②中立或一般　③满意　④非常满意　⑤说不清

2. 是否知道生猪保险的购买时间（　　）

①不知道　②知道大概时间　③知道具体时间

3. 对生猪保险保单上的条款，能很好地理解意思吗（　　）

①完全不懂　②懂大概意思　③很好理解　④不太懂，但业务人员会解释

4. 您对生猪保险的理赔程序了解程度（　　）

①没听说过　②听说过，但不了解　③有一点了解　④比较了解　⑤很了解

5. 养殖过程中发生损失时，保险公司下来查勘定损的速度是（　　）

①很慢　②正常　③很及时

6. 向保险公司递交的索赔材料复杂吗（　　）

①各流程烦琐，不满意　②各流程适中，基本满意　③各流程简洁，满意

7. 收到保险公司赔款的方式是什么（　　）

①直接收到赔款补偿　②收到赔款额的同时可以知道赔款明细

8. 希望收到赔款的同时也能了解具体的赔款明细吗（　　）

①不在意　②最好显示具体各项目赔款

9. 如果没有及时交付赔偿款农户可否找到其他负责人员？

①是　②否

10. 您在养殖过程中遭受损失后拿到保险公司赔款的程度（　　）

①拿不到保额　②能拿到，但不能全额拿到保额　③可以拿到全额保额

11. 生猪保险理赔过程是否做到了公正公开透明（　　）

①很差　②较差　③一般　④较好　⑤很好

12. 购买过生猪保险的农户是否还愿意继续购买？

①是　②否

13. 若原本不想购买保险，是否会因为村干部宣传动员而购买保险呢？

①是　②否

14. 购买后认为生猪保险是否有购买的必要？

①是　②否

15. 相比购买生猪保险以前，对生猪保险的评价（　　）

①没有作用　②有点作用　③一般　④作用比较大　⑤作用非常大

16. 您遭受损失后，保险公司所能提供的保额对恢复生产、保障成本的作用大小（目前保额约为 1 000 元/头）（　　）

①金额较少、不能补偿损失　②金额较高、基本能够补偿损失

附录3 关于生猪价格指数保险的问卷调查

您好！非常感谢您能在百忙之中参与我们的调研。为了了解生猪价格指数保险的相关情况，分析评价生猪价格指数保险的实施效果等方面的问题，并参考调研数据进行分析，特组织此次调研。问卷将采取不记名的形式，我们将为您所填写的内容保密。

再次衷心感谢您的帮助与支持！

一、基本信息调查

1. 您的性别是（   ）

①男   ②女

2. 您的年龄是（   ）

①30 岁以下   ②31～40 岁   ③41～50 岁   ④51～60 岁   ⑤61 岁以上

3. 您的文化程度是（   ）

①小学及以下   ②初中   ③高中   ④大学   ⑤硕士及以上

4. 您是否为党员（   ）

①是   ②否

5. 您的家庭有几口人（   ）（请生猪养殖年均存栏量小于 100 头的家庭经营主体的受访者回答此题）

①2 人   ②3 人   ③4 人   ④5 人   ⑤5 人以上

6. 您家庭的年收入（   ）（请生猪养殖年均存栏量小于 100 头的家庭经营主体的受访者回答此题）

①30 000 元以下   ②30 001～60 000 元   ③60 001～90 000 元   ④90 001～120 000 元   ⑤120 000 元以上

7. 您生猪养殖收入（   ）（请生猪养殖年均存栏量小于 100 头的家庭经营主体的受访者回答此题）

①20 000 元以下   ②20 001～40 000 元   ③40 001～60 000 元   ④60 001～80 000 元   ⑤80 000～100 000 元   ⑥100 000 元以上

8. 您家庭的主要收入来源（   ）（请生猪养殖年均存栏量小于 100 头的家庭经营主体的受访者回答此题）

①种植业   ②养殖业   ③加工业   ④种养结合   ⑤个体经营   ⑥外出务工

9. 您是否参与过农业技术培训?

①是　②否

是否参加过非农业技术培训?

①是　②否

您的家人是否参加过农业技术培训?

①是　②否

您的家人是否参加过非农业技术培训?

①是　②否

10. (请生猪养殖年均存栏量大于 100 头的受访者回答此题)

您养殖场的年销售额 (　　　)

①100 万元以下　②100 万～200 万元　③200 万～300 万元　④300 万～400 万元　⑤400 万～500 万元　⑥500 万元以上

11. (请生猪养殖年均存栏量大于 100 头的受访者回答此题)

您养殖场的员工是否进行过农业技术培训?

①是　②否

您养殖场的员工是否进行过非农业技术培训?

①是　②否

二、生猪养殖情况

1. 您 (场) 是从_____年开始生猪养殖的, 您 (场) 从_____年开始能繁母猪的养殖;您 (场) 从_____年开始育肥猪的养殖。

2. 您的养殖场占地_____亩, 其中养殖区域面积_____亩, 其中租入面积为_____亩, 是哪年租入的? _____年, 租入期限为_____年, 租入价格为_____元/亩。

3. 关于您 (场) 的生猪养殖基本情况请填写表 1

表 1　生猪养殖基本情况调查表

年份	2013	2014	2015	2016	2017
生猪年存栏量 (头)					
其中能繁母猪 (头)					
其中育肥猪 (头)					
其中仔猪 (头)					
育肥猪年出栏数 (头)					
育肥猪每次出栏量 (头)					
仔猪年出售次数 (次)					

（续）

年份	2013	2014	2015	2016	2017
每次出售量（头）					
母猪淘汰数（头）					
能繁母猪死亡数（头）					
死亡原因					
造成的损失（万元）					
育肥猪死亡数（头）					
死亡原因					
造成的损失（万元）					
仔猪死亡数（头）					
死亡原因					
造成的损失（万元）					

4. 下一年您是否计划扩大生猪养殖规模（　　　）

①是　②否

若选择"是"，那么促使您扩大生猪养殖规模的原因是（　　　）（多选）

①生猪价格较合理　②饲料价格较合理　③制度较完善　④政府扶持

⑤有益于家庭收入　⑥生猪保险保障

若选择"否"，那么促使您做出这一选择的原因是（　　　）（多选）

①饲养成本高、效益低　②传染病、突发疫情高发　③粪污处理困难

④技术人员缺乏、生猪产出率低　⑤生猪市场价格变动大　⑥其他

5. 您是否参加了农业专业合作社或者养猪协会等？

①是　②否

如果是，您参加的是何种类型的组织（　　　）

①农民专业生产合作社　②农业产业化龙头企业　③供销合作社　④资金合作社　⑤养猪行业协会　⑥其他，如_____

您在合作社中的身份（　　　）

①普通成员（一般农户）　②核心成员（生产大户、运销大户、供销社、龙头企业等）

6. 您加入合作社后是否会统一安排购买保险？

①是　②否

没有购买保险的合作社能够提供什么保障服务_____

7. 您认为加快生猪养殖水平提高的因素有哪些（　　　）

①资金扶持　②政策促动　③建设标准化规模养猪场　④技术人员服务到

位　⑤大力推行配套技术

三、生猪防疫方面

1. 您是否定期给能繁母猪注射疫苗?（　　）

①是　②否

2. 您是否接受过政府的关于能繁母猪的疫苗?（　　）

①是　②否

3. 您是否定期给育肥猪注射疫苗?（　　）

①是　②否

4. 您是否接受过政府统一注射的育肥猪疫苗?（　　）

①是　②否

5. 您觉得自己对生猪疫病的预防和控制能力怎么样（　　）

①几乎无法控制　②控制得不怎么好　③基本能控制　④控制得比较好

⑤控制得非常好

四、对生猪保险的认知情况及相关影响因素

1. 您对价格指数保险的了解程度（　　）

①没听说过　②听说过,但不了解　③有一点了解　④比较了解　⑤很了解

2. 您是否愿意购买生猪价格指数保险（　　）

①不愿意买　②考虑中　③愿意买　④说不清

3.（1）您对育肥猪保险的了解程度（　　）

①没听说过　②听说过,但不了解　③有一点了解　④比较了解　⑤很了解

（2）您对能繁母猪保险的了解程度（　　）

①没听说过　②听说过,但不了解　③有一点了解　④比较了解　⑤很了解

4.（1）您是否愿意购买育肥猪保险（　　）

①不愿意买　②考虑中　③愿意买　④说不清

（2）您是否愿意购买能繁母猪保险（　　）

①不愿意买　②考虑中　③愿意买　④说不清

5. 您对其他农业保险的了解程度（　　）

①没听说过　②听说过,但不了解　③有一点了解　④比较了解　⑤很了解

6. 您是否加入过其他商业保险（人身保险等）?

①是　②否

7. 您对生猪养殖相关政策的了解程度（　　）

①没听说过　②听说过,但不了解　③有一点了解　④比较了解　⑤很了解

五、生猪保险实施情况及相关影响因素

1. 生猪疾病、疫病对生产经营的影响程度（　　）

①没有影响　②影响较轻　③影响一般　④影响很大

2. 以前有没有遭遇过自然风险？

①是　B否

都包括什么风险_____

3. 是否遭遇过市场风险？

①是　B否

除了价格波动还有其他什么风险_____

4. 生猪价格市场波动对生产经营的影响（　　）

①没有影响　②影响较轻　③影响一般　④影响很大

5. 什么渠道了解的生猪价格指数保险（　　）

①互联网　②电视　③报纸　④政府宣传　⑤保险公司宣传　⑥朋友介绍

⑦其他方式

6. 是否知道生猪价格指数保险的购买时间（　　）

①不知道　②知道大概时间　③知道具体时间

7. 您是否购买过生猪价格指数保险？（　　）

①是　②否

8. 您购买生猪价格指数保险的主要原因（　　）

①政府号召　②村干部或乡镇干部动员　③相信农业保险公司　④购买农业保险政府给予补贴　⑤买农业保险才能享受政府的一些优惠政策　⑥自家农业生产需要　⑦亲友或村里人推荐　⑧降低损失　⑨其他，如_____

9. （1）您是否购买过育肥猪保险？

①是　②否

（2）您是否购买过能繁母猪保险？

①是　②否

10. （1）您购买育肥猪保险的主要原因（　　）

①政府号召　②村干部或乡镇干部动员　③相信农业保险公司　④购买农业保险政府给予补贴　⑤买农业保险才能享受政府的一些优惠政策　⑥自家农业生产需要　⑦亲友或村里人推荐　⑧降低损失　⑨其他，如_____

（2）您购买育肥猪保险的主要原因（　　）

①政府号召　②村干部或乡镇干部动员　③相信农业保险公司　④购买农业保险政府给予补贴　⑤买农业保险才能享受政府的一些优惠政策　⑥自家农

业生产需要　⑦亲友或村里人推荐　⑧降低损失　⑨其他，如_____

11.（1）购买后，您认为生猪价格指数保险是否有购买的必要？

①是　②否

（2）购买后，您认为能繁母猪保险是否有购买的必要？

①是　②否

（3）购买后，您认为能育肥猪保险是否有购买的必要？

①是　②否

12. 如您没有购买过生猪保险，主要原因是（　　）

①想买，但达不到参保要求　②自己可以承担风险，没必要买　③保费太高，不划算　④保障水平太低　⑤承保范围太窄　⑥政府补贴太少　⑦不了解农业保险　⑧理赔程序复杂　⑨理赔不公平　⑩村里人都不买　⑪遇到灾害政府会给予救济　⑫要求全栏保　⑬没人宣传，不知道这个保险　⑭：其他，如_____

13. 您对目前生猪保险政府的补贴额度是否满意（目前保费大约80％由各级政府补贴，农户自己承担20％）（　　）

①不满意　②中立或一般　③满意　④非常满意　⑤说不清

14. 您遭受损失后，目前保险公司所能提供的保额对恢复生产、保障成本的作用程度？（目前保额约为1 000元/头）（　　）

①金额较少、不能补偿损失　②金额较高、基本能弥补损失

15. 对生猪保险保单上的条款，能很好地理解意思吗（　　）

①完全不懂　②懂大概意思　③能很好理解　④不太懂但业务人员会解释

16. 您对生猪保险（包含生猪价格指数保险、能繁母猪和育肥猪保险）的理赔程序了解的程度（　　）

①没听说过　②听说过，但不了解　③有一点了解　④比较了解　⑤很了解

17. 养殖过程中发生损失时，保险公司下来查勘定损的速度是（　　）

①很慢　②正常　③很及时

18. 向保险公司递交的索赔材料复杂吗（　　）

①各流程烦琐，不满意　②各流程适中，基本满意　③各流程简洁，满意

19. 收到保险公司赔款的方式是什么（　　）

①直接收到赔款补偿　②收到赔款额的同时可以知道赔款明细

20. 希望收到赔款的同时也能了解具体的赔款明细吗（　　）

①不在意　②最好显示具体各项目赔款

21. 如果没有及时交付赔偿款农户可否找到其他负责人员？

①是　②否

22. 您在生猪养殖过程中遭受损失后拿到保险公司赔款的程度（　　）

①拿不到保额　②能拿到，但不能全额拿到保额　③可以拿到全额保额

23. （1）您在养殖育肥猪过程中遭受损失后拿到保险公司赔款的程度
（　　）

①拿不到保额　②能拿到，但不能全额拿到保额　③可以拿到全额保额

（2）您在养殖育肥猪过程中遭受损失后拿到保险公司赔款的程度（　　）

①拿不到保额　②能拿到，但不能全额拿到保额　③可以拿到全额保额

24. （1）生猪价格指数保险理赔过程是否做到了公正公开透明（　　）

①很差　②较差　③一般　④较好　⑤很好

（2）育肥猪保险理赔过程是否做到了公正公开透明（　　）

①很差　②较差　③一般　④较好　⑤很好

（3）能繁母猪保险理赔过程是否做到了公正公开透明（　　）

①很差　②较差　③一般　④较好　⑤很好

25. （1）生猪价格指数保险目前的赔款额度是否为生产提供了相匹配的保
障（　　）

①很差　②较差　③一般　④较好　⑤很好

（2）育肥猪保险目前的赔款额度是否为生产提供了相匹配的保障（　　）

①很差　②较差　③一般　④较好　⑤很好

（3）能繁母猪保险目前的赔款额度是否为生产提供了相匹配的保障（　　）

①很差　②较差　③一般　④较好　⑤很好

26. （1）相比没有购买生猪保险的养殖户，对生猪价格指数保险评价
（　　）

①没有作用　②有点作用　③一般　④作用比较大　⑤作用非常大　⑥说
不清

（2）相比没有购买生猪保险的养殖户，对育肥猪保险评价（　　）

①没有作用　②有点作用　③一般　④作用比较大　⑤作用非常大　⑥说
不清

（3）相比没有购买生猪保险的养殖户，对能繁母猪保险评价（　　）

①没有作用　②有点作用　③一般　④作用比较大　⑤作用非常大　⑥说
不清

27. （1）相比购买生猪保险以前，对生猪价格指数保险的评价（　　）

①没有作用　②有点作用　③一般　④作用比较大　⑤作用非常大　⑥说
不清

（2）相比购买生猪保险以前，对育肥猪保险的评价（　　　）

①没有作用　②有点作用　③一般　④作用比较大　⑤作用非常大　⑥说不清

（3）相比购买生猪保险以前，对能繁母猪保险的评价（　　　）

①没有作用　②有点作用　③一般　④作用比较大　⑤作用非常大　⑥说不清

28.（1）购买过生猪价格指数保险的农户是否还愿意继续购买？

①是　②否

（2）购买过育肥猪保险的农户是否还愿意继续购买？

①是　②否

（3）购买过能繁母猪保险的农户是否还愿意继续购买？

①是　②否

29.（1）若原本不想购买保险，是否会因为村干部宣传动员而购买生猪价格指数保险呢？

①是　②否

（2）若原本不想购买保险，是否会因为村干部宣传动员而购买能繁母猪保险呢？

①是　②否

（3）若原本不想购买保险，是否会因为村干部宣传动员而购买育肥猪保险呢？

①是　②否

30.（1）购买后是否会主动向亲朋好友推荐生猪价格指数保险？

①是　②否

（2）购买后是否会主动向亲朋好友推荐能繁母猪保险？

①是　②否

（3）购买后是否会主动向亲朋好友推荐育肥猪保险？

（4）①　是　②否

31. 风险对生产经营的影响程度（　　　）

①没有影响　②影响较小　③影响一般　④影响较大　⑤影响很大

32. 如果实施生猪价格指数保险，您想对当前生猪价格指数保险提什么建议？

REFERENCES 参考文献

曹佳，肖海峰．农户对当前生猪补贴政策的评价——基于河北、辽宁两省农户调查的分析 [J]．中国发展观察，2010 (1)：48-50．

陈妍，凌远云，陈泽育，郑亚丽．农业保险购买意愿影响因素的实证研究 [J]．农业技术经济，2007 (2)：26-30．

陈思迅，陈信．成立中国农业保险公司的构想 [J]．金融教学与研究，1999 (2)：50-51．

陈璐．政府扶持农业保险发展的经济学分析 [J]．江西财经大学学报，2004 (3)：44-46，49．

陈泽育，凌远云，李文芳．农户对农业保险支付意愿的测算及其影响因素的分析—以湖北省兴山县烟叶保险为例 [J]．南方经济，2008 (7)：34-44．

程静，胡金林，胡亚权．农户双低油菜天气指数保险支付意愿分析 [J]．统计与决策，2018，34 (3)：121-124．

崔小年，乔娟，宁攸凉．北京市生猪信贷支持及用地政策实证分析 [J]．中国畜牧杂志，2011，47 (10)：36-38，40．

崔小年，乔娟．养猪场户对政策性生猪保险满意度影响因素分析 [J]．中国畜牧杂志，2013，49 (20)：3-9．

代宁，陶建平．政策性农业保险对农业生产水平影响效应的实证研究——基于全国31个省份面板数据分位数回归 [J]．中国农业大学学报，2017，22 (12)．

杜鹏．农户农业保险需求的影响因素研究——基于湖北省五县市342户农户的调查 [J]．农业经济问题，2011，32 (11)：78-83，112．

杜子杰．农业保险的发展情况与问题 [J]．中国金融，1953 (1)：6-7．

杜静．察布查尔县农户农业保险满意度调查研究 [J]．江西农业，2019 (16)：85．

房宁．价格保险"提档"、"扩面"有待制度创新 [N]．农民早日报，2015-03-04 (006)

冯文丽．中国农业保险市场失灵与制度供给 [J]．金融研究，2004 (4)：124-129．

冯文丽，苏晓鹏．农业保险价格难题及政府补贴机制 [J]．价格理论与实践，2008 (9)：71-72．

冯文丽．中国农业保险市场失灵与制度供给 [J]．金融研究，2004 (4)：124-129．

费友海，张新愿．对中国农业保险发展困境的经济学分析 [J]．保险职业学院学报．2004 (4)：10-12

高新惠．云南省生猪价格保险产品设计研究 [D]．昆明：云南财经大学，2016．

关晶，王国军，耿春俐．农业保险对农民务农满意度影响的实证研究 [J]．金融与经济，2020 (3)：92-96，83．

郭军，陶建平 . 中国生猪市场价格风险评估［J］. 价格理论与实践，2013（10）：50 - 51.

郭晓航 . 论农业政策性保险［D］. 北京：中国保险学会，1986.

巩雪 . 中国生猪价格保险研究［D］. 哈尔滨：东北农业大学，2015.

韩雯 . 贵州省农业保险助力乡村振兴发展研究［J］. 南方农机，2020，51（7）：78.

侯玲玲，穆月英，曾玉珍 . 农业保险补贴政策及其对农户购买保险影响的实证分析［J］. 农业经济问题，2010（4）：19 - 25.

胡向东，王济民 . 中国猪肉价格指数的门限效应及政策分析［J］. 农业技术经济，2010（7）：13 - 21.

胡文忠，杨油华 . 农户对生猪保险需求行为的实证研究——以北京市为例［J］. 农业经济展望，2011（2）：33 - 37.

胡亦琴 . 论农业保险制度的基本框架与路径选择［J］. 农业经济问题，2003（10）：40 - 43.

胡宇菲 . 美国生猪价格指数保险经验及对中国的启示［J］. 农民致富之友，2017（10）：260.

胡宇菲，薛煜民，朱俊 . 农产品价格指数保险参保意愿实证研究——以江苏省推广生猪价格指数保险为例［J］. 中国商论，2017（14）：37 - 38.

惠献波 . 农产品价格指数保险及其影响因素研究——基于对河南省农户需求的实证分析［J］. 价格理论与实践，2015（10）：81 - 83.

黄武 . 农户对有偿技术服务的需求意愿及其影响因素分析——以江苏省种植业为例［J］. 中国农村观察，2010（2）：54 - 62.

黄俊辉，李放，赵光 . 农村社会养老服务需求意愿及其影响因素分析：江苏的数据［J］. 中国农业大学学报（社会科学版），2015（2）：118 - 126.

黄正军 . 中国政策性农业保险经营模式研究［J］. 金融发展研究，2016（8）：55 - 60.

黄英君，林俊文，邹盛银 . 中国农业保险需求的模型构建及理论反思［J］. 华东经济管理 2010（6）：48 - 52

黄红娣 . 养殖户对生猪政策性保险满意度分析［D］. 南昌：江西农业大学，2018.

黄若涵 . 透视：生猪价格指数险全国实施情况概览［J］. 猪业科学，2015，32（8）：32 - 34.

何小伟，赵婷婷，樊羽 . 生猪价格保险的推广难点与建议［J］. 中国猪业，2014（10）：22 - 24.

贺鲲鹏 . 国外农业保险发展的趋同性及对中国的启示——以美国和日本为例证［J］. 农业经济，2013（10）：127 - 128.

降彩石，王亚明，政策性生猪保险开办的实践［J］. 保险研究，2008（5）：60 - 63.

姜海华 . 中国农业产业政策存在的问题及法律对策［D］. 济南：山东大学，2010.

蒋城 . 生猪政策性保险的必要性及险种选择探讨［J］. 广东农业科学，2010（4）：336 - 338.

鞠光伟 . 中国畜牧业保险的微观效果与政策优化研究［D］. 北京：中国农业科学院，2016.

孔磊 . 中国政策性农业保险巨灾风险分散模式的构建［D］. 上海：华东师范大学，2015.

孔德立 . 育肥猪保险承保工作存在的问题及建议［N］. 中国保险报，2014 - 11 - 05（007）.

冷崇总．关于农产品目标价格制度的思考［J］．价格月刊，2015（3）：1-9．

李春肖．政策性农业保险发展评价研究［D］．北京：中国农业科学院，2016．

李丹，马彪．基于"猪粮比"区间优化模型的生猪价格保险探究——以黑龙江省生猪市场价格为例［J］．价格理论与实践，2016（6）：129-132．

李军，农业保险的性质、立法原则及发展思路［J］．中国农村经济，1996（1）：57-59．

李海军．山东省政策性农业保险调研报告［J］．保险研究，2008（10）：79-84．

李林，王健，汪丽萍．农业保险的消费满意度研究［J］．农村经济，2010（1）：78-81．

李亚力．农户政策性农业保险需求意愿及其影响因素研究［D］．济南：山东大学，2017．

李勇权，曾馨．基于农户视觉的能繁母猪、育肥猪保险［J］．中国保险，2016（5）：54-58．

李玥．河北省养殖户生猪保险满意度调查［D］．石家庄：河北经贸大学，2020．

李庆国．北京推出全国首款生猪价格指数保险［N］．农民日报，2013-06-01（008）．

刘超，尹金辉．中国政策性生猪保险需求特殊性及影响因素分析——基于北京市养殖户实证数据［J］．农业经济问题，2014（2）：101-105．

刘京生．中国农村保险制度论纲［M］．北京：中国社会科学出版社，2000．

刘汉成，陶建平．农户收入分化、保险需求演变与农业保险政策调整——以贫困地区为例［J］．农村经济，2020（2）：49-56．

刘荣多，赵邦宏．农民对农业保险需求影响因素的实证分析——基于河北省的调查［J］．生态经济（学术版），2010（1）：266-269．

刘胜林，王雨林，卢冲，西爱琴．感知价值理论视角下农户政策性生猪保险支付意愿研究——以四川省三县调查数据的结构方程模型分析为例［J］．华中农业大学学报（社会科学版），2015（3）：21-27．

刘总理，李养生．农产品价格风险及其防范［J］．理论导刊，2007（4）：76-78．

刘晶，葛颜祥，王爱丽，耿春燕．中国农产品价格风险及其防范研究［J］．农业现代化研究，2004（6）：438-441．

刘亚学．吉林省生猪生产三十年风云录［J］．吉林畜牧兽医，2008（5）：1-5．

刘殿友．生猪保险的重要性、存在问题及解决方法［J］．养殖技术顾问，2012（2）：281．

刘小春，邓霞燕，樊丰．江西省生猪政策性保险发展的现状、问题及对策［J］．老区建设，2019（20）：38-46．

龙春霞，姜俊臣，等，论农业保险体系中存在的问题及对策［J］．河北农业大学学报（农林教育版），2003（3）：47-49．

龙文军．谁来拯救农业保险：农业保险行为主体互动研究［M］．北京：中国农业出版社，2004．

龙文军，张显峰．农业保险主体行为的博弈分析［J］．中国农村经济，2003（5）：76-79．

廖翼，周发明．中国生猪价格调控政策分析［J］．农业技术经济，2013（9）：26-34．

罗杰，王伟杰，刘晋，刘颉，冷泉．国家扶持生猪养殖政策执行情况及建议——来自四川巴州、湖南沅江、江西宜丰的调查［J］．宏观经济管理，2008（6）：53-55．

罗芳，崔叶辰．新疆棉农购买农业保险意愿的影响因素分析［J］．农业经济，2015（3）：

99 - 101.

卢影．吉林省政策性农业保险分析 [J]．农业与技术，2016，36 (3)：114 - 115，117.

马文博．粮食主产区农户耕地保护利益补偿需求意愿及影响因素分析——基于 357 份调查问卷的实证研究 [J]．生态经济，2015 (5)：97 - 102.

马改艳，周磊．美国生猪价格保险的经验及对中国的启示 [J]．世界农业，2016 (12)：32 - 37.

毛伟，李玲．中国生猪保险共盈问题初探 [J]．中国农业银行武汉培训学院学报，2008 (2)：54 - 55.

孟春．中国农业保险试点模式研究 [M]．北京：中国财政经济出版社，2006.

孟阳，穆月英．北京市政策性蔬菜保险需求的影响因素分析——基于对蔬菜种植户的调研 [J]．中国蔬菜，2013 (20)：17 - 23.

牟爱州．小麦种植大户农业新技术需求意愿影响因素分析——基于河南省 790 户小麦种植大户的调查数据 [J]．南方农业学报，2016 (4)：684 - 690.

宁满秀，苗齐，邢醇，钟甫宁农户对农业保险支付意愿的实证分析——以新疆玛纳斯为例 [J]．中国农村经济，2006 (6)：43 - 51.

宁攸凉，乔娟，王慧敏，宁泽逵．生猪产业支持政策评价及影响因素分析 [J]．猪业科学，2011，28 (6)：68 - 72.

南荟喆．中国生猪保险专题调查报告 [D]．石家庄：河北经贸大学，2018.

彭可茂，席利卿，彭开丽．农户水稻保险支付意愿影响因素的实证研究——基于广东 34 地 1 772 户农户的经验数据 [J]．保险研究，2012 (4)：33 - 43.

皮立波，李军．中国农村经济发展新阶段的保险需求与商业性供给分析 [J]．中国农村经济，2003 (5)：68 - 75.

潘红艳．政策性农业保险经营的科学路径研究 [J]．行政与法，2020 (6)：17 - 25.

潘勇辉．蕉农对香蕉保险的支付意愿分析和支付能力测度——来自海南省 1 167 户蕉农的经验证据 [J]．中国农业科学，2008 (11)：3596 - 3603.

庞金波，李宗瑛．价格分解视角下的生猪价格指数保险研究——以北京市生猪市场面板数据为例 [J]．价格月刊，2017 (4)：33 - 38.

卜庆国．农业巨灾保险国际典型模式的比较研究 [J]．世界农业，2017 (5)：84 - 90.

荣幸．从猪蓝耳病看中国的农业保险 [J]．黑龙江畜牧兽医，2008 (3)：7 - 8.

任静，何凌霄，王国栋，牛杰．关中地区农户对政策性奶牛保险满意度评价研究 [J]．广东农业科学，2011，38 (17)：214 - 217.

任雪莹，赵立娟，史俊宏．参保农户对农业保险的满意度及其影响因素分析 [J]．内蒙古财经大学学报，2019，17 (6)：33 - 36.

沈蕾．中国农业保险理论和实证研究的文献综述 [J]．江西金融职工大学学报，2006 (1)：71 - 73.

史建民，孟昭智．中国农业保险现状、问题及对策研究 [J]．农业经济问题，2003 (9)：45 - 49.

苏号. 山东省能繁母猪保险政策的实施效果分析与优化 [D]. 泰安：山东农业大学，2014.

孙香玉，钟甫宁. 农业保险补贴效率的影响因素分析——以新疆、黑龙江和江苏省农户的支付意愿数据为例 [J]. 广东金融学院学报，2009 (4)：112-119.

孙香玉，农业保险补贴的福利研究及参保方式的选择——对新疆、黑龙江与江苏农户的实证分析 [D]. 南京：南京农业大学，2008.

孙丽平. 从生猪价格保险谈中国政策性农险产品创新 [D]. 沈阳：辽宁大学，2014.

田辉. 中国发展农产品价格保险的难点及原则 [J]. 经济纵横，2016 (6)：62-69.

谭莹，张伟，邱俊杰. 能繁母猪保险政策的养殖户支付意愿分析 [J]. 保险研究，2014 (6)：11-17，95.

谭莹，邱俊杰. 中国生猪生产效率及生猪补贴政策优化分析 [J]. 统计与信息论坛，2012，27 (3)：61-66.

田小平. 农产品指数保险需求特征及其经济学分析——兼论对美国的经验借鉴 [J]. 世界农业，2016 (3)：51-57.

庹国柱，李军. 农业保险 [M]. 北京：中国人民大学出版社，2005.

庹国柱，王国军. 中国农业保险与农村社会保障制度研究 [M]. 北京：首都经济贸易大学出版社，2002.

庹国柱，李军. 中国农业保险试验的成就、矛盾及出路 [J]. 金融研究，2003 (9)：88-98.

虞国柱，朱俊生关于中国农业保险制度建设几个重要问题的探讨. 中国农村经济，2005 (6)：46-52.

万珍应，养殖户对生猪保险的需求分析——基于云梦县的调查 [D]. 武汉：华中农业大学，2009.

万千，秦涛，潘焕学，陈荆. 政策性森林保险开展状况的评价与分析——基于福建林农问卷调查的实证研究 [J]. 林业经济问题，2011，31 (4)：346-350.

王克，张峭，肖宇谷，汪必旺，赵思健，赵俊晔. 农产品价格指数保险的可行性 [J]. 保险研究，2014 (1)：40-45.

王和，皮立波. 中国农业保险制度应实施"三阶段推进"战略 [J]. 经济研究参考，2004 (31)：27.

王尔大，于洋. 农户多保障水平下的作物保险支付意愿分析 [J]. 农业经济问题，2010 (7)：61-69.

王曼丽，杨林娟. 甘肃省政策性农业保险参保主体满意度研究 [J]. 生产力研究，2019 (12)：50-53.

王克，张旭光，张峭. 生猪价格保险的国际经验及其启示 [J]. 中国猪业，2014 (10)：17-21.

王克，张峭，张旭光，聂谦. 猪周期、逆选择和中国生猪价格指数保险的发展 [J]. 中国食物与营养，2016，22 (11)：42-45.

王晓林. 中国生猪保险的相关政策及探索发展 [J]. 猪业科学，2019，36 (3)：34-36.

王亚辉，彭华. 中国生猪价格保险综述 [J]. 中国猪业，2014 (10)：10-16.

王宝海，丁慧媛．基于 ARIMA 模型的中国大宗农产品价格指数预测 [J]．数学的实践与认识，2016（21）：37-43．

王秀芬，李茂松，王春艳．不同类型农户农业保险需求意愿影响因素分析——以吉林省为例 [J]．吉林农业大学学报，2013（3）：364-368．

王雅婧，刘宽，周梦璐．生猪价格指数保险的国内外比较及启示 [J]．中国市场，2018（23）：11-13．

王长宏．养殖业保险现状及发展 [J]．中国畜牧业，2013（11）：20-22．

王飞．牡丹江市农村信息化发展问题研究 [D]．长春：吉林大学，2013．

吴扬．农业保险的理论依据及其效用分析 [J]．社会科学，2005（12）：20-25．

夏叶丹，邹贤奇，西爱琴，曾维忠．政策性生猪保险支付意愿及其影响因素分析——以四川省仁寿县、资中县为例 [J]．四川农业大学学报，2012，30（2）：248-252．

夏叶丹．农户育肥猪保险支付意愿研究 [D]．雅安：四川农业大学，2013．

谢家智，蒲林昌．政府诱导型农业保险发展模式研究 [J]．保险研究，2003（11）：42-44，31．

谢晓峰．海宁市农户购买农业保险意愿影响因素研究 [D]．杭州：浙江农林大学，2017．

谢治菊，袁名别．中国农产品价格指数对相关价格指数的影响研究 [J]．价格理论与实践，2011（6）：56-57．

谢杰，李鹏．中国生猪目标价格保险试点经验回溯与政策思考 [J]．中国畜牧杂志，2015（12）：21-24．

邢慧茹，陶建平．巨灾风险、保费补贴与中国农业保险市场失衡分析 [J]．中国软科学，2009（7）：42-47．

徐婷婷，荣幸改革开放四十年：中国农业保险制度的变迁与创新——历史进程、成就及经 [J]．农业经济问题，2018（12）：38-50．

许梦博，王明赫，李新光．乡村振兴背景下农业保险发展面临的机遇、挑战与改革路径——以吉林省为例 [J]．经济纵横，2018（8）：121-128．

许可，汪荣明，蒋耘莛．农业保险购买意愿分析 [J]．中国统计，2016（4）：67-68．

杨文华，谭术魁．农民工公租房需求意愿影响因素的实证分析 [J]．经济与管理，2011（11）：89-93．

杨枝煌．中国生猪产业的金融化推进 [J]．当代经济科学，2008（3）：42-48，125．

杨林波．新疆农户对农业保险的认知与评价——基于玛纳斯县农户的调查 [J]．市场论坛，2011（7）：28-30．

杨瑞强．生猪价格指数保险的需求意愿分析 [D]．长春：吉林农业大学，2018．

杨旭．宁波市农户购买政策性农业保险的现状、问题及对策 [D]．宁波：宁波大学，2017．

颜华．当前生猪保险条款问题剖析 [J]．中国牧业通讯，2007（22）：36-38．

姚寿福．中国农产品批发价格指数与 CPI 协整关系分析 [J]．经济体制改革，2012（1）：97-101．

叶奕鹏，刘力其，曾晓文，林益成，邝俊杰．广东省政策性水稻保险实施满意度分析 [J]．经济师，2014 (3)：38 - 39，42.

银梅，李建勋，方向阳，曲兴罡．生猪保险的发展困境及对策解析 [J]．中国牧业通讯，2008 (6)：16 - 18，29.

袁祥州．中国粮农风险管理与收入保险制度研究 [D]．武汉：华中农业大学，2016.

余建斌．生猪补贴政策的实施效果与完善措施 [J]．广东农业科学，2013，40 (15)：210 - 212，236.

于洋，王尔大．多保障水平下农户的农业保险支付意愿——基于辽宁省盘山县水稻保险的实证分析 [J]．中国农村观察，2011 (5)：55 - 68，96 - 97.

岳静．河北省政策性农业保险高质量发展研究 [D]．石家庄：河北经贸大学，2020.

张燕媛，展进涛，陈超．专业化、认知度对养殖户生猪价格指数保险需求的影响 [J]．中国农村经济，2017 (2)：70 - 83.

张燕媛，陈超．养殖者对生猪保险效果的评价及影响因素分析 [J]．湖南农业大学学报（社会科学版），2018，19 (1)：25 - 31.

张燕媛，鞠光伟．政策性生猪价格保险制度改革：现实困境与补贴策略 [J]．农村经济，2019 (7)：89 - 94.

张峭，汪必旺，王克．中国生猪价格保险可行性分析与方案设计要点 [J]．保险研究，2015 (1)：54 - 61.

张跃华，顾海英，史清华．农业保险需求不足效用层面的一个解释及实证研究 [J]．数量经济技术经济研究，2005 (4)：83 - 92.

张跃华，史清华，顾海英．农业保险问题的一个理论研究及实证分析 [J]．数量经济技术经济研究，2007 (4)：65 - 75.

张跃华，杨菲菲．牲畜保险、需求与参与率研究——基于浙江省生猪养殖户微观数据的实证研究 [J]．财贸经济，2012 (2)：58 - 65.

张跃华，庹国柱，等．市场失灵、政府干预与政策性农业保险理论——分歧与讨论 [J]．保险研究，2016 (7)：3 - 10.

张虎，孔荣．农户农业保险支付意愿影响因素研究——以福建省龙岩市 413 户烟农的调查为例 [J]．西北农林科技大学学报（社会科学版），2014，14 (3)：76 - 82.

张海洋，蒋红，李录堂．农户购买生猪保险意愿的实证分析 [J]．贵州农业科学，2010，38 (10)：228 - 230.

张静，范静．吉林省养殖户对生猪保险的满意度调查研究 [J]．黑龙江畜牧兽医，2017 (22)：274 - 277.

张乐柱，高士然，于明珠，孙红．国内农业保险需求影响因素研究综述 [J]．新疆农垦经济，2020 (1)：86 - 93.

张守莉，刘娜娜，等．加拿大生猪价格指数保险的实施经验对中国的启示 [J]．黑龙江畜牧兽医，2019 (24)：15 - 18.

张丹丹，郭晖．农业保险农户满意度评价研究——基于天山北坡经济带农户的调查 [J].

时代金融，2016（11）：45-47.

张金辉. 生猪价格指数险为生猪养殖添信心［J］. 猪业科学，2013，30（10）：138-139.

谌明蕾. 吉林省不同规模生猪养殖户对环境污染的认知及防治行为研究［D］. 长春：吉林
　农业大学，2016.

赵姜，龚晶，孟鹤. 关于鲜活农产品目标价格保险政策的认识与思考——基于上海、成都
　两地的调查分析［J］. 农村经济，2016（4）：68-72.

赵长保，李伟毅. 美国农业保险政策新动向及其启示［J］. 农业经济问题，2014，35（6）：
　103-109.

赵建敏. 生猪养殖保险在实际应用中的思考［J］. 黑龙江畜牧兽医，2016（16）：91-92.

曾小琛，李建奎. 生猪保险如何走可持续发展道路［J］. 中国猪业，2008（5）：22-27.

曾小波，修凤丽，贾金荣. 陕西农户奶牛保险支付意愿的实证分析［J］. 保险研究，2009
　（8）：77-83.

郑军，李敏. 农业保险大灾风险分散机制与乡村振兴的耦合协调发展研究［J］. 电子科技
　大学报（社科版），2020，22（6）：21-31.

钟杨，薛建宏. 农户参与生猪保险行为及其影响因素的实证分析——以四川省广元市为例
　［J］. 中国畜牧杂志，2014，50（6）：19-24.

钟玲. 农户生猪养殖保险购买意愿的实证分析［D］. 荆州：长江大学，2013.

中国保监会保险家财编写组. 风险管理与保险［M］. 北京：高等教育出版社，2007.

《中国农业保险探索》编委会. 中国农业保险探索——中南六省、区农业保险理论研究论文
　集［M］. 广东：暨南大学出版社，1990.

中原农业保险公司加拿大农业保险考察团. 加拿大农业保险制度发展模式（上）［J］. 保险
　理论与实践，2016（6）：88-97.

中原农业保险公司加拿大农业保险考察团. 加拿大农业保险考察报告（中）［J］. 保险理论
　与实践，2016（8）：109-120.

周晶，陈玉萍，丁士军. "一揽子"补贴政策对中国生猪养殖规模化进程的影响——基于
　双重差分方法的估计［J］. 中国农村经济，2015（4）：29-43.

周磊，徐学荣. 中国水产养殖指数保险推广策略研究——基于国际水产品指数保险经验借
　鉴［J］. 价格理论与实践，2016（10）：132-135.

周志鹏. 美国生猪毛利润保险对中国生猪价格保险的启示［J］. 世界农业，2014（12）：45-48.

周伟娜，四川省政策性生猪保险探索及其农户需求影响因素研究——以射洪、资中和简阳
　为例［D］. 雅安：四川农业大学，2009.

卓志，王禹. 生猪价格保险及其风险分散机制［J］. 保险研究，2016（5）：109-119.

朱俊生，姜华，庹国柱，侯硕博. 加拿大农业保险考察报告（中）［J］. 保险理论与实践，
　2016（7）：107-123.

Ginder M，A D Spaulding，K W Tudor，J R Winter. Factors Affecting Crop Insurance Pur-
　chase Decisions by Farmers in Northern Illinois［J］. Agricultural Finance Review，2009，
　69（1）：113-125.

Just R E, L Calvin, J Quiggin. Adverse Selection in Crop Insurance Actuarial andAsymmetric Information Incentives [J]. Amer. J. Agr. Econ. 1999 (81): 834-849.

Kenneth H Burdine, Greg H. Payout Analysis of Livestock Risk Protection Insurance for Feeder Cattle [J]. Journal of the ASFMRA (American Society of Farm Managers and Rural Appraisers), 2014 (3): 160-173.

Smith, Vincent H, Glauber, Joseph W. Agricultural Insurance in Developed Countries: Where Have We Been and Where Are We Going? [J]. Applied Economic Perspectives and Policy, 2012, 3 (34): 363-390.

Sidra Ghazanfar, Zhang Qi-wen, Muhammad Abdullah, Zeeshan Ahmad, Majid Lateef. Farmers Perception and Awareness and Factors Affecting Awareness of Farmers Regarding Crop Insurance as a Risk Coping Mechanism Evidence from Pakistan [J]. Journal of Northeast Agricultural University (English Edition), 2015, 22 (1): 76-82.

Skees J R. Innovations in Index Insurance for the Poor in Lower Income Countries [J]. Agricultural and Resource Economics Review, 2008, 37 (1): 1-15.

Sherrick B J, P J Barry. Factors Influencing Farmers' Crop Insurance Decisions, American Journal of Agricultural Economics, 2004, 86 (1): 103-114.

　　本书是继 2013 年 11 月出版的《吉林省生猪产业发展研究》以后关于吉林省生猪产业领域的又一研究。能够开启本研究，要特别感谢中国人民大学王志刚教授给予的鼓励和帮助。2012 年博士毕业后，我被确诊为甲状腺癌，切除了甲状腺，学术研究由此中断了两年。内心曾动摇过，也产生过放弃学术研究的想法，虚度了两年时光。直到 2014 年 9 月到中国人民大学进行访学，有幸师从王志刚教授，在王老师的严格要求和教诲之下，参与到王老师的多项课题研究当中，与王老师的团队一起到全国各地进行调研、参加学术会议……王老师在学术研究上的严谨、孜孜不倦的精神深深地影响着我，激起了我开展学术研究的欲望，亦促使我重拾学术研究的信心。2014 年 9 月到 2015 年 7 月的访学生活，是我蜕变的一年，一年虽短，影响深远。虽然没能达到王老师希望的"华丽转身"，却也促使我再一次踏上了学术研究的征程。师恩浩荡，没齿难忘，感激之情溢于言表。2015 年 9 月返回吉林农业大学后，我立即带领我的研究生组成了科研小团队，由最初的三个人逐步扩大，目前，我的科研团队已经扩大到了 11 人。

　　本书是我主持的吉林省社会科学项目和吉林省科技厅软科学项目的研究成果。从 2016 年着手展开研究，至今已经有近 5 年的时间。这两个项目能够申报立项，得益于犬子姜子淇的鼓励。当初对于是否申报项目，总是犹豫不决。而正读小学五年级的儿子给了我鼓励，"申报了就有机会，而不申报则机会为零"。正是孩子的一席话激起了我申报项目的决心与信心。于是，花费大量时间，撰写、修改、打磨申报书，完成了项目申报，并成功立项。项目研究团队的研究人员均是我指导的研究生，他们分别是杨宁、杨瑞强、杜尚伟、刘娜娜、王士超、唐晓玉、程馨慧、姜莹和张惠民等人。书中的内容是我们挑灯夜战、不计节假日、废寝忘食共同努力的结果。可以说，我们彼此之间结下了深深的战斗友谊，愿师生之间的友情长存。

　　特别要指出的是，吉林农业大学粮食主产区农村经济研究中心对于本书的出版给予了大力资助，感谢吉林农业大学经济管理学院院长曹建民教授对本书给予的指导和帮助。感谢吉林农业大学经济管理学院副院长刘帅副教授给予的指导和帮助。感谢吉林农业大学经济管理学院农林经济管理系系主任姜天龙副教授给予的指导和帮助。感谢吉林农业大学经济管理学院农林经济管理系王夷平老师对书中英文部分的校正和指导。

在本书成稿和阅稿的过程中，得到了研究生唐晓玉、程馨慧和刘诗珏等学生的大力支持和帮助，在此一并感谢。

感谢安华农业保险公司姜姗、滕梓含，中华保险公司孙永权等同志在调研和访谈过程中给予的帮助。

由于时间仓促，学术水平有限，书中难免出现纰漏之处，敬请学界同行批评指正。

张守莉

2020 年 10 月于长春